种子教育，寻找童年教育的价值，让我从课堂中走来，又走向课堂深处……

——曹永鸣

· 教育家成长丛书 ·

曹永鸣与种子教育

CAOYONGMING YU ZHONGZI JIAOYU

中国教育报刊社 · 人民教育家研究院 组编

曹永鸣 著

北京师范大学出版集团
BEIJING NORMAL UNIVERSITY PUBLISHING GROUP
北京师范大学出版社

图书在版编目（CIP）数据

曹永鸣与种子教育/曹永鸣著；中国教育报刊社人民教育家研究院组编．—北京：北京师范大学出版社，2022.6
（教育家成长丛书）
ISBN 978-7-303-27211-2

Ⅰ.①曹…　Ⅱ.①曹…②中…　Ⅲ.①小学教育—教学研究　Ⅳ.①G622.0

中国版本图书馆 CIP 数据核字（2021）第 180077 号

营销中心电话　010-58802135　010-58802786
北师大出版社教师教育分社微信公众号　京师教师教育

出版发行：北京师范大学出版社　www.bnup.com
北京市西城区新街口外大街 12-3 号
邮政编码：100088
印　　刷：天津中印联印务有限公司
经　　销：全国新华书店
开　　本：787 mm×1092 mm　1/16
印　　张：18.75
字　　数：353 千字
版　　次：2022 年 6 月第 1 版
印　　次：2022 年 6 月第 1 次印刷
定　　价：65.00 元

策划编辑：伊师孟　　责任编辑：马力敏　李灵燕
美术编辑：焦　丽　　装帧设计：焦　丽
责任校对：康　悦　　责任印制：马　洁

教育家成长丛书

编委会名单

总序

教育是国家发展的基石，教师是基石的奠基者。古人云：“国将兴，必贵师而重傅。”兴国必先强教，强教必先重师。党中央、国务院高度重视教师队伍建设。2013 年教师节，习近平总书记在给全国广大教师的慰问信中指出：“百年大计，教育为本。教师是立教之本、兴教之源，承担着让每个孩子健康成长、办好人民满意教育的重任。”2014 年，在第 30 个教师节前夕，习总书记到北京师范大学视察并发表重要讲话，指出：“一个人遇到好老师是人生的幸运，一个学校拥有好老师是学校的光荣，一个民族源源不断涌现出一批又一批好老师则是民族的希望。”《国家中长期教育改革和发展规划纲要（2010—2020 年）》也明确提出，“有好的教师，才有好的教育”，要“努力造就一支师德高尚、业务精湛、结构合理、充满活力的高素质专业化教师队伍”。“倡导教育家办学”，要创造有利条件，鼓励教师和校长在实践中大胆探索，创新教育思想、教育模式和教育方法，形成教学特色和办学风格，造就一批教育家。“两个一百年”奋斗目标的实现、中华民族伟大复兴中国梦的实现，归根结底要靠人才、靠教育，而支撑起教育光荣梦想的，是千百万的教师。

时代呼唤好老师。有一流的教师，才有一流的教育；有一流的教育，才有一流的国家。出名师、育英才、成伟业，是时代赋予我们教育战线的神圣使命。“所谓大学者，非谓有大楼之谓也，有大师之谓也。”好学校、好教育的最重要标准，就是要有好老师。一所学校、一个地区，乃至一个国家，如果教师有理想、有爱心、有学识、有高超的教育艺术，那么即使硬件设施有些简陋，家长、学生也会心向往之。教师是中国梦的奠基者。教师的重要使命，就是为每个孩子播种梦想、点燃梦想，并帮助他们实现梦想。每一间平凡的教室，每一节朴实的课，都不仅是知识的传递，而且是人类文明精神的接续、人生梦想的起航。正是有亿万个孩子梦想的放飞、绽放，中国梦才更加光彩夺目。如果说中国梦最坚实的土壤是学校，那么教师就是最伟大的“筑梦师”，他们用默默无闻、孜孜不倦的智慧劳动，让每一颗年轻的心灵都与中国梦激情相拥。

倡导教育家办学，造就一批好老师，首先要尊重、珍惜我们的本土智慧、本土创造。教育家不是凭空产生的，而是扎根于自己的民族文化土壤，同时吸收人类文明成果，从而创造出独特而生动的教育实践、教育智慧和教育文明。五千年源远流长的中华文明，不但形成了有我们民族特色的教育理论体系，而且涌现出了千千万万优秀的教育家，有被推崇为“大成至圣先师”“万世师表”的孔子，有“匹夫而为百世师，一言而为天下法”的韩愈，有“捧着一颗心来，不带半根草去”的人民教育家陶行知，等等。改革开放40年来，随着教育改革的不断深入，教育战线涌现出了一大批杰出教师。他们痴情于教育事业，坚守理想信念和教育良知，在三尺讲台上默默耕耘、刻苦钻研，同时以敢为天下先的精神大胆创新，不断进取、不断超越，形成了各具特色的教育思想和教学风格。正是他们的成功探索和实践，创造了具有中国风格的教育经验，丰富了具有中国特色的教育理论宝库。原由教育部师范教育司组织编写，现由中国教育报刊社人民教育家研究院组织编写的“教育家成长丛书”，就是要向这些宝贵的本土创造性的教育经验致敬。

当前，教育领域综合改革正在深入推进，考试招生制度改革的大幕已经拉开，立德树人、培育和践行社会主义核心价值观成为大中小学教育的头等任务。可以预见，中国教育将发生深刻的变革，将从“中国制造”向“中国创造”转变。“没有革命的理论，就没有革命的运动。”没有适合中国土壤、具有中国智慧的教育理论，就不可能为未来的中国教育改革提供有效的指导。我们的教育要向“中国创造”飞跃，必然要首先创造属于我们自己的教育理论，而不是“言必称希腊”或者老是贩卖欧美的教育理论。170 多年前，美国思想家、诗人爱默生发表了著名演说《美国学者》，号召美国知识界：“我们依赖旁人的日子，我们师从他国的长期学徒期时代即将结束。在我们周围，有成百上千万的青年正在走向生活，他们不能老是依赖外国学识的残余来获得营养。”由此，美国迈入精神立国阶段。

如今，我们也面临与爱默生同样的情形。随着我国 GDP 已从世界第二向第一迈进，我们的经济崛起已成为事实，但在道德文明、文化精神等方面，我们还需奋起直追。没有文明的崛起，经济崛起就难以持续。当务之急，是我们需要化解内心深处的文化自卑情结，摆脱对他国文明的精神依附，自觉养成强烈的“中国意识”，独立的中国文化品格，并由此去环视世界，去改造本土实践，去创造属于我们自己的精神养料——这在教育界显得尤为紧迫。“教育家成长丛书”，旨在把我们本土教育实践中蕴含的中国智慧提炼出来，从而形成具有时代意义的中国特色的教育话语体系，再以此去观照、引领、改造中国的教育实践，为伟大的教育改革提供经验、理论支持，也为未来的教育家提供丰富、可资借鉴的精神养料。

让我们为中国教育的伟大未来一起努力吧！

2018 年 3 月 9 日

前 言

见证着中国基础教育半个世纪的春华秋实，代表着中国基础教育教学成果的最高成就——“首届基础教育国家级教学成果奖”，闪耀着李吉林、窦桂梅、吴正宪、张思明、洪宗礼、唐江澎、邱学华、于永正、孙双金、薄俊生、龚春燕等一大批优秀教师的名字。而上述这些教师杰出代表恰恰都是《人民教育》“名师人生”栏目中最受读者喜爱的名师，都是“教育家成长丛书”的作者。

“教育家成长丛书”（以下简称“丛书”），是在第 20 个教师节前夕，为了研究、总结、宣传和推广我国众多优秀中小学教师的先进教育思想和鲜活宝贵的教育教学经验，培养造就一大批德才兼备的优秀教师和杰出的教育家，促进教师队伍整体素质的提高，根据教育部党组安排，由师范教育司组织编写的一套凝聚着一大批教育家成长智慧的大型教育丛书。

“丛书”自 2006 年问世以来，不但得到国务院和教育部领导同志的高度重视，而且先后印刷多次尚不能满足广大读者的需求。这其中的奥秘何在？

当你翻开“丛书”，每一部著作都讲述着一位教育家成长的故事。这些著作主要从“成长历程”“思想概述”“课堂实录”和“社会反响”等方面全景式反映其教育思想、教育智慧、专业精神和专业人格的形成过程与教学实践过程。这是教育家成长的基本素质所在。

当你沿着教育家成长的足迹走近他们的时候，你会融入这些带有“草根色彩”、扎根中华教育实践大地、充满田野芳香的真实感人的教育故事中。

当你从“丛书”中，从这些当年和自己一样的普通教师，成长为今天受人尊敬的教育家的成长过程中受到启迪，当你触摸着自己的心，把学生的成长和祖国的未来紧紧连在一起的时候，你会真切地感受到教育家离我们并不遥远。

当你用整个身心蘸着自己的生活积累去品味“丛书”中的每一部著作的“成长历程”时，在一位位名师不断学习、不断超越自我、不断超越学科教学的求索足迹中，你会读懂“教育是事业，其意义在于奉献”的丰富内涵。

当你研读“丛书”中的每一部著作的“思想概述”，和每一位名师展开心灵对话的时候，都会深深地感受到，一名教师对教育独立的理解与执着的追求有多么重要。从一名普通的教师成长为受人尊敬的教育家的过程中，你会读懂“教育是科学，其价值在于求真”的深刻含义。透过“丛书”，你会看到一代代教师用爱与智慧塑造民族未来的教育理想。

随着我们从“知识核心时代”走向“核心素养时代”，教师教育教学活动的视野已拓展到人的生存与发展的方方面面。教师要结合自己的教学实践去感悟“教育理念是指导教育行为的思想观念和精神追求”，应该把爱化为自己的教育行为，让爱充盈课堂，触摸到一个个灵动的生命，让爱产生智慧，让爱与智慧在学生心中留下岁月抹不去的美好回忆，让教育者和受教育者都感受到教育的幸福。这是“丛书”给我们的启示，也是每位教师应有的胸怀和视野。

时代呼唤教育家。为了进一步把我们本土教育实践中蕴含的中国智慧提炼出来，从而形成具有时代意义的中国特色的教育话语体系，以此去观照、引领、创新中国的教育实践并在更大范围加以推广，“丛书”将由中国教育报刊社人民教育家研究院继续组织编写，希望能够在更广大教师的心田中播种教育家成长的智慧，从而出更多的名师，育更多的英才，成就中华民族复兴的伟业。这是时代赋予广大教育工作者的神圣使命。如果广大教师能在每位教育家成长、探索教育智慧的过程中受到启迪，形成自己的教育智慧，则实现了我们编辑这套“丛书”的初衷。

“教育家成长丛书”
编委会
2018年3月

目录

CONTENTS

曹永鸣与种子教育

一粒种子的自述——我的成长之路

种子教育哲学——我的教育理念

对话课堂寻真——我的教学实践

社会反响

附　录

一粒种子的自述
——我的成长之路

一、我家有女初长成

我出生在黑龙江省哈尔滨市的一个双职工家庭。20世纪70年代初，我来到这个世界上，当时家里已经有了两个姐姐，她们一个大我10岁、一个大我5岁。因为父母每日忙于工作，所以，洗衣、做饭等家务活，包括带妹妹，就都交给了姐姐。

父亲是某大型国有企业的中层干部。他性格开朗、多才多艺，会游泳、赛跑、各种球类运动、说相声、演话剧、写文章等，在我眼里他无所不通。在小学四年级，刚刚开始学习写作文时，我一窍不通，是父亲手把手教我写出了我的第一篇作文——《我爱故乡的莱阳梨》，还被老师当成范文在全班朗读，别提有多开心啦！这次成功体验，在我小小的心田里种下了对语文的自信与热情。父亲很“惯”孩子，我们姐妹三人从小到大都能按照各自的爱好、特点和个性成长，在他的温暖呵护下，我们生活在一个快乐、自由、无拘无束的五口之家。

在我的记忆里，母亲的工作一直非常忙，她28岁的时候出任国营商场经理，管着百十来号人，一干就是20多年。在我的记忆中，每天晚上，我们姐妹三个躺在床上准备睡觉时，都会时不时看看墙上的挂钟。每当那个古老的挂钟响过9下，我们就知道离妈妈回家开门的声音不远了。于是，我们便怀揣着小小的幸福，眯着眼睛，等待那个开门声。每次开门声响起后，看到妈妈进屋，我们才会安心地睡去。童年的这一幕印记，镌刻在我的记忆中，永远都挥之不去。

我的母亲，是个勤劳能干的人，她年幼丧母，十几岁就参加了工作。她用微薄的工资补贴家用，还资助自己的哥哥读完了大学。所以，她不仅深受我们的爱戴，而且也深受舅舅和舅妈的敬重。母亲在我的记忆中是一个工作起来不要命的人，年纪轻轻就是哈尔滨市劳动模范了，她一辈子奋战在商业战线，做基层单位领导工作。她每天早出晚归，精力始终是那么充沛。受家庭环境的影响，我们姐妹三人，在工作上都是不服输、特要强的那种人。工作认真、做事勤奋、关爱他人，这些都是我从父母那里传承的财富。

我小时候住在哈尔滨市道外区的一座大院子的平房里。大院的深处有一个很大的仓库。听父亲说，那是日本人从东北撤离的时候，留下来的一座废弃的军需物资库。小时候的我们，哪里懂什么是军需物资库。在我的眼里那个大仓库，简直就是我和小伙伴们的宝藏库。有时我们能在那里翻出一双皮靴，或是一打手套。更多的时候，是我们在大仓库里面偶然拔起一棵草，下面居然能带出一个土豆或者一个胡萝卜，我们那小小的好奇心得到了极大的满足，迫不及待地向大人炫耀我们的“战利品”……正是这段经历让我直观地知道，土豆、胡萝卜这些植物都生长在地下。道外、大院子、大仓库，给我的童年带来了无尽的乐趣。许多年后我们仍保持着那时最喜欢的玩法——“仓库探险”，并且乐此不疲。

后来因为我们姐妹三个要上小学，我们家从道外区搬到了南岗区，从大院平房住进了高层楼房。没有了大仓库，怎么玩“冒险”游戏呢？这怎么难得住好奇淘气的我们呢？隔壁的建筑工地一度成为我和小伙伴们的“冒险乐园”。每每带上小伙伴去建筑工地玩儿时，我们都小心翼翼，既怕被工地的工人发现，又担心在没有灯光照明的地方，会有一些未知的危险。但是，在好奇心的驱使下，我每一次都能战胜恐惧，并且每一次都有新发现、新收获，每每这时我都感到无比喜悦、无比自豪。

北方的冬天是那样漫长，但是在孩子们的眼里，却是那样的神奇。每到冬季，外面那个高高的土坡被大雪覆盖成一座雪山的时候，那就成了我们的天然滑梯。手工制作的小爬犁人手一个，我们坐着小爬犁从“山顶”滑下来。有一次，我穿着妈妈给我做的新裤子从天明玩到天黑，不知滑了多少次。直到天黑得伸手不见五指，我们才醒悟：该回家了！回到家里，下意识地一摸，哇！新裤子的屁股处被磨出了两个巴掌大的洞……

上托儿所时，好奇心让我带着小伙伴们各种淘气：爬到阿姨身上，往她脸上画胡子，拿着炉钩子学大人捅炉子，爬树掏鸟窝……有一次，炉子里的火星子溅了出来，吓得我赶紧扔掉炉钩子，虽然没烫到手，却把我的新毛衣烧了个洞……

20世纪70年代初，物资比较紧缺。那时，我家里有个小仓房，里面时不时有爸爸妈妈给我们藏的“小惊喜”。有时跟小伙伴们玩累了，我会带他们去我家的仓房里面寻找食物，即便找到一个烧饼我们都开心得不行。当找到一块饼干时，我们发明了一种新吃法——把饼干放到炉壁子上烤，当饼干被烤得微微发黄、发焦的时候，我们把它放到嘴里一咬，又酥又香，别有一种风味，那叫一个好吃！

哦，还有一件事让我终生难忘，就是1976年的那一天，那时的我才5岁。院子中央放了一张圆桌，上面放了一台收音机，收音机里面传出哀乐，院子里的大人都

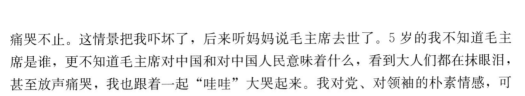

痛哭不止。这情景把我吓坏了，后来听妈妈说毛主席去世了。5 岁的我不知道毛主席是谁，更不知道毛主席对中国和对中国人民意味着什么，看到大人们都在抹眼泪，甚至放声痛哭，我也跟着一起“哇哇”大哭起来。我对党、对领袖的朴素情感，可能就是在那一刻萌芽的！

小学时光最清晰的记忆，就是我在哈尔滨市儿童公园做儿童铁路小员工的那段日子。还记得我上三年级的一天，有几位老师到班里来选人。老师让我背了一首古诗。当我背完古诗的时候，她们不住地点头，夸我的嗓音好听。就这样，我成了儿童铁路小员工的首批播音员之一。当我得知，我的工作是在“北京站”每天为旅客播报新闻的时候，别提有多兴奋啦！儿童铁路小员工，这个早在 20 世纪 50 年代开始，直到今天仍然是我们学校的一个育人大课堂。它成了我童年记忆中一颗闪亮的星。

小学里，还有一件事情令我终生难忘。那就是在小学四年级的时候，我们语文老师上了一节语文公开课——“李闯王渡黄河”。《李闯王渡黄河》是一篇故事性很强的课文，李闯王三次渡黄河，愁白了头，最终克服了重重困难，渡河成功。我清楚地记得，在公开课上老师让我为大家朗读这篇课文。我一边清晰、准确地读着，一边想象着自己已经进入了李闯王渡黄河的那个场景。读完后，我还久久地沉浸其中，后来发现听课的老师们都被我读哭了。这时，我明白了原来朗读是我的一大优点和优势。我发现了自己的所长，并在教师生涯中将其发展为“声音是教学的魅力”。在我给学生讲语文课时，我的朗诵中充满了对阅读的热爱。我尽力做到能让学生只要听到声音，就能点燃起他们学习祖国语言文字的热情。

姐姐上小学时就读于道外区南马路小学。那所学校有特级教师，而且姐姐的班主任就是一名特级教师。每当姐姐提起她们班主任的时候，简直神气极了！这让我一个 5 岁的小孩羡慕不已。我总在想，特级教师是什么样子的？当我从事教育工作以后，我才知道，原来特级教师就是老师当中最牛、最神的人。从那时起，做一名特级教师，便成了我从教生涯的目标。

在我小学五年级的时候，哈尔滨市举办了一次全市统考。按照那次考试的成绩，学校将学生分为两部分，一部分学生小学五年级结束就直接毕业升入初中；另一部分留在小学读六年级，之后毕业再上初中。记得成绩公布的那天，我怀着忐忑的心情在成绩单上寻找自己的名字。当看到我的名字出现在五年级 4 班的名单里时，我心里悬着的一块石头才算落了地。就这样，我以哈尔滨市五年制小学毕业生身份直接升入了初中。

初中三年，我就读的是对口直升的普通中学，先后担任班里的语文课代表、历史课代表、化学课代表、音乐委员、学习委员和团支部书记。中考的时候，我以全班第一名的成绩被哈尔滨市师范学校四年普师专业录取。

选择师范教育，做一名人民教师。对我这个选择影响最大的人，是我的舅舅和舅妈。舅舅、舅妈都是哈尔滨师范大学的毕业生，他们都在中学从事教育工作。舅妈教语文，舅舅做校长。因为父母工作忙，每年寒暑假我都是在舅舅家度过的。他们家的书房里有一个又高又大的书案，书架上的书几乎被我看了个遍。每当寒暑假结束，恋恋不舍的我，总会带上一两本回家继续读。

在舅舅和舅妈的影响下，我爱上了读书。我央求爸爸为我办了一个借书证，从图书馆借回一摞一摞的文学杂志。《当代》《十月》这些杂志，以及一本本小说，陪我度过了青葱岁月。在阅读过程中我感觉到了自己的无知，也满足了对文学的渴望和热爱。这也许就是后来我千方百计地寻找专业进修渠道，来系统学习中国文学的原因吧。

二、小荷才露尖尖角

在哈尔滨市师范学校求学的这四年也是我一生中难忘的时光。校长李牧是一位深受学生敬重、雷厉风行的教育家。当年，经过四年中师培养的初中毕业生，即使没有如今高等教育的学习经历，也成了中国当代小学教育的主力军。师范学校的课程设置强调全面发展、一专多能、开放融合。我们既有在学科知识领域与高中相接轨的课程，也有教育学、心理学、小学教材教法等实践课程。当然，也有最受学生欢迎、最长见识和本事的见习和实习。记得我第一次去见习是在南岗区和兴小学。这次见习让我这个未来的“孩子王”，对学生、对学校产生了向往。当那个身体胖胖的、脸盘圆圆的淘气小男孩，因被老师批评而沮丧地站在我面前的时候，我被他的天真无邪深深打动了。我轻轻地拍了拍他的肩膀，并暗下决心：做儿童教育，和孩子打一辈子交道！

我的毕业实习，是在哈尔滨市花园小学校完成的。这里也是我工作了30年的地方，一个令我终生难忘、魂牵梦萦的地方。我去实习的时候，校长李玉秋热情地接待了我。在这个开放、包容、富有活力的集体中，我从头学起。我在那一位位身怀绝技的老教师身上看到了他们深厚的专业底蕴，从中年骨干教师身上学到了他们雷厉风行的做事风格、勇于创新的工作精神和高超的教学技艺。学校里的年轻教师很少，所以我们这些刚刚毕业的学生都成了“香饽饽”。4个月的实习期，我有四分之三的时间，是在顶岗实习，也就是代替请了病假和事假的老师从事教育教学活动。那段宝贵的实习经历为我正式从教和自己带班积累了大量的经验。当我毕业被正式分配到花园小学校做正式老师的时候，我既兴奋激动又胸有成竹。

还有一件事情、一段经历，不得不提。在师范学校，在我读到第三年的时候，报纸上的一条招生广告，像磁石一般吸引了我：哈尔滨文学院成立了，由哈尔滨师范大学教师团队授课，面向社会招生进行大专学历教育。我拿着这张招生广告，找到当时我最要好的同学李欣烨。两个热爱文学的人一拍即合，并得到了父母的支持和资助。我带着爸爸给我的600元钱交了一年的学费。从此，我就开始了每周三次、每天晚上三小时，到哈尔滨文学院面授的求学经历。学习的过程是充实的，也是艰辛的。中文专业学制三年，十门学科，需要通过黑龙江省高等教育自学考试的认定。听说自学考试的通过率全省只有30%，这个学历和文凭的含金量是很高的。在当时，很多没有大学学历的社会青年，都选择通过函授或其他方式进修。而我选择的这条要经过自考合格才能颁发学历证书的求学之路，对自己是一次挑战。我凭借着自主学习的强烈愿望和毅力，第一年5门学科成绩合格顺利结业，第二年3门学科成绩合格顺利结业。然而，到了第三年，我却遇到了挫折。那时，我在花园小学校做班主任工作，繁忙琐碎的班主任工作占据了我大量的班后时间。在最后两科的毕业考核中，我有一门学科没能如期通过，是参加了补考通过的。我用三年的时间，自学完成了大学中文专业的课程。也正是那段经历，为我从事小学语文教学和研究，奠定了坚实的基础。我对语文教育的热爱、对语文教学矢志不渝的追求和我在小学语文教育领域所取得的小成绩，大概就起源于那三年里每天的熬夜学习吧！“一个人只要坚定信心，下定决心要做好一件事情的时候，全世界都在为他让路。”多年后，在回忆起这段经历的时候，我对这句话又多了几分理解。

时光转瞬即逝，1990年7月，我开始了自己的执教生涯，成为哈尔滨市花园小学校的一名四年级的班主任。花园小学校的领导们非常器重、赏识我，在参加工作半年后，我通过层层选拔，获得了在全区上语文教学展示课的机会。

我第一次在全区上的语文教学展示课是臧克家的“看球记”。上课前，我反复、认真地对教材进行研读、揣摩，设计教学的方案和脚本。课上，我怀着忐忑的心情，小心谨慎地完成了我的第一次现场公开课教学。从教研员和现场观课老师们的反应来看，初出茅庐的我还是得到了大家的认可。这一节课也坚定了我钻研小学语文的信心。

1992 年，我又得到了一次执教大型教研课的机会，那就是“哈尔滨市首届雏鹰杯小学语文教学比赛”活动。这次我执教的是六年级的一节作文课。在南岗区教师进修学校教研员们的指导下，我开始了艰辛的备课历程。执教小学六年级的作文课，对我来说是一次尝试、一次挑战。为指导学生练习状物写景文——介绍哈尔滨市防洪纪念塔，我多次带领学生到防洪纪念塔进行实地观察记录。为了这节课，我在半个多月的时间里，不知往防洪纪念塔跑了多少次，几乎吃不好、睡不下。我反复揣摩教研员的指导意图，却始终也没找到最佳实地观察与现场观察的结合点。可想而知，这一次我的教学效果平平，没能迎来期望中的掌声，我心中未免有些失落。然而，也就是这一次走麦城的经历，成就了我，开始训练和提升我的教学反思能力。在无数个日夜，我反反复复咀嚼这节课的录像细节。教，然后知不足。我发现在语文教学中还有许多未知的领域等待我去发现、去探索。1993 年，我在全区现场执教老舍先生的名篇《风》，大获成功。“风”一课也被推荐到“黑龙江—云南两省小学语文教学协作研讨会”会上做现场教学。当教学校长许洁玉带我来到云南大理，去现场执教这节课的时候，我工作刚满三年。初为人师的这三年，我在小学语文教学领域里踢出了“头三脚”。从区里到市里再到省里，一年一个台阶，一步一个脚印。这些经历为我后续的教学生涯奠定了坚实的基础。1990—1997 年，7 年里，我从一个新手教师、新手班主任，在校领导和南岗区教师进修学校教研员手把手的指导下，先后在南岗区、哈尔滨市、黑龙江省的二十余次教学展示课中获得一等奖，成长为黑龙江省的语文教学骨干。在这段时间里，我先后送走了三个毕业班。那时候谈不上什么因材施教，但我的课堂却十足地吸引着学生。学生们喜欢我的课，也喜欢我。1997 届有一个叫王亚欧的女孩，每次我上语文课的时候，总能看见她那双求知若渴的眼睛。我发现，她有一个小本子，每次上课她都是一边听一边在上面记着什么。

后来过去了好多年，我们在北京见面时，她跟我说："老师，你知道我那时上课记什么吗?"我摇头，她继续道："那个时候，你比我们长不了几岁。在我眼里，你就像一个邻家的大姐姐。你最有魅力的时候，就是讲语文课的时候。你不但声音好听，而且还经常使用成语。我把你在讲话中提到的成语，都记在我的小本子里了。"这时的我恍然大悟。这个会学习的女孩，这个有心的女孩，后来在《中国青年报》做足球专栏记者。这是个初中因病辍学，后期全靠自学成才的坚强的女孩。她说："我这点写作的底子，就是在小学里练出来的。"亚欧的学习经历纯属个例，一个只接受了7年学校教育却以写作为职业的人的语文学习经历，启发了我。从那以后，我开始研究小学语文教学的学法指导。教学，是教与学的统一，没有学生的学，就没有真正意义的教学发生。只有当教法和学法统一的时候，才有真实的学习发生。这是我的学生给我上的一课。

三、苦难是人生的教科书

1999年10月，由中国教育学会小学语文教学专业委员会举办的全国第三届青年教师阅读教学观摩活动在昆明如期举行。能作为黑龙江省小学语文界的唯一代表，参加这次盛况空前、各省小学语文教坛精英云集的盛会，是我的殊荣。说起代表我省参加这种层次的全国教学比赛，机会降临于我已经不是第一次了。早在1997年，领导就确定由我代表参赛了。可1997年的我遭遇了人生的一次大不幸。

1997年3月，最疼爱我的父亲患重病住院抢救20多天。我因为严重的妊娠反应，没在父亲身边看护过一夜，是我的爱人陪伴老人度过的危险期。怀孕早期，我呕吐不止。第五个月时，我全身浮肿，两只脚肿得连鞋子都穿不了。公婆和爱人劝我休息几天，校领导也主动给时间要我休假。面对所有的关心，我总是咬牙坚持："没事，过几天就好了。"转眼间，到了分娩期，但是这一次幸运之神却没有眷顾我和我的家庭。剖宫产生下的孩子因为肺部先天发育不全，出世不到三天就夭折了。想到怀孕以来家人对自己的百般呵护，到头来却是这样一个结果，我除了感到失去孩子的切肤之痛外，还有对家人深深的愧疚。

这场打击使我一蹶不振。从小到大开朗乐观的我，几乎从来没有受到过打击。

然而这一次，我怎么也没有想到，这个已经来到我身边的小生命，还没来得及让我抱一抱，就不辞而别了。回想自己整个孕期，如常上班、带班、课后辅导学生，为了庆祝香港回归，甚至在怀孕 8 个月时还在哈尔滨市少年宫执教德育现场课“京九列车快快开”，我一时百感交集。月子里，为了转移注意力，我躲进了阅读的世界。一段时间过去后，我蓦然领悟到一个朴素的道理：我们身边的每一个健康的孩子，他们能够顺顺利利、健健康康地来到这个世界上，都极其不容易。这让我在痛苦之余，对学生又多了一份母亲对孩子的怜惜之爱。每一个生命的到来，都有使命；每一个生命的存在，都值得尊重。从那一刻起，我的学生，不管是听话的还是淘气的，在我眼中，他们都是大自然赐予的生命种子。他们能够平安顺利地来到这个世界上，就已经是生命的奇迹了。用心呵护这一颗颗生命的种子，是我做教师的责任，更是我人生的使命。

1998 年，南岗区评选“首届十大名师”，领导和同事们推荐了我。在总结撰写事迹材料的过程中，我首次谈到了“儿童生命教育观”。这次经历让我从学科教学的视野中跳出来，站在语文教育的视角来思考生命、关照儿童。可以说，1997 年我经历了一场劫后余生，但是它却促使我的教育观念发生了根本性的转变。这正应了那句哲言：“凡不能毁灭我的，必使我强大。”从 1997 年以后，我的语文教育实践，不再是单纯地教授一个知识、一篇课文，我从单纯的、孤立的学科视角中走了出来，并延伸到语文教育、儿童教育、生命教育……我不断丰富和拓展自己语文教育科学研究的新领域、新课题、新方向。苦难是一本教科书。30 岁度过的这场劫难，丰盈了我对教育的思考。

四、快乐班主任：一个都不能少

重新回到校园、回到讲台，我立志要做一名好老师，做一名让学生喜欢的不过时的好老师。这里既有我从小对校长舅舅的崇拜，对教语文的舅妈的喜爱，更多的是失子之痛使我对成长中的儿童，在理性中又多了一份怜爱。在我十二年的班主任生涯中，我始终在想，怎样成为一名受学生欢迎的不过时的好老师？怎样用自己的专业智慧赢得学生的喜爱和依恋，进而影响他们的成长呢？

20世纪90年代，受传统教育的影响，“师道尊严”的古训依然盛行，社会上提倡的依然是“一日为师，终身为父”。从尊师角度来讲这无可厚非，但其中隐含着的绝对服从之意被有些头脑僵化的人奉为金科玉律，这就形成了一种思维定式。绝大多数教师只站在教师的角度去想教育教学中的问题，很少顾及学生的感受。难怪有人讲，有的教师善于管理，不善于帮助；善于命令，不善于商量；善于课内讲授，不善于组织活动；重接受、轻发现；重知识、轻性格；重模仿、轻独创。还有的教师经常在不经意间把自己放在与全班几十名学生对立的位置上，形成“1∶几十”的局面，使自己处于劣势，而不能形成“1＋几十”的教育合力。从1998年开始，我逐渐认识到创新是实施素质教育的有效途径。于是，我大胆地摒弃了“严师出高徒”的班级管理方法。我以全体学生为主体，以全面提高素质、发展学生的个性特长为核心，力求每一个学生的素质都能得到最大限度的开发与培养。构建双主和谐的师生关系是其中的关键要素，教师理念的更新是关键中的关键。教师要把自己放在与学生平等的地位上，充分尊重学生的主体地位。信任型师生关系能促进学生的发展。只有学生完全信服教师，这个班集体才会充满前途，才会生机勃勃。有一次，我们班下课晚了，学生急着去上下一节课，纷纷在走廊上跑了起来，被值周老师批评了。我在班会上对这件事做了检讨，并诚恳地表示是因为我下课晚造成的。结果，学生非但不认为是我的过失，反而纷纷进行了自我反思和自我批评。

1999年秋，我接了一个后进班。还记得开学第一天我与学生们见面的情景：早上我推开教室门，里面乱哄哄的，几个“淘气包”一眼便知，因为他们有的在乱窜，有的在大声尖叫，都在用自己的方式欢迎着我，以期引起我的注意。第一次和学生见面，我没有进行“下马威”式的训话，在长久的静默中，教室里渐渐安静下来。我先请他们算算班里新老同学共有多少人（76个），有几个老师（1个），然后我在黑板上写下“76＋1＝?”。学生在我的引导下认识到，76＋1不仅仅得77，它还等于一个优秀的班集体，一个全新的开始。我以对联的方式表达了对学生的尊重和信赖。上联是“你的心、我的心、他的心，心心相印”，下联是“你的事、我的事、他的事，事事关心”，横批是“齐头并进”。学生们很快就喜欢上了我这位与众不同的班主任。我和学生第一次见面的成功，得益于心理学上的“首因效应”，即第一印象，先入为主。在接下来的“第一次”中，我又精心设计了“第一节语文课”“第一次班会”；认真组织学生参加了“第一次知识竞赛”，并取得了学年组第一名，实现了班级历史上“0”的突破，学生手捧奖状，爱不释手。还记得第一个期末考试结束时，我表扬了班中几个成绩进步较大的学生，面对他们惊讶的表情，我说：“我不看重你从前的成绩，只在乎你今后的努力。”成绩由10分提升到40分的杨宝根同学是眼含热泪从我手中接过试卷的。要知道他拿40分绝不比优生拿90分来得轻松。我的这种做法燃起了学生向上的热情。这件事让他们从心理上认同了我、接纳了我，信赖感、崇拜感也由此而升。

有人说，没有崇拜就没有教育。对此，我深有感触并且深信不疑。临近毕业时，我们在进行基础训练作文时，要求写“一个印象深刻的人”。出乎我意料的是全班同学几乎都写了我。要知道以前的学生也完成过同样的作文，可选材从未这样集中过。在学生的笔下我成了无所不能的人。陈睿，一个聪明的男孩。他在作文中写道：“一双炯炯有神的大眼睛，一头帅气的短发，一脸时而严肃、时而慈祥、时而幽默的表情，一身让人学也学不完，学也学不会的本领。曹老师的才气真是让人佩服！五年级开学第一天，曹老师接了我们班，做了我们的班主任。她的‘任职演讲’从语文说到数学，从做人说到做事，从学校说到班级，从学习说到生活，竟没有一句重复的话，语言到位，富有逻辑又十分有趣，一下就把我镇住了，真让人佩服!”不爱上语文课的马月娇在文中写道：“最让人忘不了的是她上课时的那种热情，和学生打成一片是常事。而且时不时她口中还会溜出一段诗，让我们佩服得不得了！我本是一个不喜欢语文的人，但曹老师的课总会不知不觉地吸引我，让我全身心地投入语文的学习中。”不喜欢完成作业的孙傲写道：“曹老师说话幽默，我们在课堂上常常被老师逗笑。曹老师批改作业非常认真，有一点儿错她都能找出来，而且每次都在我的作业本上留下鼓励的话，让我再也不好意思投机取巧了。”在作文中，学生们用心观察、用心体验，从人品、学识、能力、特长到教学特色、工作态度等对我进行了全方位的评价。我知道这是学生对老师的溢美之词，但有一点可以相信，这个后进班转化的根本原因就是学生喜欢我。

孔子说：“其身正，不令而行；其身不正，虽令不从。”乌申斯基说：“只有人格才能影响人格的发展和形成，只有性格才能形成性格。”我说：“智慧产生智慧，仁爱产生仁爱。只有人格才能培养人格，只有灵魂才能塑造灵魂。”尽管我做得还不够，但我已经意识到，用师爱的道德感、理智感、美感凝聚而成的教育情操去影响学生、感染学生，这才是真正的教育。好教师善于用自身的人格魅力去启迪学生。

还有一件事给我留下了很深的印象。那是在学期结束时，我们毕业班级召开了毕业班学生家长会。一个多小时的会结束后，家长们久久不愿离去。按说，毕业了，学生即将各奔东西。然而，全班家长像是有谁在组织一样，全部自发留下，非要请老师去吃饭。他们说，这两年来老师非常辛苦，在孩子身上没少下功夫，要好好感谢一下老师。最后，我好不容易才劝说他们离开。令我感动的是，离开时家长排好队，一个一个同我握手告别。就在那一刻，我发觉，当老师真的很伟大！师生之间、老师与家长之间那种朴素的情感最让人难忘。能够赢得社会的理解、家长的信赖和学生的尊重，教师工作的乐趣和伟大之处就在于此。

传统的管理观常常忽视学生的人性和个性，所有的“清规戒律”均以“不准怎样”“不许怎样”的形式出现。这种强制性的管理要么扼杀人的自主性，使之物化；要么激起人的反叛性，使人野蛮。班主任不应该是班级活动和班级管理的执行者，而应该是班级活动的组织者、设计者，班级管理的宏观调控者、策划者。如果把班级管理比作一盘棋，学生是棋子，班主任的作用就是充分了解每个棋子的作用，不断“调兵遣将”，争取下一盘活棋。我的做法是变管为导，变堵为疏，变“大家被管”为“大家共管”，使班级制度不再成为约束学生的枷锁，让学生为制度的存在而叫好。我们班中几项制度很受学生欢迎，如“心齐夺旗”“比比哪组心最齐，心齐才能夺红旗”这项制度的制定是从集体角度去约束个人行为的，有利于培养学生的集体荣誉感和团队精神。马卡连柯说：“活动教育了集体，团结了集体，加强了集体，以后，集体自身就能成为很大的教育力量了。”比如，“全员服务制”，确保了班级中每个成员的平等。每人都有一项属于自己的工作，都有为他人服务的义务，如“读报员”“信息员”“好书推荐员”“窗帘长”“桌布长”，等等。定期评选优秀公务员，使班级“事事有人管，人人有角色”，有效培养了学生的责任感和平常心。对待后进集体的转化，班主任要注意发掘那些哪怕是学生无意中产生的良好行为，利用激励手段对不良行为的超前调控作用，使之不失时机地发挥育人的功能。比如，“每周十朵花制度”，每周拿出十朵花专门发给“学习进步”“纪律达标”“值日负责任”“有特殊贡献”的学生，并且让获奖者佩戴红花，全班唱歌祝贺。这种制度激起了学生的竞争欲和上进心。

班级管理具体办法的制定因班而异、因人而异，不可能要求整齐划一。构建具有鲜明个性化的班集体取决于班主任的情感、兴趣及价值取向等因素。但无论怎样的制度，都应是刚性制度与弹性管理的结合、情与法的交融，都应该给予学生制度上的要求和竞争中的满足。只有这样，制度才不会成为约束学生的枷锁，也才能真正为学生的发展服务。2000 年，我以“主体性教育探索与实践”为题在哈尔滨市中小学德育工作表彰会上做经验交流并受到广泛好评。

五、将“快乐语文”进行到底

对育人智慧的探究让我如痴如醉，也让我逐渐淡忘了失子之痛。1999 年的秋天，我带着省、市、区各级领导和教研人员的殷切嘱托，踏上了代表黑龙江省参加“全国第三届小学语文青年教师阅读教学观摩活动”的征程。10 月 15 日，在云南师范大学的千人礼堂，我执教了现场课“圆明园的毁灭”，获得了第一名，并且代表获奖教师在总结会上发言。中国教育学会小学语文和教学专业委员会专家对这节课给予了高度评价：“教师在指导学生理解语言文字的过程中，精心设计，匠心独运，前后联系，浑然一体。这种方法使学生在自主学习的基础上提高到了一个新的水平。”这次的成绩既是我省历届参赛的最好成绩，也是我个人教学生涯的一个里程碑。鲜

1999 年，参加全国第三届青年教师阅读观摩活动，与指导教师合影

花、掌声、荣誉纷至沓来……还记得那天刚下课，后台有一位来自深圳某小学的校长早早等在那里，他向我递上了一张“高薪聘书”。全国教学比赛获奖是很多优秀教师的职业顶峰，在这个人生的高光时刻，我该何去何从呢？是像很多优秀教师那样往南方经济发达城市流动，还是去做专职教研员、去做校长？静下心来仔细聆听自己的内心，最吸引我的不是薪资也不是职位，而是令我魂牵梦萦的课堂，还有那些天真可爱的孩子。这里有一首我的言志小诗《课堂》。

课堂，你曾像一个密不透气的箱/禁锢了思想的自由飞翔；

课堂，你曾像一把锁/锁住了心灵的驰骋/锁定了智慧的生长；

课堂，你曾像一把标准剪刀/剪断过无数学童充满诗意的童话梦；

课堂，你曾像一座庙/因为有太多的清规戒律/一个无法令孩童们心驰神往的地方……

不，久违了的课堂/你应是物欲的世界里一座永远不会沉没的岛/你应是岁月的风尘里一张永远不会褪色的像/你应是连通世间每一个角落的网站/你应是一扇自由呼吸的窗。

啊！课堂，我魂牵梦萦的地方/啊！课堂，我生命成长的地方。

教育是一种引导人们追求智慧的活动。智慧不等于知识，知识关乎事物，智慧关乎人生；知识是理论的外化，智慧是人生的反观；知识属于功用层次，是具体、功利层面的追求，智慧属于完满层次，是人生的一种理想和境界。在小学语文教研领域辛勤耕耘的十几年时间里，我对教学艺术的钻研越来越痴迷。我的业余时间几乎都用在了收集教育信息，以及探求教改新途径和新方法上。渐渐地，我对小学语文教学有了深入的研究和独到的见解。同时我也领悟到了小学语文教学的学科性质，即遵循母语教学规律，在“大语文观”的指导下，以“全面提高学生的语文素养”为宗旨，面向每一个有差异的个体。我的阅读教学，能重视个体心灵的体验和感悟，尊重多元阅读理解，关注学生在学习过程中的自我发展需求；能以典型教学设计激起学生的阅读兴趣，以形成性评价对学习活动做适时、适度的调控。我积极探索阅读教学“问题教学模式”，以发现问题、解决问题、产生新问题为主线，构建基本教学流程；还能够将产生的新问题迁移到课外，指导学生进行研究式学习。珍视学生在学习活动中的“错误”，并以此为施教契机，把“错误”当作教育资源。了解学生个性，准确判断学生的智能优势、认知风格，能帮助智能类型各异的学生掌握学习策略，形成各自的学习习惯。以言语活动为核心，整合其他门类的学习活动，让学生快快乐乐学语文，扎扎实实积语感，真真切切得发展。我的语文课既有学生主动乐学、善学的和谐氛围，又充满了教师睿智的点拨、解惑，能使学生在不知不觉中领悟到语言的精妙。这样不仅有效地培养了学生敏锐的语感，而且还使学生的灵性和悟性大增，为其创新能力的发展奠定了基础。我的语文课以“趣、新、实、活”的特色深受各级专家的推崇和学生的热烈欢迎。

拥有一种怎样的课堂生活就等于拥有了一个怎样的童年。为学生一生的发展奠定坚实的基础，为学生的生命涂抹亮丽的底色，让他们享受课堂生活带给他们的欢乐，成了我矢志不渝的追求。2001 年，国家新一轮课程改革的号角吹响，我主动请求加入课改实验教师的队伍中。面对一群刚从幼儿园毕业的孩子，我暗下决心：要让每一个孩子都拥有一个快乐幸福的童年，让短暂的童年时光成为学生记忆中的永恒。我在教育日记中写道：“校园首先应是‘人园’，是人的生命潜能得以呼吸和滋长的地方。学校就是允许出错的地方，畏惧错误就是毁灭进步。”我的班级里有“七不批评”：无意犯错不批评（不知者不怪），早晨不批评（保持一天好心情），办公室内不批评（留有余地），反映情况不批评（发扬民主），提出问题不批评（保护好奇心），回答问题不批评（上进的火光从这里点燃），当着家长的面不批评（促其自省）。没上过幼儿园的小飞，在上语文课玩“开火车”识字游戏时总是落后。同组的同学开始抱怨了，有的说：“都怪你，我们组每次开火车都是最慢的。”凭经验，像小飞这样的孩子若不能在群体中得到善待和友爱，很容易失去求知的欲望和上进心。于是，我每天利用课余时间把第二天要认读的生字帮他认牢，第二天“火车”开到他那里时他都能顺利通过。第三天、第四天……终于有一天，同学们自发地给小飞鼓掌。那天，我送给全班同学一句话：“老师真高兴，因为你们学会了欣赏自己的同伴。”

“今天老师带来了两副纸牌，一副是红牌 10、8、5，另一副是黑牌 9、6、3。怎么玩呢？比大小，三局两胜就算赢。谁想和我比，请到前面来。”哈尔滨市花园小学校每一个五年级学生，都记得我这个会用扑克牌讲“田忌赛马”的语文老师。2002 年版《新课标》颁布后，在大家还颇感困惑的时候，我率先实践以对话式、活动式、

2003 年，哈尔滨市教育局召开“曹永鸣教学风格研讨会”

板块式教学，用全新的理念执教了老教材老课文，并推出了“田忌赛马”“外面的世界”“动物”“记金华的双龙洞”等一批代表性课例。我牢牢掌握住语文教育工具性和人文性相统一的基本特征，“构建生态课堂，实现生命对话”成为我教学的基本主张。实践中，我逐渐摸索出小学语文教学“对话式板块教学法”，还原了小学语文教育的儿童视角，即充分关注学生的生活世界、经验世界、想象世界，坚持课内外结合、书本与生活结合，实现跨学科、跨领域的综合。通过教学类型的综合、教学环节的组合、师生关系的融合、现代信息技术与语文教学的整合，整体推进语文知识与能力、语文学习过程与方法、情感态度价值观这三个维度教学目标的实现。全方位培养学生学习语文的兴趣、方法、能力和素养，在小学语文课程改革的实践中开辟了一条新路。2003 年，哈尔滨市教育局和教研院召开“曹永鸣教学风格研讨会”，总结推广我“以学为本、对话生成”的教学风格。

六、不当教书匠，要做教育家

课改是改造教书匠，打造教育家的时代。我在自己的工作手册上写道：“现代教师要有精品意识。要做就做到最好。”还记得早在1995年，初出茅庐的我毛遂自荐，“挤”进了当时由学校众多骨干教师承担的国家级课题、由北京师范大学林崇德教授主持的“提高教师素质与学生心理能力发展关系的研究”课题组。此课题在哈尔滨市花园小学校实践研究十余年，从最初只有数学学科，到后来发展到数学、语文双科，并且体系独立、自编教材。在北京师范大学课题组林崇德教授、申继亮教授教育理念的引领下，以及北京市朝阳区教育科学研究所谭瑞所长、南岗区教师进修学校小教部郭春荣主任等专家的指导下，我在课题研究中崭露头角。1999年暑假，两个月内我四次赴北京参加该课题的阶段性成果编撰工作，成为课题组重要科研成果《为思维而教——小学语文教师教学技能训练》一书的主要编者之一。该书作为教师继续教育教材在全国发行。

无缘跨进高等学府的大门，是我此生的遗憾。2001年金秋，通过严格的层层遴选，我有幸以小学语文国家级骨干教师身份与来自全国16个省份的90多名小学语文教育界同行相聚大连，在辽宁师范大学参加小学语文骨干教师的国家级培训，成为国家首批“跨世纪园丁工程”的直接受益者。南岗区具备入选资格的语文教师只有两人，我是其中一个。为了不辜负组织的信任，我含泪把当时不满8个月尚处哺乳期的儿子交给了婆婆。这次持续一年的高层次培训让我提升到了一个崭新的境界。集中学习期间，我有幸聆听了当代著名教育改革家魏书生、辽宁师范大学校长曲庆

我与著名特级教师魏书生合影

彪等专家学者的报告近 30 场。尤其是王树森教授有关“中国古代文化导论”的系列讲座，给人以人生的启迪和智慧的引领，就如醍醐灌顶。人在培训地，心系课堂中，培训中每时每刻的思考、体悟都上升为观念的整合，继而形成自己的教育策略，是我此行的最大收获。正像我在培训反思中写的那样：“三个月的‘大学生活’使我树立了一条理念，即终身学习的理想和信念。随着现代信息技术的发展，伴随着知识经济形态的出现，在学校和工作场所之间的交替活动，将成为每个人在未来社会中的基本生存模式。任何人再也不能只通过一段时间的集中学习，获得一辈子享用的知识技能。从这个意义上说，参加三个月的集中培训仅仅是我‘大学梦’的开始。”反思之余，我发现长期以来中小学教师从事科学研究的主体地位严重缺失。教师处于无权地位，只能被动地听从管理人员、课程论专家、教科书编者的指导。这就使庞大的教师队伍长期处于脱离教育科学研究、缺乏学术成果的境地。广大教师既缺乏科研意识，又缺乏科研能力，这恰恰是忽视学习、缺少学习，不能进行可持续发展性学习的结果。在知识更新速度日益加快的今天，教师不能只满足于做知识的传承者，而应该成为知识的创造者；教师不能再做教书匠，而应该向研究型、专家型、学者型方向发展。“不当教书匠，要做教育家”成为我一生追求的目标。

1999 年年底，我有幸参加了教育部在江苏省南京市举办的“一代名师——小学语文届泰斗于永正老师教学风格研讨会”。于老师那本《教海漫记》我每次读起来都如饥似渴。会前，我连夜完成了研讨会发言稿《读于永正》。会后，于老师给我的光盘和亲笔信我至今还保留着。虽然于老师在 2017 年永远地离开了我们，但他的“五重教学法”仍旧熠熠生辉。2014 年。我作为哈尔滨市千名骨干校长提高班学员走进浙江省南通市第二师范附属小学，也就是全国著名语文教育家李吉林老师工作的地方。在这里，我聆听荣获国家首届基础教育教学成果特等奖的李吉林老师讲授“情境教育”，近距离接触名校名师，让我对终身从事

我与儿童语文教育家李吉林合影

教学与教育研究工作产生了许多思考与感悟。

最令我难忘的是在南京参加会议期间，我们到斯霞老师工作过的南京市北京东路小学参访时，竟然偶遇著名教育家斯霞老师。我们和她一起聊教育、聊语文、聊课改。斯霞老师的谆谆教诲，我至今难忘。在斯霞老师半身塑像前留下的照片，成为我对中国基础教育教坛前辈永远的记忆与怀念。

我与著名特级教师斯霞老师在一起

在那之后，我有过多次与全国小学语文教育界四大名师同台上课的经历。靳家彦、贾志敏、于永正、支玉恒，他们教学风格迥异，教学艺术个个都炉火纯青。从他们的课堂上，从与几位老先生交往的经历中，我学到了很多宝贵的东西。人品与课品的高度融合，给了我取之不尽、用之不竭的财富。

如果说一次的成功带有偶然性，那么有无数个偶然性的成功必然会筑成成功的道路。把信念融进每件小事中，成功便多了许多基石。2001 年，我参加了教育部“跨世纪园丁工程”中小学骨干教师国家级培训。在与南方骨干教师的交流中，我发现，南方各个学校都有自己的教育科研项目。深有感触的我受训归来，当即向校长汇报了我的想法：“花园小学校的教师没有属于自己的科研土特产项目，我要为花园小学校填补这一空白。”老校长完全支持我的想法，当即表态我的研究费用学校想办法解决。就这样，2003 年，我的第一本语文教学专著《小学语文对话式板块教学》

由黑龙江人民出版社出版了。在这里，我要衷心地感谢我的老校长——教育专家吴永侃先生。他对教育的远见卓识深深地影响了我，在他创办的“快乐花园”里，我这颗幸福的小种子发芽、生长、开花、结果……在我创作的过程中，他始终鼓励我：“听别人的，想自己的。”2003 年，他邀请全国著名特级教师、天津南开小学校长靳家彦先生来哈尔滨市讲学。我也十分荣幸地拜靳先生为师。“好风凭借力，助我上青云。”站在更高的平台上，我零距离感受着全国小学语文界大师的教学智慧，幸福地跋涉在小学语文教育科研的道路上。在师父的悉心指导下，我的语文课堂教学技艺愈见成熟。2000—2015 年，我先后应邀到北京、云南、海南、山西、山东、河北等 20 多个省市做示范教学。所到之处，我总能以扎实的教学基本功和鲜明的教学特色引起专家和广大教师的强烈反响。“田忌赛马”“记金华的双龙洞”等课例在全国多个省市做教学现场展示，“耳目一新、高人一筹、领先一步、堪称一流”是靳家彦老师对我课堂教学的评价。2007 年，我被评为“中国小学语文教育年度人物”，被誉为“小学语文教育北派代表人物”之一。2011 年，我成为“哈尔滨市未来教育家培养工程”首批培训对象之一，这是哈尔滨市教育局对名教师、名校长梯队培养的顶层设计。对国内各地和国外教育的考察极大地开拓了我的视野，锤炼了我思考教育热点问题的能力，对催生我的教育思想产生了巨大的作用。

2013 年，我作为“哈尔滨市未来教育家培养工程”培养对象考察新加坡南洋理工大学

七、用激情与智慧引领百年名校

2008年，我被组织任命为哈尔滨市花园小学校副校长，主管教育科研和教师培训工作。我以强烈的科研意识积极主动靠前指导，从实践出发为学校的发展出谋划策，成了校长的得力助手。针对全国第八次新课改的热点和难点问题，我带领课改组的实验教师们，一边实践一边研究，帮助每位实验教师提出问题、确定课题，组织实施了“小课题牵动大课改”的实验策略。我们先后进行了“多识字、快阅读、写话早起步”和“童眼童心——童诗创作”的小课题实验，在短短一年的时间里实验教师们的理论素养和专业水平突飞猛进，哈尔滨市的多家新闻媒体也多次报道了花园小学校的课改探索。我还带领大家进行集体备课、研讨交流，并亲自执教引领课，使每位实验教师既得到了理论上的提升，又有直观的实际操作，让老师们感到科研并不神秘，让他们品尝到了科研的乐趣，从而引导他们走上了一条边研边教、自觉研究的道路。在我的影响和带动下，我校课改组的青年教师们个个上进，思想觉悟高，形成了浓厚的研究氛围，打下了深厚的专业基础，成为学校的品牌教师，赢得了领导的赏识和学生的拥护。

我协助校长创办的“青年教育家沙龙”，已经成为学校学习型组织建设常设机构，在课改中发挥了积极的引领作用。我还创意并组织了“花园小学校青年教师教育智慧展示活动”，把花园小学校青年教师参加课改的热情充分调动了起来，得到了学校领导和省市专家的赞赏。我协助校长成功地召开了花园小学校“哈尔滨市新课标学习与实践”“黑龙江省督导与评估”“南岗区综合实践推进会”等现场会，指导并修改的教育教学案例被收入《与新课程共同成长》《足音》《逾越，从困惑中走出》等书。

在哈尔滨市教育局的支持下，我成立了“曹永鸣语文名师工作室”，带徒弟王敏、张安龙、张皓、黄华等，分别在国家级、省级、市级平台讲课。他们都成了省、区、市的骨干教师，在学校发挥着重要作用。受市区多家兄弟学校的邀请，我们多次送教上门，现场执教公开教学，和外校教师进行现场互动，答疑解惑，受到兄弟学校领导和教师的高度赞扬。在南岗区“支郊支弱”工作中，我们与王岗中心小学多名教师结为帮扶对子，并多次深入农村小学指导课堂教学。我还利用“曹永鸣语文名师工作室”在网上与老师们进行交流互动，为农村学校培养了刘晓辉等数名语文学科骨干教师。

2013 年 7 月，我从老校长刘金芝手中接过花园小学校第 35 任校长接力棒。花园小学校创办于 1925 年，最早叫“东省特别区公立第八小学”，创办人是当时东省教育厅厅长傅润成先生。学校早在建校初期就立下了“诚敬勤朴、志同道合”的校训，80 余载一直沿承至今，形成了优良的校风。2002 年，学校确立了“为学生一生幸福与发展打好基础”的办学理念。如何循着“为学生一生幸福与发展打好基础”的办学理念，传承前 34 位校长留给学校的精神财富，保持名优学校的高位发展，是我思考得最多的问题。

有一年春天，我不经意间发现了一粒落在我家阳台窗缝排水口中的种子。后来，它长成了一株不起眼的小小嫩芽。我和儿子一直猜想它是哪一种植物。直到秋天，硕果满枝时，我才知道原来它是我们小时候吃过的俗称“黑猩猩”的紫黑色浆果。临近霜降时，虽然只剩一颗果子，但它依然坚挺，没有一丝枯萎的迹象。有人要问，窗缝中的这颗种子靠什么生长？这层不太厚的黑泥就是它的温床。不知它是什么时候安家在这个小小空隙中的，也不知在几个月的生命奇迹中它做了哪些抗争。我只

落在我家阳台窗缝排水口中的一粒种子已长大

知道种子天然具备的种种适于传播或抵抗不良环境的生命力，足以让它顽强地活下来。

这使我想到了我们的服务对象——学生。每个学生都是一颗种子，这一颗颗人类的种子与自然界中的种子一样，都蕴含着自己的发展计划。这个发展计划有主动生长的能力，有多态生长的空间，有自我免疫和自我修复的功能。只要有适宜的条件，哪怕在极端恶劣的环境中，种子都会以任何人都无法改变的发展模式，自然萌发，成长为强大的自己。种子的特点带给我关于教育方面的启示是确保学生受教育的主体地位，尊重规律的教育才能为生命的成长助力。我们用“种子”来隐喻花园学子，包含着学校教育三重追求：以儿童身心发展规律为本；关注学生全面和谐的发展；追求学生的个性化发展。

当今时代，应试教育的指挥棒作用依然强势：一些学生家长教育观念偏颇，以分数论英雄，补课大战狼烟四起。在倡导办人民满意教育的今天，尚有不少学生的学校生活还不是很幸福。以下是我们梳理出来的校园生活的几个现实问题。

第一，校园封闭，学校生活单一，不够丰富。

第二，活动空间有限，学生视野狭窄。

第三，教育过度开发。

第四，教师职业倦怠。

第五，师德、师能建设滞后。

第六，学得还不够主动，发展得还不够均衡。

第七，学生主体性不强，自律性不足。

第八，课堂教学满堂灌、教师独角戏、尖子生舞台。

……

这些问题降低了学生学校生活的幸福指数。为了幸福，我们要为“种子”构筑“生态环境”和“生态家园”。我提出以“幸福种子文化”为核心，以“校园文化、课程文化、教师文化、课堂文化、家校文化”五大板块为支撑的学校文化生态系统的重建。“幸福每一个”，是时代的呼唤，是历史发展的必然，是学校高位发展的契机，它使师生生命共同成长成为可能。2013 年，花园小学校的“种子教育”参评哈尔滨市特色学校创建，成为拉动学校创新发展的契机。

2015 年 9 月 19 日，哈尔滨市花园小学校迎来了她 90 岁生日。值此校庆之际，我们与《中国教师报》联合举办了“全国小学名校特色课程研讨会”。

我在哈尔滨市花园小学校九十年校庆日做主题演讲

本次研讨会得到了各级领导的倾力支持，由《中国教师报》、哈尔滨市教育局主办，哈尔滨市教育科学研究院、哈尔滨市南岗区教育局和哈尔滨市花园小学校协办。《中国教师报》总编辑刘华蓉主持，从四面八方汇聚而来的专家、学者、领导、同行、师生、家长欢聚一堂。上午 8 时，哈尔滨市花园小学校纪念建校 90 周年宣传片《花香·致远》拉开了本次“全国小学名校特色课程研讨会”的序幕。

简短的开幕式后，我向大会做《从优质学校迈向理想学校——“种子教育”的思考与实践》的主题发言。接着，由时任清华大学副校长、教育研究院教授谢维和与北京市海淀区教育科学研究所所长吴颖惠分别做了“谈小学教育改革发展的走向”和“如何建设小学特色课程”主题演讲，赢得了与会代表发自内心的掌声。下午，参会代表又走进小而美的花园小学校，走进“生态花园幸福种子”的身边，观摩花园小学校的课程展示、活动展示、家长大学、青年教育家沙龙以及花园校史馆。20 日上午，来自全国各地的教育专家、校长、教师 500 余人再次来到市少年宫，聆听了刘希娅等四位知名校长的专题报告。在上级领导及社会各界的大力支持下，在全体花园人的共同努力下，此次研讨会取得了圆满成功，并获得了与会人员的一致好评。

2014 年，我被哈尔滨市教育局推荐，作为“哈尔滨市未来教育工程”唯一代表参加了由《光明日报》和《教育家》杂志主办的“中国教育家成长论坛”，在“教育家成长与教育家办学的区域推进”活动中做了题为“突围与重构”的主题演讲。

2014 年，我在《光明日报》等机构主办的“教育家成长与教育家办学的区域推进”活动中做主题演讲

如果说，2013 年哈尔滨市首届特色学校评选是“种子教育”的破土之时，2015 年“全国小学名校特色课程研讨会”在花园小学校的召开是它的成长之际；那么 2018 年，“种子教育”申报“黑龙江省基础教育优秀教学成果奖”，就代表着它的蓄势勃发。2018 年，“促进内力生长的种子教育课程与评价体系实践研究”荣获“黑龙江省基础教育优秀教学成果”一等奖，并获国家级教学成果奖参评资格。作为一所省级示范性小学，我们依据《国家中长期教育改革和发展规划纲要（2010—2020 年）》的精神要求，在学生发展核心素养理念与建构主义理论指导下，推进了以提升学生“内生力”为目的的课程与评价改革。经过五年的实践与研究，花园小学校形成了比较鲜明而独到的理论主张和丰富完备的实践体系，实现了基础教育理念创新与实践创新的统一。为全面贯彻党的教育方针，落实立德树人根本任务，实现基础教育为培养社会主义建设者和接班人的根本目标，提供了可供借鉴的模式与样例。2018 年，我携“种子教育”成果代表哈尔滨市未来教育家赴芬兰进行教育考察。

“种子教育”的课程与评价体系的构建，为促进儿童内力生长提供了平台、资源和保障。“种子教育”充分挖掘并遵循教育本质规律，适切儿童身心发展需求，以保护和激发儿童与生俱来的六种发展内力为育人主线，培养身心和谐、德才兼修、个

我在芬兰进行教育考察，并与罗瓦涅米学校校长合影

性与社会性相融、根脉传承与国际视野共生的幸福完整的人，帮助每一名儿童努力成为最好的自己。“促进内力生长的种子教育”实现了对基础教育学校办学理念的突围，实现了对现代学校治理体系和机制的完善，实现了对小学课程与教学改革的深度转型，实现了育人共修体建设对学校文化的重构。与此同时，单纯以学生学业成绩评价教育质量的倾向得到了明显扭转，稀释并缓解了学生过重的课业负担，开放式教育、生态型学校、浸润性环境、配方式课程、对话式课堂，符合“创新、协调、绿色、开放、共享”的新发展理念，呈现了良好的教育样态，推动了基础教育的高质量发展。学校多次召开的国家级、省市课程改革现场研讨会，在国家、各省市具有较高的学术影响力。学校先后被评定为“哈尔滨市首批特色学校”“黑龙江省教育系统先进集体”“全国创新示范学校”。

“促进内力生长的种子教育课程与评价体系实践研究”促进了花园小学校的整体发展，为特色学校的形成、教师专业发展、学生成长提供了有效的支撑。从2014年开始，我陆续接管了位于城乡接合部的跃进乡中心小学、原68中学，三校合一，实行同一法人一体化管理。我带领班子制定了学校三年发展的目标：办一所学生幸福、

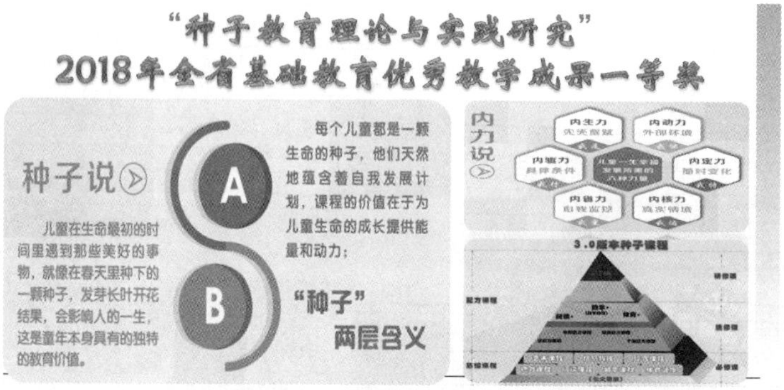

2018 年“种子教育理论与实践研究”获黑龙江省基础教育优秀教学成果一等奖

教师阳光、家长称赞、社会满意，有国际视野、有口皆碑的现代化集团学校。2014—2019 年，新花园小学校不断整合内部资源，努力实现了两个“同步发展”，即规模数量与内涵质量的同步发展，均衡化与个性化的同步发展。我们用 5 年的时间，改变了一所老学校，改造了两所薄弱学校，在哈尔滨新区援建了一所新学校。学校在成果形成的五年实践期内，办学规模逐年扩大，家长满意度、教育质量逐年递增，实现了新老校区优质、高位、均衡发展，在省内有良好的社会口碑。

由于“种子教育”在区域教育均衡发展中起到了积极的引领作用，学校不仅在城市新区建立了多个分校，还与我省 20 所城乡学校深度联盟。主城区老学校加快内涵发展，实现文化重构；薄弱学校“提档提速”，加快优质化进程；为城乡接合部、农村学校输入优质教育资源，办人民满意的教育等实践活动效果显著。目前参与“种子教育”实践的学生有 4 万余名。省教育厅表彰了花园小学校为促进义务教育城乡一体化均衡发展做出的积极贡献。

2020 年，哈尔滨市花园小学校步入 95 年建校发展历程。教师节前夕，省领导走进花园小学看望慰问全校师生。各级领导充分肯定了花园小学校“种子教育”为基础教育实现立德树人目标的有益探索，号召全省教育系统以花园小学校为榜样目标，让“种子教育”的办学成果“外溢”，为我省基础教育实现优质、均衡发展做出更大的贡献。

种子教育哲学
——我的教育理念

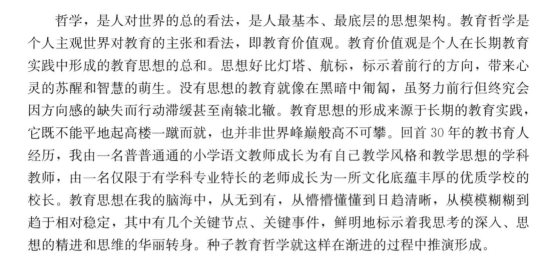

哲学，是人对世界的总的看法，是人最基本、最底层的思想架构。教育哲学是个人主观世界对教育的主张和看法，即教育价值观。教育价值观是个人在长期教育实践中形成的教育思想的总和。思想好比灯塔、航标，标示着前行的方向，带来心灵的苏醒和智慧的萌生。没有思想的教育就像在黑暗中匍匐，虽努力前行但终究会因方向感的缺失而行动滞缓甚至南辕北辙。教育思想的形成来源于长期的教育实践，它既不能平地起高楼一蹴而就，也并非世界峰巅般高不可攀。回首 30 年的教书育人经历，我由一名普普通通的小学语文教师成长为有自己教学风格和教学思想的学科教师，由一名仅限于有学科专业特长的老师成长为一所文化底蕴丰厚的优质学校的校长。教育思想在我的脑海中，从无到有，从懵懵懂懂到日趋清晰，从模模糊糊到趋于相对稳定，其中有几个关键节点、关键事件，鲜明地标示着我思考的深入、思想的精进和思维的华丽转身。种子教育哲学就这样在渐进的过程中推演形成。

一、"种子教育"的理想与信念

（一）"种子教育"哲学思考

1. 突围——减法思维，为童年教育厘清方向

（1）理想与现实的矛盾

习近平总书记在党的十九大报告中深刻指出，当今中国社会的主要矛盾是人民群众对美好生活的向往与发展不平衡、不充分的矛盾。表现在教育领域，其主要矛盾就是人民群众对美好教育的需求与当前教育发展不平衡、不充分的矛盾。中国基础教育拥有世界上最庞大的义务教育体系，改革开放四十多年在消灭"文盲"、落实"双基普九"，提高国民受教育程度等方面功不可没。随着人民物质生活水平的大幅提高，新时代对国民素质要求的提高，基础教育正面临着新的历史使命，即将迈进新的征程。在全国范围内区域基本均衡全面达标之际，向优质均衡发展的过渡阶段里，为满足千家万户从"有学上"到"上好学"的迫切需求，《中国教育现代化2035》全面详细地规划了中国基础教育将要面临的华丽转身，为此教育部及各级地方政府相继出台相关政策文件，回应纾解教育理想与当前现实的矛盾。

什么是真正的教育？学校教育在人一生的发展中到底起什么作用？小学阶段学校教育的性质是什么？小学阶段学校教育的主要任务是什么？基础教育要为儿童的终身发展打好哪些基础？

教育的本质是把我们培养成完整的人，成为未来社会的合格公民；还是将我们当作工业流水线上的一个个零部件，将我们像接力棒一样送进上一级学校完成学历教育？“教书”与“育人”的手段和目的的关系是什么？小学阶段学校教育的主要任务到底是“育分”还是“育人”？站在这样的角度去看待、去思考我们每天都要经历的教育生活，就会发现有什么样的教育哲学就有什么样的学校教育。

在倡导办人民满意的教育的今天，尽管城市、乡村在学生标准化硬件条件上已经相差无几，但不论是城市还是乡村，依然有不少现实问题困扰着教育。

确立与明晰教育价值观是提高学生生活幸福指数的根本。当前的学校教育，既需要关注热点、难点问题，又不可缺失对教育基本问题的思考，“眉毛胡子一把抓”是行不通的。如何运用瘦身思维——这种直抵事物本质、本源的思考方式，抓住小学教育的核心问题，以牵一发而动全身呢？聚焦这些热点、难点问题，我们不难发现学生受教育的主体地位得到保障是解决这些难题的核心问题。全体教师、家长、全社会都要重新认识教育的价值与功能，重新定义童年的生命意义，重新思考学校教育的使命。

（2）社会支持

“不输在起跑线上”的教育价值观认为，一个优秀的童年就是孩子在大人的驱赶下，不顾一切地拼命领跑获得成功。其实对于生命初始的童年阶段，成长的意义远远大于成功，急功近利的教育给孩子带来的很可能是灾难。蔡元培先生说：“教育的本质是展个性、尚自然。”为了使人的成长不受反科学的摧残，学校教育必须立足于参与学生生命的成长，而不仅仅是学生知识的增加。把人放在学校中央，回归童年的生命意义，保护童年、滋养童心、呵护童趣，使之受到德行、体能、美的启蒙，享受人的内在能量的释放；让他的独特性得到启迪和施展；让他的学习、生活、成长得到科学的眷顾。

为此，只有大家都来做减法才能还原儿童之真，让孩子像个孩子！

2. 无为——放养思维，为教书育人正本清源

《道德经》第三十七章：“道常无为而无不为。”“无为”就是不做任何违反自然规律、有损道德规范、违反社会法则、有害众生的事。这里的“无为”不是不为，而是不妄为、不乱为，是顺应客观态势、尊重自然规律的意思。教育是一门科学，其规律性尤为凸显，对教书育人规律性的探索与把握本身就是一场革命，是倾听人性心声，走进人内心世界的永不竣工的工程。

基础教育如何回归立德树人的根本任务？如何构架、搭建符合中国国情，建设中国特色社会主义的基础教育体系？如何使全社会真正理解、支持、配合起来，使学校、家庭、社会形成教育合力，共同遵循教育规律，尊重人的成长规律，回归教育的本质、本源？“种子教育”哲学立足世界植根中国，始终遵循基础教育的两个基本规律。

（1）儿童成长发展规律

如何看待孩子，这是一个哲学命题。以往，我们多数人习惯把孩子看作“一张白纸”。当我们把孩子看作“一张白纸”时，教育就会发展成按家长和社会的标准，由外部给力的过程。我身边就有许多家庭，不去过多研究孩子的特点，盲目跟风，让孩子从幼儿时期就开始上补习班或课外班。家长想让孩子学什么就培养什么，基本上都是在实现家长当年没有实现的愿望。无论是分数教育，还是特长教育，本质上都是功利教育。

成年人之所以喜欢替孩子选择，很重要的一个原因就是成人心中有一个叫作“好孩子”的标准。“好孩子”有以下几种模式：琴棋书画无所不通；成绩好、分数高；每次考试都是前几名，能考上重点高中、国内外最好的大学，如果是状元最好，之后读研、读博，找好工作、好对象，谈婚论嫁……然而，在现实中不是所有孩子都走得通这一条道路，也不是每一个“好孩子”都能一路优秀，一片坦途。

现实中有不少“好孩子”没有输在起跑线上，却输在了人生的终点前。

最近几年见诸报端的是青年学子自杀、自残的事件，原因大致相同：焦虑和抑郁。深层原因是他们把现在的社会看得过于竞争化。其实，社会不像我们想象的那么残酷，每个人都可以开辟新的领域。不少人太习惯于把同一个性质的东西做比较。很多教育者为了提高一个百分点的升学率，牺牲了老师的时间和学生个性化的发展。在比较的过程中，我们把生活窄化了，失去了很多幸福。功利心、攀比心、焦虑感，使我们很多时候窄化了幸福的含义，混淆了成功的概念。其实，成功不等于幸福，普通也不等于平庸。做一个幸福的普通人不是只顾享乐、追求平庸，而是让孩子在普通人的生活中，感受爱与被爱，体验到创造、创新带来的幸福感。

换一个视角来看，儿童在生命早期的成长更像一粒种子。人的成长基本规律有哪些？主体性、主动性、能动性、自主性……作为人，最宝贵的东西就是天性。天性，就是每个人由遗传基因赋予的有别于他人生物特性的、“我是独一无二”的特质。天性与生俱来，无法强行改变，只能因势利导。在“种子教育”视野内，天性是最好的教育资源。研究儿童先天特质、给予其所需要的养分，在与外界环境的同步顺应与适度影响中，帮助儿童获得最大限度的发展。教育的最终目的，不是传授已有的东西，而是把人的创造力量激发出来，将人的生命感、价值感唤醒。儿童一旦得到了更多的信任和期待，他们的内在动力就会被激发，会更聪明、更能干、更有悟性。让儿童在一种宽松的环境中成长，让他们从小就适当地接触自然、社会，较早地接受社会锻炼，这种教育方式有别于严厉的、教条式的应试教育。如果一个小孩在四岁时就能识别两千个汉字，能流利背诵一些简单的古诗文，我们以为他很聪明。可这有什么用？我们只不过是在往一台电脑的硬盘上多储存一些数据而已。智慧是一种空盈的状态，而不是一种满实的状态。教育孩子，给予他“有”，更要保留他的“空”，不要把他填得太满。如果把孩子的头脑填得太满、太实，就犹如把一个瓶子塞得太紧、太实，里面的“空”就成为“死空”，这样一来小孩的智慧就发挥不出来了。知识教育是一种“有”的教育，智慧教育是一种“空”的教育。智慧教育胜过知识教育。

改革开放以来，我国经济处于一种高速发展的态势。“速成思维”一度成为成功的导向，学校的规模越大越好，中、高考成绩越高越好，学校的牌子越亮越好，表现在基础教育上，最典型而又最蛊惑人心的一句口号就是“不能输在起跑线上”。恢复高考制度以来，中国教育培养了千千万万个大学生，而如今，一个连小学都没读完，用现在的眼光衡量，早已“输在起跑线上”的作家——莫言，却获得了诺贝尔文学奖。莫言的例子启示我们：教育亦如农桑，精心耕种的作物的未必长得最旺，收成最好；超前开发，过度教育的学生未必学得更多，成长得更快。学业优异，心理残缺，没有输在起点，却输在终点的例子在今天已屡见不鲜。相反，放养——给他们足够自由发展的空间，反而可以获得意想不到的成功。教育孩子就像一场马拉松比赛，跑道的长度是孩子的一生。要想取得长跑比赛的胜利，不一定在途中的每一个阶段都要领跑，缺少战略战术的运动员，不惜体力、不计后果地为了追求眼前的领先，最终会导致失败。种子的成长周期不同，有的先天早慧，有的大器晚成。英国有一所学校，叫夏山学校，它是日本女作家黑柳彻子《窗边的小豆豆》中“巴学园”的原型，被称为“教育的乌托邦”“教育的理想国”。夏山学校激发孩子内在的学习渴望，使晚熟的孩子得到按自己节奏成长的机会。他们认为不强迫学习，反而会让孩子对学习产生发自内心的向往。无为，使无数孩子发现了生命中的自己；放养，使无数孩子没有被急功近利的教育摧毁人生。

从人类发展的全过程来看，处于由幼年向青少年过渡进程中的小学生正似一粒粒种子，天然、绿色、纯真、善良，看似弱小却生命能量惊人。只要有适宜的土壤、水分、阳光，每一粒种子都会以任何人都无法改变的发展模式，自然萌发，成长为自己。学生在接受学校教育的过程中，其与种子相似的特点决定了其受教育的主体地位，这一地位的确立与保障决定着学校教育的质量。所以，学校教育将种子视为确保学生受教育主体地位的隐喻，并且竭尽所能为其提供充足的生长条件。在种子生命成长的过程中，学校教育帮助种子驱除虫害、锄掉杂草，协助他们形成抵御各种自然灾害的本事，营造一个有利于种子健康成长的状态，为其自然生长创造一切有利因素。

种子的特点带给教育的启示是放养，以确保学生受教育的主体地位。放养，意味着教育是一片肥美的精神牧场，学生置身其中，自己就会找到可供生命延续的绿草。徜徉其中，情感自然地流淌，精神自由地生长，心灵因丰富深刻而变得更加美好，身体因养分充沛而变得更加健壮，真正地实现自主、自律、自信和自强，从而成为真正意义上的受教育。放养，是一种理念，也是一种思维，其内涵就是回归教育的原点，其灵魂就是把儿童作为生命体，充分地相信他们、解放他们、依靠他们、发展他们。放养有别于圈养，但不是不养，它是对教育本质的把握，也是对教育规律的遵循，是一种“无为而治”的智慧。

（2）教育的基本规律

教育是什么？不同的研究视角给予了不同的答案。种子教育研究视角，更倾向于把教育看作从外部引导、从内部发现，最终走向自己的一个过程。古希腊哲学家西塞罗说：“教育的目的是让学生摆脱现实的奴役，而非适应现实。”学习的本质核心是为自己而学，不是为别人、为父母学，是为丰富自己学的，这才是真正的教育。柏拉图说：“教育非它，乃心灵的转向。”转向分数、转向才能、转向才干、转向本事？都不是。印度哲学家克里希那穆提在《教育就是解放心灵》中指出，解放心灵究竟是转向哪里？转向爱、转向善、转向智慧。如果一个人灵魂深处有爱、善、智慧这三样东西，你说他今后即使技术差一点、才能差一点，又能差到哪里去呢？

为此，要充分研究小学教育的基本规律有哪些。

首先，要充分认识小学姓“小”。因为生命只有一次，童年只有一回。童年教育不是成人教育的缩小版，它有自己独特的价值和规律。童年的幸福感来自安全感的建立，节奏过快、过度竞争，被破坏掉的内在秩序感、生命节奏感等，都是不可逆转的。自信心对于每个生命个体有多重要，无人不知。然而，很多家长包括教育工作者都不知道，一个小孩在生命最初的十年里需要得到至少 5000 次以上的积极肯定和同理心的正向输出，这是人一生努力奋斗的动力源泉。可是，在现实中有多少儿童因天赋异禀，却被庸俗的成人价值观野蛮粗暴地进行“加工”，要么被贴上标签“妖魔化”，要么早早失去了独立思考的能力，最终都无法找到自己、成为自己。与成人教育截然不同的是，知识教育只是完成童年教育的手段和载体，根本不是其主要任务，更不是其唯一任务。“不能输在起跑线上”的知识教育的超前抢跑真的误了很多人。家长老拿自己的孩子和别人的孩子比，怕输在起跑线上。其实，起跑线上哪有输赢？终点才论输赢呢。即使有所谓“起跑线”，那也来自家庭教育这个上游。教育的秩序，会因为不断有人抢跑，而被彻底破坏。作为个体，为了自己与孩子的未来，我们应该悄悄抹掉心里的那个起跑线，尽可能屏蔽过度焦虑的家长甚至老师，不攀比、少比较，主动退出无序竞争。从事教育这么多年，我发现近年来一些家长的名校情结越来越严重。学校之间确实有差异，但是整体上区域的资源配置是均衡的。家长追逐学区房完全没有必要，数据证明，人一生的发展和你上不上重点小学、重点初中没有任何相关性。学区房热来自一些商业炒作，这种炒作破坏了教育的生态，学校也是受害者。教育是个慢功夫，尤其是小学阶段。教书育人就像“腌萝卜”一样要慢慢来。

其次，要正确面对未来的不确定性。不确定性是当今父母最担心的事情，大多数焦虑也都由此引发。家长焦虑就像病毒传播一样，成为时代流感。其实，不确定是生命成长的本质属性，不确定往往意味着多样性和无限可能性。当你眼前浮现出孩子的未来样貌，一想到孩子的未来有无限可能性，这是否会使你当下产生幸福感和满足感呢？小学教育不是为了应对升学考试，而是为了造就完满的人、有幸福感

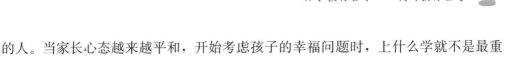

的人。当家长心态越来越平和，开始考虑孩子的幸福问题时，上什么学就不是最重要的了，重要的是让孩子保持进取的精神和对幸福的追求。

据报道，近年来国内顶级高校的高分学生中出现了一些“空心病”现象。“空心病”是一个比较形象的说法，我们姑且称之为“价值观缺陷所致心理障碍”。精神科医生跟那些得“空心病”的学生交流，探寻他们找不到自己的原因。最终发现，原因是他们的父母和老师没有能够让他们看到一个人应该怎样有尊严、有价值、有意义地活着。教育干什么去了？高分考生们在学校、家长“提高一分，干掉千人”的反教育下，把大量的时间用在刷题考高分上，本以为考入知名高等学府，等待孩子的是一帆风顺，却万万没有想到会患上“空心病”。人们常说：“人外有人，天外有天。”不是小时候一直赢的人，长大后就不会输；也不是小时候翻过了很多山，长大后就一马平川。用短跑的方法去跑马拉松，可能跑到中段就已经累死了。整个社会过度追求早慧，却忘了对于普通人而言，无论精力还是热情都是有限的，早慧必然带来早衰。现在学生健康的三大杀手是睡眠时间不足，心理负担过重，体育活动太少。学生心灵的不自由，都与缺乏闲暇和闲暇精神密切相关。没有闲暇在场的教育是残缺的、机械的、反人性的教育，而闲暇在场却没有闲暇精神支撑的教育，是放任的、盲目的、不可持续发展的教育！纵观“空心病”现象，其本质还是教育价值观的偏差导致的这种事与愿违的结果。是时候啦！这种反教育、伪教育、害人的教育，真的需要学校和家庭的深刻反思。种子教育要给孩子们的是世上最美好的东西，它不是分数、不是金钱，是爱、是智慧，是创造和幸福。幸福是一种能力，是一把通向未来之门的钥匙。一个有能力获得幸福的人，还用担心他的未来吗？如果孩子保有好奇心、好人缘、好性格以及美好的品格，那么我们根本不用忧虑孩子的将来。反之，如果孩子的成绩很好，或者孩子的成绩通过提前学、大量练习能够很好，但这些行为如果伤害了孩子的好奇心，伤害了和谐的人际关系，伤害了美好乃至高尚品格的建立，是得不偿失的。

最后，未来的无限可能性从哪里来？以智能化为标志的工业革命 4.0 时代已经到来，尤其是疫情之下世界的变化让我们猝不及防。如果说，在过去的 20 年里，重复性体力劳动岗位被越来越多的机械化所替代；那么，在未来的 20 年里，重复性脑力工作也可能会被智能化所替代。时代发展的巨变之下，成人该为孩子们通往未来提供怎样的条件和机会呢？我们是把孩子当作工业流水线上的一个个零部件呢，还是把孩子看作一颗颗种子？每颗种子都有自己的打开方式，都能找到适合自己的路，而不是盲目追赶别人的脚步。接受孩子之间的差异，少一些对未来不确定性的怀疑与恐惧。相信每个孩子都是一颗有生命的种子，不管长成哪种植物，都各有各的好。

课程是儿童从今天通往未来的路，课程的英文名字翻译过来是跑道，每一颗种子都有通向自己未来的跑道，也都有属于自己的专属跑道。能够帮助每一颗种子找到自己通向未来专属跑道的课程，我们将其称为“根课程”。小学阶段是儿童养成良好习惯，培植能力基础，为未来奠基的黄金期。为了儿童，学校在课程设置上必须删繁就简，凸显“根课程”在小学阶段的核心教育价值。“种子教育”为儿童提供的“根课程”体系包括两个部分：一是“幸福种子”的能力培养序列；二是“幸福种子”的习惯养成序列。站在未来的高度，为了儿童一生的发展，我们盘点了影响小学生后续发展的核心能力，推崇“读”“写”“算”“思”“合”“创”，并利用丰富多样的载体对学生进行养成教育。同时，我们在这六项能力的形成与年级重点（一年级学会倾听、二年级学会表达、三年级学会思考、四年级学会表现、五年级学会自主）中寻找交集，确立“幸福种子”的能力培养序列。“幸福种子”的习惯养成序列，力求遵循儿童的身心发展规律，将社会主义核心价值观作为幸福元素，纳入课程体系，以40个主题活动为载体，形成了四大系列：养成系列、美心系列、育德系列、健体系列，从而帮助学生练就幸福体、拥有幸福心、具有幸福德、体验幸福感，在课程化的实践中完成知、情、意、行的自主建构，为学生的生命成长打下坚实的基础。

（二）“种子教育”成果概述

当前中小学生的课业负担依然繁重，分数至上、片面发展的倾向依然存在，应试教育的惯性思维依然影响和制约着先进教育理念的传播和现代学校制度的落地。面对学生失真、家长失态等困扰基础教育的热点、难点问题，学校有责任也有义务正本清源，用实际行动回归教育本真，探索行之有效的办法，总结提炼宝贵经验，为学生和家长提供优质服务，为丰富新时代有中国特色的基础教育理论与实践体系做出贡献。

教育是通往未来的路。在《国家中长期教育改革和发展规划纲要（2010—2020年）》的指导下，中国基础教育正在回归科学、回归本真。教育的出发点和归宿点都只有一个——人。基础教育要为社会培养合格的人，而不是选拔、塑造精英，所以，基础教育一定要远离功利主义。远离形式主义的教育，应该是回归教育本质、回到教育原点的"目中有人"的教育，也一定是破除应试教育的弊端，以立德树人为本，遵循儿童的身心发展规律，满足学生个性化、多样性的发展需求，面向全体学生，注重学生全面发展的教育。

2014年，《中国学生发展核心素养》出台，基础教育从此迈进新时代，开启了新征程，也迎来了新使命。对接以人工智能为标志的世界第四次工业革命浪潮，现行的人才培养模式还不完全匹配。当前教师队伍的素质、能力难以满足新时代人才培养的需要，政治思想素质、师德水平、专业化水平均需提高。纵观当前的课堂教学改革，依然存在着诸多"表层学习"、"表面学习"和"表演学习"等浅表性学习倾向。"无效教育"和"过度教育"造成的负担，无法使学生全面而健康地成长，也无法使学生面向未来幸福地生活和卓有成效地进行工作。现在的学生并不缺乏教育，但是大量的"外力"根本无法让他们自主选择更多的、更好的、适合自己的教育。所以，我们需要增加的是有效的教育和高效的教育。

《教育部关于加强家庭教育工作的指导意见》指出，加强家庭教育工作首先要明确家长在家庭教育中的主体责任。家庭对孩子的最大影响是"身教"，学习最有效的途径就是模仿，父母是孩子的第一任老师。古今中外所有好的教育，说到底就是言传身教。要指导家庭教育走出误区，引导广大家长依法履行家庭教育的主体职责，严格遵循儿童成长规律，不断提升家庭教育水平。

在教育新时代的背景下，"种子教育"依据《国家中长期教育改革和发展规划纲要（2010—2020年）》的精神，在发展学生核心素养理念与建构主义理论的指导下，以培养学生自我建构能力，即学生成长与发展的内力为目标，遵循儿童身心发展规律，面向全体学生，通过个性化、多样化的课程与评价来实现学生的全面发展。该成果深入研究了儿童与生俱来的六种内力，即内生力、内动力、内驱力、内定力、内省力、内核力，并将其转化为教育实践，帮助学生形成"我是、我能、我行、我持、我变和我达"的思想和行动力，契合当前我国基础教育"回归科学、回归本真"的理论追求，完善和丰富了小学阶段的教育理念。种子课程"金字塔"形结构体系、对话板块式教学模式、种子内力生长"三段三序列"评价体系，共同促进儿童按照自身生命成长规律，在丰富的课程样态中自主生长，形成了"硬实力"和"软实力"

双重叠加的一系列成果。该成果基本解决了基础教育如何更好地适应新时代“办人民满意教育”的诉求，并形成了一套完整、系统、科学的解决办法。上述实践在领域内产生了较大的反响，当地权威性报纸、学术期刊都发表了我们的研究成果，起到了良好的示范作用，获得了教师、学生、家长、教育专家的普遍认同。其理论研究成果包括以下三个方面。

1. 种子说

每个孩子都是一颗种子，这一颗颗人类的种子与自然中的种子一样，都蕴含着自己的发展计划。这个发展计划完全属于自然，它可能会成长为一株美丽的花，也可能会长成一棵参天的树，只要有适宜的条件，每一颗种子都会以任何人都无法改变的发展模式自然萌发，成长为自己。

种子天生具备这种适于传播或抵抗不良条件的本能，有主动生长的能力，有动态生长的空间，也有自我免疫和自我修复的功能。“种子教育”把儿童看作一颗颗种子而不是一张张白纸，就是充分认识到了每个儿童的身体里都有一种力量——“种子的力”，这是隐藏在每个人身体里的无比巨大的力量。这是人的心灵力量，一旦被唤醒，则潜力无限。人一生的快乐、幸福和成功并不主要取决于他的知识力量，而主要取决于他的心灵力量。

2. 内力说

“种子的力”是一种内力，是不能替代的心灵力量。“种子教育”认为，儿童与生俱来有六种内力，即内生力、内动力、内驱力、内定力、内省力、内核力。儿童的心灵成长，就是其内力生长的过程。“种子教育”充分相信儿童具有发展的无限可能性，相信每一个儿童都可以努力成为最好的自己。内力说使教育回归原点。

3. 农人说

“种子教育”认为，教育是一场马拉松，跑道的长度是儿童的一生。教育儿童五年，要为儿童想十五年，甚至五十年。教育如农桑，学生如种子，教育者如农人，要按照四季的更迭次序育人。教育者既要有放养的心态，又要有精养的智慧。放养是一种心态，其灵魂就是要相信学生、解放学生、依靠学生、发展学生。精养是一种智慧，教育者要懂得儿童成长的规律，具备鉴别问题性质的能力，拥有教育的艺术和管理的智慧。农人说，意味着教育者不再是外在的施压者，而是阳光、雨露、空气、土壤。在成人与儿童心灵相遇和对话的过程中，教育者发现并扶正儿童心灵

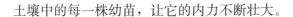

土壤中的每一株幼苗，让它的内力不断壮大。

（三）“种子教育”立论依据

根据教育学中的“自然教育”和“人本主义教育”等经典理论，我们结合本校实践探索，形成了促进学生“内力生长”的立论思路与框架。

1. 卢梭的“自然教育”思想

“自然教育”强调对儿童进行教育必须遵循自然的要求，顺应儿童的自然本性，即顺应儿童身心自然发展的特点来进行教育。“种子教育”认为，一粒种子的生长，需要外界环境的滋养，更需要自身内力的迸发。“种子教育”旨在发掘儿童与生俱来的好奇心与想象力、专注力与秩序感。教育是一个外部引导、内部发现，最终走向自己的过程。

2. 杜威的“人本主义”教育思想

杜威认为“教育即生活”，教育与生活经验紧密结合，教育是生活的过程，而不是未来生活的准备；“教育即生长”，生长是一个持续不断的过程，没有终极目标，是机体与环境相互作用的过程和结果。“种子教育”认为，小学阶段是童年教育阶段，童年教育是人生的种子阶段，教育的使命就是为儿童未来发展的无限可能性提供一切有利条件。课程是满足儿童未来发展的跑道。课程即生活，课程即生长，课程即影响。要用高品质课程发展儿童的独立性，让儿童自主、自律、自信、自觉，把儿童培养成身心和谐、德才并举、个性与社会性相融、根脉传承与国际视野共生的现代公民。

3. 教育的“内力生长观”

在运用经典理论的基础上，“种子教育”形成了促进学生内力生长的教育理念。该理念是一个隐喻体系，包括“农业教育观”、“种子学生观”和“农人教师观”三个有机组成部分。第一，“农业教育观”将教育发展视为农业生产过程，与工业生产所不同的是，农业生产需遵守农时，正如教育需遵循学生发展规律一样，不能功利化、形式化，不能揠苗助长。第二，学生作为一颗颗富有生命力的种子，其教育过程体现出一种内力生长。第三，教师作为“农人”不再是外部“施压者”，而是通过与学生的对话，教学与教育环境的相结合，自然而然、潜移默化地达到教育效果。他们坚信儿童发展的无限可能性，希望每一名学生都能通过课程与评价在学校教育中成为更好的自己。

“内力生长观”是一种回归教育本真的理念，通过实践与探索得到了不断的完善。同时，它也使学校更好地适应新时代“办人民满意教育”的发展要求。“种子教育”以其为理论基础，积极推进课程与评价体系的变革，并形成了一套系统、科学的解决问题的办法。

二、学校文化生态系统的构建

学校文化，是指一所学校经过长期发展积淀而形成的共识性价值体系，包括学校历史传统和被全体师生员工认同的共同文化观念、价值观念、生活观念等意识形态，是一所学校本质、个性、精神面貌的集中反映。学校文化，包含着物质文化、制度文化等显性文化，也包含着精神文化所代表的隐性文化。无论是显性文化还是隐性文化，都是学校文化生态的组成部分。

哈尔滨市花园小学校始建于1925年，创办人傅闰成先生，时任中东铁路局华人理事，租用莫斯科商场作为学校建校之初的校舍

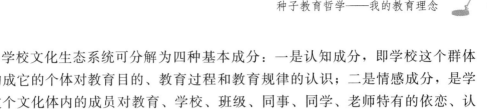

学校文化生态系统可分解为四种基本成分：一是认知成分，即学校这个群体和构成它的个体对教育目的、教育过程和教育规律的认识；二是情感成分，是学校这个文化体内的成员对教育、学校、班级、同事、同学、老师特有的依恋、认同、参与、热爱的感情，这种感情通常包含着很深的责任感、归属感、优越感和献身精神；三是价值成分，即学校所独有的价值取向系统；四是理想成分，即学校及其成员对各种教育活动和学生发展水平所表达的希望和追求。这四种成分相辅相成，相伴相生，相互依存，是形成学校文化的生态链条，也是构建学校文化生态系统的路径。

（一）学校办学目标与校园文化系统

“近朱者赤，近墨者黑。”有位哲人说：“对学生真正有价值的东西，是他周围的环境。”学校的校容、校貌，表现出一个学校整体精神的价值取向，是具有强大引导功能的教育资源。校园文化作为一种环境教育力量，对学生的健康成长有着巨大的影响。校园文化建设的终极目标就是创建一种氛围，来陶冶学生的情操，帮助学生构筑健康的人格，全面提高学生素质。

1. 校园“水”文化

《道德经》第八章：“上善若水，水善利万物而不争，处众人之所恶，故几于道。居善地，心善渊，与善仁，言善信，正善治，事善能，动善时。夫唯不争，故无尤。”老子讲出了“水”之善：滋润万物而不与万物相争。不仅老子爱水，孔子也喜水，每见大水必观焉，并发出“仁者乐山，智者乐水”“逝者如斯”的感叹。水有五种完美的品德，因它长流不息，能滋养万物，有德；流必向下，不倒流，遵循自然规律，有义；浩大无尽，有道；流向几百丈的山涧毫不畏惧，有勇；安放没有高低不平，守法度；量见多少，不用削刮（不会隐瞒正确的观点，违心地趋附别人），正直；无孔不入，明察；发源必自西（归宿必处东），立志；取出取入，万物就此洗涤洁净，又好像善于变化。水有这些好德行，所以君子遇水必观（观察、体会、感悟、效仿）。

古代圣人先贤奉水，认为水符合自然法则，将水作为最受尊崇的美好品格的示范。印度著名诗人泰戈尔赞水：“不是锤的打击，乃是水的载歌载舞，使鹅卵石臻于完美。”他深情讴歌了水的灵动与柔韧。在古代东方文化精华的滋养下，“种子教育”

将水文化作为校园文化精神坐标，水文化为校园文化建设注入生生不息的活力。打造如水般的校园文化隐喻着学校教育的至高境界，水样无痕、润物无声。

（1）如水般浸润的物质文化

物质文化建设是校园文化建设的重要组成部分和重要支撑。校园物质文化，属于校园文化建设的硬件，是看得见、摸得着的东西。物质文化是实现精神文化的途径和载体，是推进学校文化建设的必要前提。校园物质文化的每一个实体，以及各实体之间的结构关系，无不反映着学校的教育价值观。学校利用有限的空间，为种子精心建造的“生态园”，最大化地拓宽了学生的室内外活动空间，为学生搭建成长的舞台，让学校成为学生向往的幸福花园。

①三馆（校史馆、图书馆、科技馆）

三馆即学校的校史馆、图书馆和科技馆，位于花园小学校主校区一座欧式风格的三层小楼里。学生喜欢称其为“三馆楼”。

小楼的顶层是花园校史馆，馆藏实物数百件，照片近千张，这些都记录了花园小学校近百年的办学历史，生动反映了近百年来我国基础教育的发展变迁史，是一部镌刻在墙壁上的鲜活的教科书。截至目前，我校接待国内外来宾、社会各界人士参访三万余人次。

小楼的中间一层是花园图书馆，馆藏图书三万余册。每到午休时间，学生就会来到图书馆，沉浸在“悦”读之中，任何喧嚣都无法打破这里的宁静……图书馆内，还有一尊 2 米高的孔子像，花园的孩子就在圣人的目光下潜心读书。

小楼的底层就是花园科技馆，内部有四驱车模活动展示区，学生在这里了解机械拼装，开展竞赛活动；在遥控模型展示区，学生可以进行遥控飞机、遥控车模、遥控机器人、四旋翼飞机等遥控模型的展示活动；在综合实践展示区，学生展示自己亲手制作的科技模型和创意展品；航天模拟展示区，这里是学生了解航空航天知识的体验活动区。还有一处科技进步发展微型展示区，这里有师生共同收集的教育教学曾经用到的有代表性的科技用品。花园科技馆是培养学生科技创新发展素养的活动场地，更是学生的活动乐园。

②文化墙

进入花园小学校正门，校园右侧是一面浮雕文化墙。墙上刻有“生态花园　幸福种子”八个大字，这八个字蕴含着花园小学校独特的办学风格，即学校把教育看作农业，把教师视为农人，把学生喻为种子，实施种子教育。文化墙上还书有百余字的《花园铭》，这是我在学校九十年校庆时写的，蕴含着教育人不忘初心、为党育人、为国育才的教育情怀。

花园小学校正门的对面还有一座文化墙，那是花园学子绘制的“孩子眼中的社会主义核心价值观”。学校把学生的绘画作品固化在校园墙壁上，这是校园里最美的一道风景线。

③红色记忆长廊

一块块图文并茂的红色展板记载着中国共产党走过的伟大历程，彰显红色精神。行走在这条充满红色情怀的长廊中，目之所及都是有温度的记忆，让每一位党员教师铭记党的历史，坚守初心。每天浸润在这样的校园文化中，时刻激励着“小种子”们传承红色基因，弘扬革命精神。

④幸福种子书吧

三楼环廊，就是学生喜欢的“幸福种子书吧”。这是在我的倡导下，为学生提供的自由阅读的开放书吧。这里不仅有纸质图书，还有电子图书。每到课间或午休时间，学生就可以到这里自由阅读。走廊的甬道上还铺着鹅卵石，鹅卵石上面刻着学校毕业生的名字，具有特殊的纪念意义。

⑤七彩美术大厅

四楼七彩美术大厅现已建成多媒体智能书画室，交互式数字临摹台能自动调节亮度，铺上一张宣纸，用毛笔蘸着墨汁就可临摹书写；多维互动系统，及时把教师的书写示范，高清同步传输到每一名学生的交互式数字临摹台。海量资源使学生坐在桌前就能了解书法名家的故事，学习书法知识，临摹各个朝代的碑帖，实现“书法名家走进课堂”。学生可以看清楚教师书写时的每一个细微变化，达到一对一示范的效果。同时，任意一名学生的书写动态都可由教师同步到教师端的大屏幕上，教师可以对其进行针对性点评，更加方便学生观摩学习，提升学生的书写能力，拓宽学生的书法知识面。智慧书法教室从不同方面给予学生书法养料，让学生在不断积累中全面精进，传承中国书法文化。

⑥金色音乐大厅

五楼金色音乐大厅的墙面上“跳动”的音符是歌曲《让我们荡起双桨》的前奏部分。金色音乐大厅留下了几代合唱队员美妙的歌声和苦练的身影。这里既是学校课程教室，也是学生展演的舞台。学校合唱队美妙的歌声在这里唱响，这是未来音乐家、歌唱家的摇篮。

金色音乐大厅

⑦蓝色宇宙大厅

位于学校五楼的蓝色宇宙大厅是学校师生合作设计的。在这里，学生们可以看到生物进化的历程：从钻木取火到火箭升空的人类科技文明发明史；低头可以看到世界地形图和中国地形图；抬头可以看到头顶闪烁的星座；墙壁四周，是广袤的太阳系。在蓝色宇宙大厅，仰望星空，孩子们畅想无限，它为孩子们打开了一扇探索未知的窗口。

⑧电视台

花园小学校主楼的五楼有一个花园电视台，具有摄、录、创、编、播一体化功能。它不仅是新媒体技术平台，还是学生开展相关创意设计、采访、摄制、编辑等综合性实践活动，以及实现爱国主义教育、道德教育、创新教育和宣传的主要平台，也是教育与教学展示的窗口。

⑨天文台

主楼的顶层建有花园小学校天文台，配有300毫米口径的折返式天文望远镜。这样大口径的天文望远镜，可以用于观看火星大冲、火星凌日、月球环形山以及太阳黑子等天象，为爱好天文的同学提供了学习和观测的机会，极大地激发了学生探究天文知识的兴趣及对神秘宇宙的向往。

⑩未来教室

未来教室是借助智能空间、云计算、互联网+等技术的支持，通过TBL系统建设的一种新型互动式教室。圆桌式的桌椅，让学生在与同伴的相互合作中提升团队协作能力。TBL操作器和平板电脑的使用，更是实现了数据反馈与多屏互动。在“科技育人”先进理念的推动下，未来教室的使用，让花园的小种子们实现了主体个性化的学习方式，提升了个人发展需要的能力，与未来接轨，与科技同步，让学生的梦想在花园的沃土中生根发芽。

⑪梦想中心

梦想中心是一间集互联网+现代科技与梦想课程于一体的标准化多媒体网络教室。它以“我是谁”“我要去哪儿”“我如何去”三大模块的梦想课程为依托，以现代互联网教学为载体，力求呈现“绿色网络型”生态对话课堂，是“种子教育”理念下，为发展学生特质、满足学生个性发展、唤醒学生内生力而搭建的“配方式”课程知识平台。

⑫种子剧场

推开幸福种子剧场的大门，你会看到明亮的厅堂、神秘的幕布、一排排红色座椅安静地等待着小观众们的到来。这是一个平台，小种子们承袭传统，放眼世界，轻松地在文化中徜徉；这又是一个窗口，小种子们化身为剧中人，用不同寻常的视角，思考小小的人生；这也是一个传播站，小种子们将印入心田的文字，通过自己的语言和故事，讲述给更多的同伴……启幕，美好在上演；落幕，成长到心间。

⑬STEAM探客教育工作坊

STEAM是五个英文单词的简写，S代表科学（Science），T代表技术（Technology），E代表工程（Engineering），A代表艺术（Art），M代表数学（Mathematics）。STEAM教育是科学、技术、工程、艺术、数学多学科融合而成的综合教育。2019年，学校新建的STEAM探客教育工作坊将国际多学科融合教育理念与我国劳动教育培养目标相结合，是为了解、熟悉劳动工具使用和乐于探究的学生提供的创意劳动实践空间。工具库、木工房、扎染间、手工室……学生徜徉其中，创意无限。从这里走出的也许就是中国的爱迪生！

⑭开心农场和动物乐园

几块整齐的试验田映入眼帘，可爱的小动物让人眼前一亮……这就是学校为小

STEAM 探客教育工作坊

种子们打造的开心农场和动物乐园，为他们开启了生态化的课程体验。在这里，学生的角色变为“庄稼手”“饲养员”，开荒、锄地、浇水、播种、收获，体验农耕之乐；饲养、观察、互动，与小动物亲近……花园小学校的“种子教育”力求在丰富的课程样态中培养学生适应未来发展需要的关键能力和必备品格。

（2）如水般浸润的精神文化

校园精神文化建设是学校文化建设的核心内容，也是学校文化的最高层次。校园精神文化又被称为学校精神，并具体体现在校风、教风、学风、班风和学校人际关系上，展示于校园生活的各个角落中。传承百年老校如水般浸润的精神文化，我们梳理了能够彰显学校精神气质的标识，具体有以下办学行动。

①《花园小学校办学行动纲要》

《花园小学校办学行动纲要》（以下简称《办学行动纲要》）是在继承学校原有文化与价值观的基础上，试图在学校工作的主要领域明确师生员工的行为准则，为构建学校机制，开展教育教学工作等提供引领。

扫码获取《花园小学校办学行动纲要》

《办学行动纲要》是学校办学的纲领性文件，是学校工作的总纲，每三年一次提交教代会审议，确定重大原则与基础价值观；每年由校务委员会组织学校相关人员进行研究、修订，每年修订的《办学行动纲要》都应该成为学校未来发展中内部管理的纲领性文件，更应成为学校日常工作的纲要，以此作为全体教职员工的行动共识，确保学校各项工作科学有序地运行。

②家长不可不知的十段话

幸福在某种程度上是与生俱来的，取决于父母的潜移默化、正确见识、判断力以及良好的教育。父母幸福的，孩子更容易获得幸福。身教胜于言教，耳濡目染，是同样的道理。

鱼的幸福是水的陪伴，因为鱼在水的心里；云的幸福是天空的陪伴，因为云在天空的视野里；种子的幸福是大地的陪伴，因为种子在大地的怀抱里。不需要刻意施肥打理，只需携一抹阳光、抚些许雨露、施万般宽容，笑靥以对，静待花开。

每个孩子都是一粒花的种子，只不过每个人的花期不同。有的花，一开始就会很灿烂地绽放；有的花，需要漫长的等待。不要看着别人怒放了，自己的花还没动静就着急，每朵花都有自己的花期。细心地呵护自己的花，慢慢地看着它长大，陪着它沐浴阳光，经受风雨，这何尝不是一种幸福？

教育是长跑，学生笑到最后才是赢。学生是种子，不同的种子有不同的花期，迟开、早开的花朵同样美丽。

成长，是件很自然的事情，除了生长，再无其他目的。家长应该做的就是给予种子成长的阳光雨露，以及对种子独立个性的尊重。那份生命从你而来，借你而来，而不是为你而来的，他永远不是你的一部分，永远不是。

父母是孩子最早、最直接、最重要的教育者。父母需要做的是耐心教导。教育是寓智慧于生活的引导，是让孩子拥有健全的人格、积极向上的心态以及获得幸福的能力。

对孩子过于强势，会导致孩子懦弱无能；对孩子百依百顺，会导致孩子霸道自私。怎么把握好这个度？非原则事情，我们不妨在孩子面前示点弱，但原则问题绝不让步。

习惯是一个人存放在神经系统的资本，一个人养成好的习惯，一辈子都用不完它的利息。早期教育花一千克的气力＝后期教育花一吨的气力。

如果爱，请真爱。真爱宠而不溺，真爱责而有当。

世界上所有的爱都以聚合为目的，只有一种爱不同，那就是母爱，母爱是以分离为目的的。

③花园铭

岁至乙未，花园九〇。吾华夏神州，风清气正。九十华诞，本耄耋之年，然吾花园，正青春妙龄，风华正茂。

思花园继往，乃东省公立第八小学，生百余名。九十载岁月沧桑，历经多次教改浪潮，终始坚挺。历任校长，发愤图强，名师辈出，校史繁荣。各级政府关怀备至，恩泽教育，惠及民生。二〇〇六，现址扩建，花园上下，群情激动。

看花园今朝，发展迅猛，东西贯通，横跨哈城。两大校区，五千余生，一体双翼，竞相协同。生态花园，教师为本，德才兼备，代代传诵。全国赛场，献艺比功，摘金夺银，耀采春城。攻坚克难，团队合作，勠力同心，战无不胜。

展花园未来，携手幸福，家校联动，互尊互信，和谐共生。幸福种子，以生为本，喻之“种子”，天性为重。成长动力，内心唤醒，阳光农人，科研先行。身心契合，德才兼修，志存高远，成长成功。达济天下，穷善其身，卵石完美，水舞律动。高山仰止，景行行止。都说上善若水，花园厚德载物。

2. 校长的文化领导力

传统管理理论强调“二元性”，即管人、管事，认为管理就是领导。实际上，管理和领导虽是有密切联系的两个概念，但本质不同：领导重在决策激励，管理重在执行控制。领导者做正确的事，而管理者是正确做事的人。在学校里，校长既要担任学校法人，实施学校管理，又要承担领导角色，引领学校发展。

领导是一种行为过程，是领导者为了实现预定的目标，采用一定的组织形式和方法，对群体进行率领、影响、引导的行为过程。领导力并不是单一的能力，是领导者在领导实践过程中所表现出的各种能力的总和。这种综合能力体现在校长身上，就是教职工愿意追随校长向预定的目标迈进，同时使教职工能够焕发工作热情并激活自身发展潜力。从专业发展来定位，校长的领导包括三大范畴：①价值领导，学校发展愿景的规划者和学习文化的营造者；②教学领导，教师发展促进者和创新人才激励者；③组织领导，内部组织管理者和外部环境协调者。

校长领导力包括权力领导力和非权力领导力。苏霍姆林斯基说，领导学校，首先是教育思想的领导，其次才是行政上的领导。传统领导理论之所以强化管理思想，弱化领导理念，是因为它忽略了领导者的变革功能。美国领导学家科特指出，保证组织的秩序和一致性是管理压倒一切的任务，而领导的主要职能是产生变化和运动。领导者不但以行为适应情境，也可改变情境。领导者要主动制定未来的组织目标，塑造人们的信念、价值及态度，并发展未来的选择。所以，领导不但影响从属或成员行为的过程，也影响他们的态度、价值及信念；不但影响个别成员，也影响整个组织；不但要达到目标，也要发展目标及建立组织文化。领导者从本质上来说，是文化领导者。校长的文化领导对学校表现非常重要，校长领导力的核心表现在文化层面上。

什么是校长的文化领导力？校长的文化领导力是指校长在办学实践中不断凝练、认同和实现学校核心价值体系的能力。它包括校长对学校文化的凝练力、认同度和变革力。

（1）文化凝练力

语言、文字、符号、标识、旋律等都是学校文化凝练力的具体表现，能够广泛促进广大师生员工的文化理解力，不断促进文化内涵提升的文化表现力。校训、校歌、校徽、校标等，是否鲜明、准确、生动、富有生命活力，都折射出校长文化凝练表达力的高低。

2013年，哈尔滨市教育局为推动学校特色文化建设，举办了哈尔滨市义务教育阶段首批特色学校文化论证。花园小学校有着近百年的历史文化变迁，其文化底蕴深厚，然而在特色文化创建上，无主题牵动，学校特色不鲜明，持续发展、创新发展动力不足，在首轮论证中未能入围。提炼百年花园学校特色文化主题，成为我接任校长后的首要任务。我以SWOT分析为主要载体，以头脑风暴为主要形式，组织教师对学校的办学基础进行分析，共同梳理学校的办学历史，认识学校办学的内外环境，办学的优、劣势以及学校未来面临的机遇与挑战等，在这个过程中和教师共同思考学校发展中存在的问题，并在凝练学校的特色办学理念中思考学校未来的个性化办学之路。就这样，“生态花园　幸福种子”特色文化主题在2013年7月呱呱坠地。它将百年老校载入新时代创新发展、高位发展的快车道。

2015年，花园小学校迎来九十年校庆，以“保卫童年”为主题的“全国中小学特色课程研讨会”在花园小学校召开。我做了“从优质学校向理想学校”的主旨发言，将学校引入课程结构整合学校课程文化变革的快车道。2020年年初，一场突如其来的全球性暴发的新型冠状病毒肺炎疫情危机成为学校实践“互联网＋教育”的契机。“生态花园云学校　幸福种子云课堂　居家成长总动员”拉开了长达3个月的网校网课模式。花园的“在线教育”模式受到学生、家长的啧啧称赞，能在较短的时间内完成云学校理念架构、课程设计、组织实施、评价反馈，得益于“生态花园幸福种子”文化主题的多年积淀。校长的文化凝练力是文化领导力的外显。

（2）文化认同度

文化认同是什么？根据弗洛伊德的理论，文化认同是一个心理过程，是个人将组织或团体的价值、规范、面貌，模仿、内化形成自己行为模式的过程。学校文化认同，包含着师生和其他员工对学校文化的认知度、认可度、信服度。文化认同，不仅体现在教职工对学校精神文化的认可方面，更体现为其在物质文化实践层面的自觉。

扫码获取“关于教师对学校文化认同度的调查问卷”

学校特色发展是涉及学校整个系统的全方位的变革活动，是以特色理念为核心的学校文化的外显，是教师文化、学生文化、制度文化、环境文化等相互作用的结果。教师是学校特色发展的中坚力量，他们通过自己的教育教学活动与文化的继承和演变，实现学校组织文化的改造。因此，教师对学校特色发展工作的文化认同度关系着学校特色发展工作的推进。如果教师对学校特色发展工作的理解和认识还不到位，对学校提出的特色办学理念还没有形成共识，教师在学校特色发展工作实践中的参与度不够，势必会影响学校特色文化的发育。为此，可以充分利用学校校庆纪念日，校史馆参观，学校精神、教学理念培训等方式，也可以用问卷调研、校园开放日、自主参与、聚焦教师共同经历的正向关键事件等方式，增强教师对学校文化的认同。文化认同会使学校的特色办学理念成为教师“共同的教育信念”，从而形成共同的价值取向。

（3）文化变革力

校长是一校之长，对于学校文化的形成、发展与改变有着重大的使命。当特色办学理念渗透到学校办学的方方面面时，它就会对学校教师原有的心智模式、行为模式甚至是教师的个人利益产生影响。学校中的每一个成员都承载着个人的历史和经历，秉持着个人对人生的理解和对教育的领悟。当一种新的价值理念和行为方式被引入时，首先遭遇的是学校成员原有价值观念与习惯的“抵御”。

2011年，花园小学校响应城乡一体化区域教育均衡发展需要，先后整合了位于城乡接合部的两所学校，组成了同一法人一体化管理的多校区办学模式。从2014年开始，花园由一个学校一处办学扩充为一个学校三个校区的管理模式。教职员工人数、学生人数都翻了一番，且处于逐年递增状态。校区工作环境的差异、校区工作的频繁交流、轮岗人员的频繁更迭、文化背景的不同……在长达百年的发展进程中，"为学生一生幸福和发展打好基础"的办学理念、"生态花园　幸福种子"的学校文化特色主题、"努力成为最好的自己"的学校课程建设宣言，成了新集体、大小团队共同的价值追求。

文化变革势在必行。首先，我们引领全体教职员工认识到变化是常态，每个人都要拥抱变化。我们无法左右变化时，就只能走在变化之前。通过调整学校中层组织机构、文化引领、能力建设、凝练组织愿景等手段引领变革，实现学校愿景，推动学校发展。其次，我们以改革家的勇气，把全校教职工结合成一个学习共同体。在学习共同体中建立共同愿景，整体设计、分步推进学校整合课程和课堂教学变革，赋予学习共同体中的每一个小团队、每一个人能量和能力，激励大家一起去推动和实现变革。总而言之，就是让学校的每一位教职工都用积极的态度、创新的能力、合作的精神，团结一致地办一所高品质的学校。最后，我们学习了美国资深教育咨询顾问和培训师布鲁斯·威廉姆斯分享的学校教育引导者的四种主要角色，即变革过程的引导者、相关技能的培训者、变革资源的顾问、团队力量的激发者。我提出并践行了"共享领导力"的价值观，即领导团队既分工又协作，合力引领学校文化变革。我们从布鲁斯·威廉姆斯分享的四个方向具体展开：将所有的利益相关方均纳入学校变革过程中；利用学校变革方案来揭示教师亟须掌握的技能，并将这些技能公布于众；为学校的变革努力争取人力、技术、物质等方面的资源；不断鼓励团队坚定地走在学校变革的道路上。

3. 学校发展战略的形成

（1）学校的发展历史与现状

①学校的发展历史

花园小学校成立于1925年。在九十多年的发展历程中，学校一直坚持公平的办学方向，以建校初期立下的"诚敬勤朴，志同道合"为校训，培养了一批批祖国的建设者和接班人。自20世纪80年代起，学校依托北京师范大学林崇德教授主持的"小学生能力发展与培养"、杭州"现代小学数学"、黑龙江省教育科学研究院自编的

“三算”实验教材，在数学学科的教学中大力开展实验研究，并取得了丰硕的实验成果：培养出2位特级教师、十余名名优秀骨干教师和一批批升入知名高等学府的莘莘学子。随着学校办学声誉的提高，越来越多的学生来这所学校就读，这就使得原本就不大的校舍越发“捉襟见肘”。

②学校发展现状

2002年，学校老校舍原地重建，校舍面积扩大一倍，达到1万平方米。2003年，学校确立了“为学生一生幸福和发展打好基础”的办学理念。在新课程理念的指导下，学校着手课堂教学改革。自教学改革以来，学校名师骨干教师队伍迅速扩充，各级骨干教师达到了教师总数的60％；学生2800人，52个教学班，130位教师，师生比1∶21.5。

2010年，学校在国家义务教育均衡发展政策的指导下，接办了一所地处城乡接合部，仅有百余人的公办薄弱小学，并实行紧密型集团化办学。学校向集团薄弱校输送干部、教师及管理模式，实行一体化管理。2013年，我这个新校长就任。对于学校情况，我太熟悉了，熟悉得一切都不需要打听。然而，我却陷入了深深的忧虑中。

2013年，在教育行政部门的主导下，接办的薄弱校正式并入百年老校成为分校，一个法人的治理结构，驱动了骨干教师的流动。然而，骨干教师专业发展的动力不足，且日益呈现的老龄化结构、求安稳少创新的心态使得教师轮岗交流遭遇了“滑铁卢”。分校成立后，生源增长迅猛。五年间，分校学生已达2300人，新入职教师达100余人。在我就任前后的几年间，曾出现过很多问题，如青年教师经验不足，学生家长对教师的信任不够，学校办学声誉遭遇危机，集团化办学为老校原有的声誉带来冲击……“输血”与“造血”功能如何修复，学校文化核心价值观怎样确立，如何应对教师队伍变化带来的挑战，学校发展之路指向何方？我在探索的路上边思考边寻找新的出路。

（2）开展基于问题的行动研究

①调研——达成班子共识

我思考了半年，其间还不断与学校中层以上的干部交流，与大家一起寻找学校发展的瓶颈，并分析问题产生的根源。干部们有的说：“校长，以咱们学校现在的办学规模已经很棒了，学校没什么大问题吧！”有的说：“咱学校有名师，在社会上有名气，家长不敢把咱怎么样！”有的说：“咱学校对口中学升学率很高，咱们不愁生源。”由此，我发现，领导班子对学校发展危机的无意识是问题的根本所在。在酝酿新学期教代会会议之际，我提出了“文化立校，特色行走”的办学思路，对老学校的历史文化给予了充分肯定，对陷于经验主义、故步自封、安逸懒惰的危害进行了深入剖析，对学校未来发展目标、价值观再造进行了愿景感召。班子成员被感染了，一致通过了我的设想。

②思考——愿景激励信念

该从哪里入手呢？有的教师说，教师队伍出了问题就从抓教师队伍建设入手吧；有的教师说，从课程教学改革抓起，这曾经是学校的优势；还有的认为多点并进，整体推进才行。看到大家热议的场面，我备感欣慰。针对改革行为策略的不足和对改革方向的担忧，我打开一份文件，用图示清晰地呈现出“以学校为中心”和“以学生为中心”两种不同办学思路的对比：“以学校为中心”意味着一切要围着学校转，学校利益至上；“以学生为中心”意味着确定学生受教育的主体地位，把学生放在学校正中央。我的一席解读，让大家陷入了深思。一周后，各行政职能部门向学校递交了本部门工作的改革设想。在之后近一个月的时间里，我与各分管校长多次商讨、反复修改各种改革建议，最终确定了学校未来发展方向——把儿童放在学校正中央，办一所学生幸福、教师阳光、家长满意、社会称赞，有口皆碑、有国际视野的现代化学校。

③行动——形成发展规划

在教代会提案征集过程中，学校首次采用“主题＋提案”的方式，主题是“学校发展建议之我谈”，共征集建议100余条。在与领导班子成员细心梳理教工建议的时候，我发现教工们在学校发展愿景的框架下，更关注学生了，尤其是对学校通过特色课程培育学生的全面发展尤为关注，此类建议占总建议的60％以上。于是，学校有了三年发展规划的雏形，确定了当年为“特色课程建设年”，又相继规划了“教师专业成长年”和“家校共育互动年”，同时还完善了学校已有的“教师出勤管理制度”和“教师绩效考核制度”。在教师的建议下，我们还搭建了学校、班级两级微信平台，组建了学校、班级两级家委会。

学校年度工作结束之际，我们向全体学生、教师、家长做了办学满意度调查、教师满意度调查。学校办学满意度较上一年提升了近10个百分点；教师被家长广泛认可，满意度均有不同程度的提高。

（3）创建特色学校发展战略

①主题凸显，文化确认

2013年年末，在上级教育行政部门的主导下，学校参加了全市首批特色学校的创建工作。这项工作为学校发展战略的形成提供了契机。学校领导班子带领广大教职员工系统梳理学校建校近百年的发展历程，在传承学校校训、办学理念的同时，精准提炼学校精神和校园文化核心价值观，确定了“生态花园 幸福种子”的特色文化主题。把每一个学生都看作一颗种子，只要有适宜的条件，哪怕在极端恶劣的环境中，它都会以任何人都无法改变的发展模式自然萌发，成长为自己。学校对“幸福种子”教育文化的确认表明学校特色教育的三重追求：以儿童身心发展规律为本；关注学生全面和谐的发展；追求学生的个性化发展。

②系统构建，整体推进

早在确立特色文化主题之初，学校就确定了“幸福种子”教育是一个学校文化再造的系统工程，以儿童为中心的文化建设涵盖着校园文化、课程文化、教师文化、课堂文化、家校文化、管理文化这六个系统。这六个系统的“生态”优化，构成了学校发展的动力引擎。

校园——水文化。教育即影响，以水隐喻校园文化，是因为水的灵动会赋予人灵感与灵性；水滴石穿的坚韧，会赋予人无穷的勇气与智慧。助推师生幸福的校园文化之水乃生命之水、能量之水，学校为学生建设校史馆、科技馆、图书馆、蓝色宇宙大厅、金色音乐大厅、七彩美术大厅、电视台、天文台、幸福种子书吧、生态园，将厅室展馆园学习活动纳入课程体系，作为重要的校本课程资源，让每个学生都有机会徜徉其间，受到熏陶感染。

课程——配方文化。种子的成长离不开阳光、空气、土壤、水分等营养，并且还要营养均衡。学校为具有不同生命特质的学生提供配方课程，在保证基础性课程和基础性学力的前提下，给学生提供丰富的课程选择。学校为学生共提供了70余门自主选修课程，力求让每一个学生都有机会成为更好的自己。

教师——农人文化。当前，社会上普遍存在着教育过度开发、无序开发的问题。这种情况使我们不得不思考：教师不要再做传统意义上的“园丁”，为植物精心修剪“造型”；而是要做现代农人，用放养的心态、精养的智慧，按季节规律耕作。为此，我们研发了小学儿童成长序列的课程——“幸福种子的春夏秋冬”，明晰了小学阶段六大核心能力的养成要点，帮助教师诊断学情，减少具体操作的盲目性。例如，一年级“学会倾听”，二年级“学会表达”，三年级“学会思考”，四年级“学会表现”，五年级“学会自主”，作为年级能力养成重点，细化了月养成目标。“成长序列”成了助推学生成长、教师成长、校区间均衡发展的新机制。

课堂——对话文化。学生第一，教师第二。课堂，是师生的精神家园，是师生共度的生命历程。课堂对话的开放度在某种意义上决定着师生的当下和未来。学生每天生活在专制下还是民主中，都与课堂生活息息相关。专制的课堂里，教师常常担心因学生答不出问题而耽搁时间、延误进度，于是便把问题切得很琐碎，以致出现老师说上半句学生接下半句的现象；或者老师专门找一些学习优秀的学生来回答问题，课堂成了教师和尖子生的舞台。对话的课堂追求四个解放：解放学生的大脑、解放学生的心灵、解放学生的双手、解放学生的思维，为学生营造安全的心理氛围。课堂就是允许出错的地方，畏惧错误就是毁灭进步。

家校——同盟军文化。家长是孩子的第一任老师，同时也是决定学校教育成败的一个不可或缺的因素。学校应把家长当作学校教育的同盟军、同行人，敞开校门，主动邀请家长共同研讨学生的教育问题，实现精神上的共同成长。在课程设置上，学校采取课内外联动策略，聘请家长讲师，开设班本课程、基地课程、公益课程等；在学生体质健康上，采用家校两级管策略，从而拉近家校之间的距离。

管理——动车组文化。学校教育的“高铁”时代有一个明显标志，动车组要变车头为节点发力。为打造管理团队的效能文化，学校领导班子提出了“低耗、高效、优质、卓越”八字方针。学校办学章程详细划定了总校长、校区常务校长、分管部门副校长、教研中心、课程中心、信息中心、艺体中心等各层级岗位职责，确保规则明确，权责分明。

③特色行走，初见成效

特色学校发展战略实施三年来，学校发生了巨大的变化，主要表现为以下五个方面。

第一，学生在校生活幸福指数大幅提高。学校的“幸福种子”课程体系深受学生们的喜爱，学生的基础学力更加扎实，发展性学力日渐明显。学校连续三年在全区学业水平调研测查中名列前茅，分校教学质量也有显著的提高。

第二，富有针对性的、高质量的研修培训使教师心态越来越阳光，骨干教师成就动机增强，数学骨干教师勇夺全国教学大赛特等奖；青年教师专业发展势头迅猛，连续三年在区域内获优质课一等奖。

第三，家长随着走进学校的机会越来越多，也越来越理解学校，对教育同盟军角色的认同度也越来越高。

第四，2015 年，学校迎来了建校 90 周年华诞。学校与国家级教育媒体合作，以“保卫童年”为主题联合举办了“全国小学名校特色课程研讨会”；向全国教育界同人汇报学校文化再造的心路历程，人民网、新华网、《中国教师报》均进行了报道，黑龙江省电视台也播放了校庆学生文艺演出，引起了社会的强烈反响。

第五，学校也向国际化、现代化迈开了步伐，先后接待了来自美国、英国、日本、新加坡等国的教育考察团。我校学生、教师也出访美国、英国、新加坡、日本等地进行文化交流。

4. 育人理念现代化助推学校教育现代化

教育现代化就是用先进的教育思想、教育内容、教学手段、高超的师资水平以及教育教学设施，培养出适合国家建设需要、能参与国际经济竞争和综合国力竞争的高素质的新型劳动者。对学校而言，以先进的教育思想为核心，彰显学校独特气质的学校文化是教育现代化的灵魂。

花园小学校在长达 90 多年的办学历程中，坚持思想引领、文化布局，始终站在教育改革潮头，不断丰富学校内涵、提升办学品位。这所与时俱进、追求卓越、以文化特色牵动学校现代化发展的学校正在稳步前进。2013 年，学校被认定为“哈尔滨市首批特色学校”，2014 年，被评选为“全省教育系统先进集体”。2015—2018 年根据学校校情，我们从教育思想的现代化、教学内容的现代化、教学方式的现代化、教学设施的现代化、学校管理的现代化等方面着手，在育人理念的现代化方面实现了新突破。

教育现代化的出发点和归宿点都只有一个——人。现代化的教育一定是远离急功近利的教育，远离形式化的教育，应该是回归教育本质、回到原点的教育，是目中有人的教育。

有什么样的思想就会有什么样的学校。花园小学校的育人追求是服务人、影响人、成就人。在追求育人理念现代化的进程中，我们始终把目光锁定在儿童身上，发现儿童、成为儿童，儿童本位、儿童立场使我们将花园小学校的办学特色主题确立为“幸福种子”教育。

（1）对学生的再认识

窗缝里种子的生命奇迹使我想到了我们的服务对象——学生。每个学生都是一颗种子，这一颗颗人类的种子与世间万物的种子一样，都蕴含着自己的发展计划。这个发展计划属于自然，有主动生长的能力，有多态生长的空间，有自我免疫、自我修复的功能。只要有适宜的外部环境和条件，哪怕在极端恶劣的环境中，种子都会以任何人无法强行改变的发展模式，自然萌发，成长为自己。种子的特点带给教育的启示是确保学生受教育的主体地位，尊重规律的教育才能为生命的成长助力。

（2）对小学教育的再认识

多年小学教育工作经历告诉我，小学教育是帮助学生培植兴趣、养成习惯、形成能力的一个人生阶段。“‘生态花园幸福种子’的春夏秋冬”是我校为小学阶段的学生研发设计的符合学生年龄特点和他们身心发展规律的成长路线图。“‘生态花园幸福种子’的春夏秋冬”就是希望最大限度地节约培养成本，让学生的成长更符合自然本性。这就需要教师不做传统意义上的园丁，要做现代农人，按季节规律耕作。一年级“学会倾听”作为幼儿园教育的衔接课程，二年级“学会表达”、三年级“学会思考”、四年级“学会表现”是小学阶段能力培养的重点，五年级“学会自主”是面向初中教育的衔接课程。把这些内容进行月分解，细化落实到课堂教学和一日常规中。例如，一年级把“学会倾听”确定为年级能力养成重点，从9月入学到来年6月升入二年级，全年8个月养成目标梯次跟进。对小学阶段的学生要有放养的心态，更要有精养的智慧。小学生“读、写、算”三项能力是后续学习的重要基础，“思考力、合作力、创新力”是未来发展的必要保障。在为“孩子一生幸福和发展打好基础”办学理念的指导下，花园小学校将“读、写、算、思、合、创”确定为六项核心竞争力，然后将其分解到各个年级，寻找培养路径。我们为教师提供了各个年级学生在读、写、算、思、合、创六个方面能力养成的做法，形成了完整的小学阶段养成序列。

扫码获取
“‘生态花园幸福种子’的春夏秋冬”和“‘幸福种子’成长序列能力培养月分解表”

这种养成序列对于老师们，尤其是经验不足的老师和初任学段教学的老师把脉学情，减少教育教学的盲目性，实现校内班级之间的均衡发展大有裨益。通过一年半的实践，我们采取集体调研、随堂跟进、团队反思等有效策略，让"'生态花园幸福种子'的春夏秋冬"以较强的指导意义成为花园小学校独有的面向中学乃至今后学习的衔接课程，成为助推学生成长、教师成长、校内均衡发展的新机制。

学校特色办学实践证明，只有真正地为学生着想，学生才会喜欢，家长才会满意。只有学生喜欢、家长认可了，教育内容、教育管理、教育装备、教育方法的现代化，才能更有效地发挥作用，原本意义上的教育现代化才有可能实现。教育观念的现代化是实现教育现代化的灵魂。只要灵魂在，条件就可以改善，内容就可以丰富，资源就可以挖掘，师资就可以培养，但失去了灵魂，外观即使再漂亮，也只是一个缺乏生命力的躯壳，没有多少真正的现代化成分。说到底，"人"还是第一因素。花园小学校以"幸福种子"文化立校，以"生态花园"特色行走，在向着花园百年名校的发展进程中，用汗水和智慧全面开创教育现代化的美好明天。

生态花园故事——被"看见"的儿童

学校里有不少小孩儿，思维敏捷，博古通今，人见人爱。小嘉，就是其中的一个。这个奥数竞赛、英语竞赛能拿全国大奖的小学生，是个名副其实的好孩子。

在学校"创意周"活动中，一个手工制作的创意机器人备受瞩目，展示在开放区里供大家参观学习。被机器人吸引的小嘉，趁别人不注意时开始频频巡游开放区。起初，他只绕着机器人走上两圈。在好奇心的驱使下，为弄清楚机器人是怎么发光的，如何说话的，小嘉开始了左摸摸、右碰碰。一不小心，机器人的"嘴巴"被碰掉了。情急之下，他把"嘴巴"藏了起来。接下来的几天，他一有时间就去与机器人邂逅，今天拆个"鼻子"研究，明天卸个"胳膊"琢磨……后来，索性把零件都拆了下来，完好的作品由此支离破碎。

当大家发现机器人不见了时，既心疼又生气。当调查结果出来后，大家都被吓了一跳，拿走机器人的竟是这个大家眼里的"完美学生"，怎么可能？

儿童需要被看见，被真实地看见。学习成绩、竞赛成绩容易被看见，然而成绩背后儿童那与生俱来的好奇心、想象力、求知欲是否被看见了呢？如果我们成年人一味地强化这些固有的"看见"，儿童的天性就会逐渐被泯灭。"如果这个机器人是你的作品，你现在心情怎样?”在老师的教育引导下，小嘉感到深深的内疚与自责，他决定自己修复机器人，以弥补他的过失。之后的几天，他一直在研究电路，努力回忆拼装过程，拿出自己的零用钱购买破损的部件，又向作品的主人寻求帮助……

只有关心儿童行为背后的意图、需要和感受，才能真的“看见”儿童。我庆幸我们对儿童有了更深层次的“看见”。其实，儿童不需要被教育，只需要被“看见”。最好的教育就是透过你的心看见儿童的心，借由你的生命看见儿童的生命。当生命与生命相遇了，爱就发生了，爱在心间流动，喜悦而动人!

（二）学校课程规划与课程整合系统

1. 基于核心素养的学校课程整合方案

课程是学校的产品。在中国学生核心素养视野下，为适应核心素养时代的需要，学校课程转型升级是必然之路。学校课程设置与现有课程结构功能需要学校课程做怎样的转型？如何设计操作从分科设置到课程整合的升级改造？我认为需要做到以下三点。

（1）课程关注

第一，学生是完整的人，独一无二的生命体。教育要为人的成长与发展提供机会。

第二，让世界成为学生的教材，让教师在丰富的课程设置中发现学生，让学生在丰富的课程体验中发现自己。

第三，既要关注显性学力，又要为隐性学力提供发展机会。

第四，课程整合是国家课程的校本化实施、生本化实施，遵循发展性、适切性、长效性三大原则。

（2）丰富课程样态

在变与不变中寻求平衡。变“40 分钟×6 节课”为“30 分钟×8 节课”，周总课时数 36 节、月总课时数 144 节均不变。

课程样态设置如下。

①长短课时（35 分钟、30 分钟、40 分钟、60 分钟）

基础性课程：每周数学 7 节（35 分钟）、语文 7 节（35 分钟）、英语 3 节（30

分钟)、体育 5 节 (30 分钟)、体育大课间 (30 分钟×2 次)、其他 (30 分钟)。

班主任调整:

A. 每周语文原为 9 节,现改为“7 节阅读+2 节作文”。

B. 两人包两班:单科教学,每人教两班的数学或语文。

C. 每人包一个班的班主任,作文 2 节由班主任负责。

D. 每人每周 1 节学科整合课程:语文序列课程、数学实验探索课程。

科任调整:

A. 信息与科技 (3 节)、大德育 (2 节)、艺术与审美 (4 节,含书法 1 节)。

B. 体育、科技等可外聘教师并代培本校教师。

C. 科任教师自己申报学科,不合适的分流,重新培训上岗。

②走班课程 (每周一次,40 分钟)

整合性课程:学生按年级走班上课。

③班本课程 (每周一次,40 分钟)

特色班级创建课程:家长讲师、学期计划、纳入课表。

④社团课程 (每周一次,2 小时)

艺体科课程:管乐队、鼓乐队、篮球、足球、机器人、创客、拍客等。学生自主 (整合集团资源,学生跨校上课)。

⑤基地课程 (每月一次,每次半天)

集团提供课程基地,学生自主选择。

⑥主题课程 (每学期两次,每次一周)

4 月末艺体律动周、6 月末传统文化周、10 月末信息科技周、12 月末冰雪文化周。

全员体艺、全员读书、全员科技、全员冰雪,面向全体家长、社会开放。

(3) 完善课程评价

第一,建立电子信息化网络测评体系,用大数据为学生发展保驾护航。基础性课程四科适用。

第二,立足过程性评价,研发课程使用手册,如优能手册、悦读手册、实践手册、评价手册。

第三,对整合类课程、技能类课程、基地类课程、社团类课程分别研制评价方案。

2. 聚焦核心素养，构建整合课程体系

小轩，我校学生。他的父亲说："这个孩子学好了是个人才，学不好就上我这里报到。"你一定想问，他的父亲在哪里工作？究竟是一个什么样的学生，让自己的父亲做出这样的评价？他在花园小学校的几年里，又发生了哪些变化？

小轩的父亲在劳教所工作。而小轩，这个曾经的"小调皮""捣蛋大王"后来成为公开课小能手、美国专家到访随行小翻译，升入初中后即在初中组全国机器人大赛中勇夺冠军。

这一系列的变化带给我们思考：什么样的教育是好教育？人与教育的有效逻辑起点是什么？带着这样的思考，我们研究学生、研究课程，找到了人与教育的逻辑起点，那就是课程。课程是学校教育活动的核心，教育是指向人的学习，所以，未来不是学校品牌的竞争，而是课程品牌的竞争。教师在课程中发现儿童，儿童在课程中发现自己，这就是我们对学校课程建设的深度思考。

首先，我们思考的是课程价值。我们把课程的价值定位在基于核心素养形成，促进学生未来发展这一层面。因为所有的课程都以人作为学习、理解和运用知识的出发点和归宿点去体察、感受与个人生活和实践有关的各种事物的文化要义，所以课程最终指向人。它一定是面向未来社会成员的生存和发展的，并由此展现其价值和意义。教育者必须从更高站位上去思考、寻找学校课程的发展路径，使其与教育改革趋势相吻合，与国家主流价值观相契合。

其次，我们聚焦的是学生的核心素养。什么是核心素养？我认为，核心素养是对育人目标的具体化。素养更强调知识能力与态度的融合，它超越了长期以来知识与能力二元对立的方式，凸显了情感、态度价值观的重要性。从字面上看，素养本身就是一个整合的概念；从价值取向上看，它反映了学生终身学习所必需的素养与国家、社会公认的价值观；从指标选取上看，它既注重学科基础，又关注个体适应未来社会生活和个人终身发展所必备的素养。核心素养是一种跨学科素养，核心素养也是知识、技能和态度等的综合表现。它是知识、能力、态度或价值观等方面的融合，既包括问题解决、探究能力、批判性思维等认知性素养，又包括自我管理、组织能力、人际交往等非认知性素养。

如何让核心素养落地，它的切入点是什么？毋庸置疑，就是课程。

（1）课程定位——聚焦素养，探索生本生态课程

2015年10月，中国共产党第十八届中央委员会第五次全体会议通过了《中共中央关于制定国民经济和社会发展第十三个五年规划的建议》，将“十三五”期间我国经济、社会的发展理念凝练为“五大发展”，其中“创新发展”更是居于五大发展理念之首，足见创新的重要性。

创新教育是教育发展的主体和终极目标。我们正处于一个创新时代中。当下数字技术所营造的环境为儿童的学习提供了多种可能性与选择性。我们不能再用昨天的逻辑研究当下的问题，因此，我们的课程一定要助力学生未来的发展。基于这样的认识，我们把聚焦核心素养，探索未来学校课程建设的研究作为我们深度思考的课题。

花园小学校在南岗区“2018年将率先实现教育现代化”战略思想的引领下，在市区教育局的领导下，于2015年申报了南岗区重点科研项目——“课程整合”这一课题。我们聚焦核心素养，积极探求课程建设新理念和新路径，力求国家课程的校本化实施与学校特色发展相结合，重构学校课程框架，探索生本生态课程，形成了花园种子课程体系。

（2）课程革新——三个变革，实现课程跨界思维

着眼未来，通过对国家课程校本化实施和校本课程的建设，系统设计满足学生自身发展需要、充分落实学校培养目标的课程，是我们实施学校课程顶层设计的理念。让学生有权利、有能力为自己的未来选择自己感兴趣和有发展空间的课程。花园小学校把教育看作农业，把教师视为农人，把学生喻为种子，把课程作为产品、作为学校发展的动力引擎。

基于以上认识，我们围绕花园小学校“种子教育”培养目标——“努力成为最好的自己”，以课程建设为载体，深入探究课程路径，逐渐构建一套独具特色的课程体系，我们称之为种子课程。

《新课程标准》强调学生在学习方式上，要体现实践性学习、研究性学习、合作性学习、体验性学习等多种学习方式的综合；强调要改变课程结构过于强调学科本位、科目过多和缺乏整合的现状，体现课程结构的均衡性、综合性和选择性。所以，我校在积极推进课程改革的过程中，聚焦核心素养，依据课标、依托教师，集聚教师、家长、社会三种资源，着眼学生长期发展，注重突破、注重课程整合路径，在

花园课程 2.0 版本的基础上，打造课程整合 3.0 版本的“212”工程，即两个打破、一个直通车和两条路径。两个打破就是打破学科壁垒，打破班级界限；一个直通车就是“家校社”直通车；两条路径就是重建课程结构，丰富课程内容。我们进行了花园小学校课程整合顶层设计。

①课程结构变革，用跨界视角建构种子课程模块

在课程建设中，我们重建课程结构，精简整合国家课程，将原有的十一个学科整合为数学课程、阅读课程、德育课程、体育与健康、信息科技、艺术课程、STEAM 课程共计七大模块；同时，基于学生个性发展，补充完善学校特色课程，打造了内含“十小序列”和“十大专项”的花园小学校配方课程。种子课程框架如下图所示。

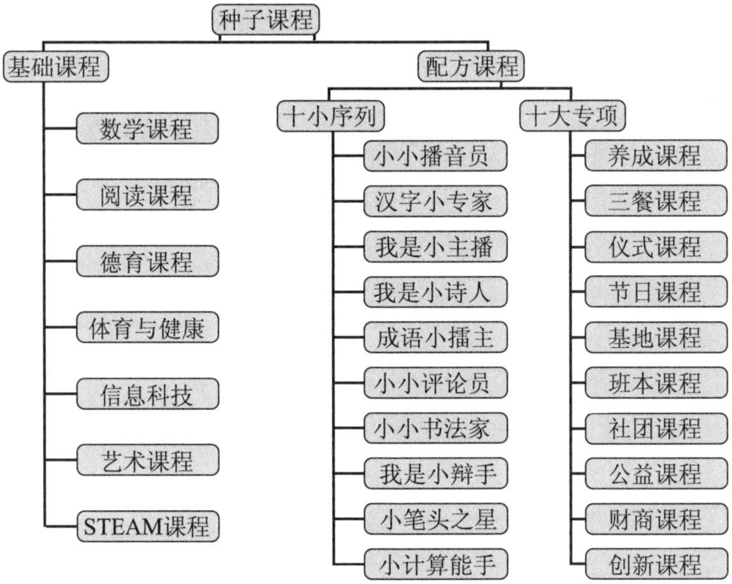

种子课程框架图

我们依托国家课程，补充完善配方课程，遵循科学、合理、需要的原则，合理分配课程比例。其中，国家基础课程占 70%左右，配方课程占 30%左右。

②课程内容变革，用整合思维追寻课程宽度与厚度

我们认为国家课程的校本化实施，既不能一味地做加法，又不能单纯地做减法。

正确的出路是做好课程的加减法，整合课程内容。在课程内容的变革中，我们做了以下两点尝试：做好课程加减法。

第一步：做减法。

在尊重原有教材体系的前提下，整合内容，做课程的减法。我们组织所有科任教师对一至五年级下册教材进行了梳理，并把学科间、学年间重复的课程内容进行了整合。

经过梳理，我们发现涉及内容交叉、重复、可以融合的学科有品生品社学科、地方学科、综合学科、英语学科、科学学科五个学科，需要整合的内容共计 50 种。这样算来，一个学期共节省 44 课时。课程内容整合后，节省下来的时间怎么利用？

扫码获取“花园小学校关于课程整合内容的梳理”

第二步：做加法。

打破学科壁垒，丰富完善课程内容，做课程的加法。以数学学科为例，我们将数学课程分为三个层次。

基础层——国家课程。

拓展层——延展课程。

开放层——跨学科实践（项目学习）。

我们在保证基础层课程的前提下，围绕数学学科课程的年段目标、年段不同板块的内容或者相同板块的内容，通过有机的重组整合，进行主题式研究，增加了延展性整合课程和开放性整合课程。

比如，“小棋盘，大学问”一课，就是依托教材中“有余数除法”进行的延展性课程内容整合，引导学生在“两两对弈”中，感受有余数除法的特点，掌握“倒推”的策略，提升学生的数学思考力。

又如，“营养师”一课，源于数学四年级下册“数学广角”，是通过与科学、信息技术学科整合，开展的跨学科主题实践活动，目的在于转变学科本位的课程理念，增强数学与其他学科之间的联系。这是我们依托教材所进行的开放性课程内容整合。

③打破时空壁垒，实现配方课程

我们应该怎样让学生去发掘自己，使自己将来能成功地融入社会？我们立足学生个性发展和核心素养的落实，打破班级、时间、学科的限制，设计能够满足学生成长需求的配方课程，满足学生自身发展需要、充分落实学校培养目标，让学生有权利、有能力为自己的未来选择自己感兴趣和有发展空间的课程。

比如，在基于“互联网+”理念研发的“O2O营销体验与数据分析”课程中，学生不仅要跨界，更要打破常规，从竞聘岗位到微商体验，从进货到营销，从制作收入报表到进行数据分析，从经营获利到公益捐助，都要参与。最值得一提的是O2O成员把“造船之旅”课程中其他学生的3D作品打印出来作为商品进行拍卖，这样合作、沟通、协商等能力都得到了锻炼。

④丰富课程样态，重构学习路径

多样化是未来教育一项重要的特征。学校应不断丰富课程样态，完善课程内容，让每个学生都可以自主选择感兴趣的内容。教育的方向不是限制选择，而是鼓励选择。我们在丰富课程样态上也有许多破冰之举。

我们依托国家课程、地方课程的课程目标，从各学科中分别找出相关主题的活动性、体验性、探究性强的内容，将各学科中内容相关、相似的有关章节归类到一起，进行教学资源重整。我们携手社会资源，以课标为准则，开发了基地课程；以校为本统筹课程，尝试开设种植课程；以全面培养人为路径，定制财商课程；以劳动与实践相结合，推进公益课程；依托家长、社区资源开发的课程直通车——班本课程，以丰富的课程样态为花园种子的成长注入养分。

我们根据学生的学习需求，改变传统的学习方式，借助现代信息技术与先进理念，构建与生活关联的课程形态，整合课程资源，开发来自真实世界的主题，以探究式学习提升学生的创新能力。目前我们正在研究的STEAM课程涵盖了科学、技术、工程、艺术以及数学五个学科领域，是一种新的课程形态。它不仅是课程加课程的整合，也是课程加技术的整合。这是一种新型课程，学生在项目和问题的引领下，运用多学科知识创新地解决真实问题。这是一种注重操作、注重体验、注重探究、注重思考的学习体验。学生通过项目学习，多元认知世界，建构了科学素养、技术素养、工程素养、艺术素养和数学素养。

在实践中体验，在竞争中反思，在相互鼓励中前行，在收获与失败中成长，这就是“教育即生活，生活即教育”。

⑤课时安排变化，用适切性保障课程开发的效度

我们先来看两张课程表（见表2-1、表2-2）。

表 2-1　花园小学校课程表　三（二）班

课节	时间	课时时间	星期一	星期二	星期三	星期四	星期五
早自习	7：40—7：55	15 分钟	升旗	诗文诵读	诗文诵读	英语晨读	诗文诵读
	7：55—8：00	5 分钟	计算	计算	计算	计算	计算
第一节	8：00—8：40	40 分钟	数学	数学	数学	数学	数学
第二节	8：55—9：35	40 分钟	语文	语文	语文	语文	语文
	9：40—10：05	25 分钟	大课间				
第三节	10：05—10：45	40 分钟	英语	体育	语文	综合	体育
	10：45—10：50	5 分钟	眼保健操				
第四节	11：00—11：30	30 分钟	音乐	社会	英语	综合	地方
午休	12：00—12：25	25 分钟					
	12：25—12：40	15 分钟					
第五节	12：40—13：20	40 分钟	语文		自习	英语	读书
眼操	13：20—13：25	5 分钟					
	13：25—13：50	25 分钟	大课间				
第六节	13：50—14：20	30 分钟	班会		科学	音乐	微机
第七节	14：30—15：00	30 分钟	美术		科学	班本	社会
第八节	15：10—15：40	30 分钟	美术		自习	班本	自习

表 2-2　花园小学校课程表　三（二）班

<table>
<tr><th>课节</th><th>时间</th><th>课时时间</th><th>星期一</th><th>星期二</th><th>星期三</th><th>星期四</th><th>星期五</th></tr>
<tr><td rowspan="2">早自习</td><td>7：30—7：50</td><td>20 分钟</td><td colspan="5">晨读经典</td></tr>
<tr><td>7：50—8：00</td><td>10 分钟</td><td>电视台节目</td><td colspan="3">我是计算小能手</td><td>电视台节目</td></tr>
<tr><td>第一节</td><td>8：00—8：40</td><td>40 分钟</td><td>数学</td><td>数学</td><td>数学</td><td>数学</td><td>数学</td></tr>
<tr><td>第二节</td><td>8：50—9：30</td><td>40 分钟</td><td>语文</td><td>语文</td><td>语文</td><td>语文</td><td>语文</td></tr>
<tr><td></td><td>9：30—10：00</td><td>30 分钟</td><td colspan="5">大课间</td></tr>
<tr><td>第三节</td><td>10：00—10：35</td><td>35 分钟</td><td>语文</td><td>英语</td><td>语文</td><td>英语</td><td>英语</td></tr>
<tr><td></td><td>10：35—10：40</td><td>5 分钟</td><td colspan="5">眼保健操</td></tr>
<tr><td>第四节</td><td>10：50—11：20</td><td>30 分钟</td><td>体育（1）</td><td>体育（1）</td><td>艺术</td><td>信息与技术</td><td>艺术</td></tr>
<tr><td>午休</td><td>11：20—12：25</td><td>65 分钟</td><td></td><td rowspan="7">校本选修课</td><td></td><td></td><td></td></tr>
<tr><td></td><td>12：25—12：40</td><td>15 分钟</td><td>小小书法家</td><td>年级十小课程</td><td>小小书法家</td><td>年级十小课程</td></tr>
<tr><td>第五节</td><td>12：40—13：10</td><td>30 分钟</td><td>大德育</td><td>体育（5）</td><td>艺术</td><td>STEAM</td></tr>
<tr><td></td><td>13：10—13：40</td><td>30 分钟</td><td>大课间</td><td colspan="3">大课间</td></tr>
<tr><td>第六节</td><td>13：40—14：10</td><td>30 分钟</td><td>艺术</td><td>信息与技术</td><td>体育（5）</td><td>大德育</td></tr>
<tr><td>眼操</td><td>14：10—14：15</td><td>5 分钟</td><td></td><td></td><td></td><td></td></tr>
<tr><td>第七节</td><td>14：25—14：55</td><td>30 分钟</td><td>家长讲师班本</td><td>STEAM</td><td>信息与技术</td><td>体育（全）</td></tr>
<tr><td>第八节</td><td>15：05—15：25</td><td>20 分钟</td><td colspan="5">修身课/走班选修课</td></tr>
</table>

备注　1. 数学每周 5 节，语文每周 7 节，英语每周 3 节，艺术（音美）每周 4 节，信息与技术（信息＋科学）每周 3 节，大德育（班会＋思想品德）每周 2 节，STEAM（综合＋地方）每周 2 节。

2. 体育课每周 5 节，一名教师一个班级每周 2 节，5 个班同时上每周 2 节，全学年同时上每周 1 节，可作为体质健康测试、足球赛、团体操训练时间等。

3. 每周三 14：55—15：35 一、二年级走班选修，每周四 14：55—15：35 三、四、五年级走班选修。

4. 每周二下午全校校本选修课。

5. 每学期 2 次节日周（科技、读书、艺体等）。

表 2-1 是我们原有课表，表 2-2 是我们整合后的新课表。从对比中可以看到，我们打破原有课程体系、打破传统教学分科作战壁垒，突出课程本身的综合性、多样性、灵活性和差异性特点，采用长课时与短课时相结合、分散安排与集中安排相结合、课内和课外相结合的方式进行课程整合建设，凸显课程特色，按各科的教学实际将每节 40 分钟的标准课时缩短或延长、重新整合，形成“长短课结合”的课时设置新模式。周走班、月基地、学期游学，用适切性保障课程开发的效度，真正满足学生个性发展需求。

（3）课程评价——大数据时代，整合评价路径

花园小学校在课程整合的研究中注重课程评价与技术的深度融合。我们借助信息技术手段，把评价数据随时输入数据系统，生成即时性的评价，也通过数据的叠加，呈现过程性评价结果。我们在数据归档处理、数据沉淀处理等方面做了大胆尝试，形成了具有花园小学校特色的整合评价系统，体现了评价的过程性、及时性、发展性和存储性。

以种子课程中的十小序列为例，一级指标中成长序列、素养序列、养成序列分别以“成长树、素养花、养成果”呈现。比如，成长树，一、二年级评价指标是聆听与表达，教师按照月序列目标的要求，根据学生每天的情况进行即时性数据输入，数据经过一定量的沉积，生成一片片树叶，一个学期得到的树叶越多，成长树越茂密。

家长依据真实的数据了解学生在课程中、在课堂上、在序列目标中的各项评价结果，了解学生的特质与潜能，找到不足与发展方向。

课程建设是一个没有终结的课题，我们走在课程整合的路上。未来，我们要继续实践、探索。我想，只有让课程为学生的今天负责，才能为学生明天的创造奠基！花园小学校将以种子课程为载体，带领学生走一条寻找自己、发现自己、认识自己、锤炼自己、成就自己的幸福之旅！

3. 基于学校教育供给侧改革的课程整合实践

供给侧，是针对需求侧产生的一个经济学概念。供给侧结构性改革是目前我国经济领域改革的关键所在，意味着调产能、去库存、转方式。类似的“深水区”改革实践在现代学校制度体系和学校教育治理进程中的作用也日益凸显。结构决定功能，教育结构现代化将成为中国教育现代化的核心。面对国家正紧锣密鼓研究制定

的《中国教育现代化2030》，在学校教育供给侧改革的转型期，如何发挥校长的课程领导力？花园小学校把课程整合作为完善学校结构治理的基本策略之一，并从破立、融通、统整、跨界四个路径展开实践。

（1）破立——先破后立，不破不立

①儿童缺席、个性缺位的现状需要破立

课程设置千校一面，所有学生一套教材、一张课表，只见分科分数之树，难见立德树人之林的局面迫切需要改变，这也是国家课程校本化实施的现实需要。为此，2013—2016年花园小学校的课程建设走过以下三个阶段。

1.0版本（图表）校本课程——特长教育阶段；

2.0版本（图表）营养餐课程——特色教育阶段；

3.0版本（课表）种子课程——特质发现阶段。

花园小学校种子课程体系的架构将“发现儿童”作为主题，将“身心和谐、德才并举、个性与社会性相融、根脉传承与国际视野共生”作为育人目标，学校形成了《种子课程行动纲要》《种子课程实施指南》，在全校教师、学生家长参与过程中产生的“种子教育经”（20条）形成了“学校文化价值观”（21条），牢固树立了“种子课程”的儿童本位，以及着眼儿童一生幸福发展所需的六种力量。这是种子课程的理念，即种子课程是尊重生命的课程，每个儿童都是幸福完整的存在；种子课程是舒展个性的课程，每个儿童都是独一无二的天使；种子课程是学会选择的课程，每个儿童都在选择中发现自己；种子课程是内力觉醒的课程，每个儿童都能成为最好的自己。

②学科壁垒、交叉重复的现状需要改变

国家课程、地方课程、校本课程的分别设置，致使学科内容交叉现象严重。如何改变这种现象？我认为要做到以下几点。

首先，我们在尊重国家课程教材体系的基础上，采用合并策略，打通国家课程壁垒，将原有的11门学科整合为德育课程、数学课程、阅读课程、体育与健康、艺术课程、信息科技、STEAM课程七个课程模块，作为种子课程的基础课程。

其次，我们对一至五年级所有学科做教材梳理，把学科间、学年间重复的课程内容梳理出来，然后运用删减策略，精减重复交叉内容，精算课时数。以品德与生活、品德与社会、地方、综合四门学科为例，我们对以上四门学科做教材梳理，一个学期共节省 44 个课时，可用于研发配方课程。这样在不增加教学时间的前提下，学校的必修课程、选修课程和研修课程就都有了保障。

③学习边界、课程边界需要打破

学习不只发生在学校，也不只发生在课堂；教师，不仅指传统意义上的学校教育工作者，校外教育机构的从业者、社会工作者，在某一方面有专长的家长也可以成为学生的教师。为此，学校与教师必须擅长拓展学习资源，建立广义的教育资源供给体系，方能满足培育核心素养的要求。资源的拓展我们通过“五个穿越”来实现，即“穿越”教材边界、学科边界、学校边界、学区/区域边界、社会/生活边界，使学生不再只是教科书、练习册的消费者，校内外活动的课程化、课程资源的社会化，使花园的孩子接触和消化了更多的广义资源。

集聚教师、家长、社会资源，在花园课程 2.0 版本的基础上，着眼于核心素养的培育，我们打造了“212”工程，即两个打破、一个直通车和两条路径。两个打破就是打破学习边界，打破班级界限；一个直通车就是“家校社”直通车；两条路径就是重建课程结构，丰富课程内容。我们将课内外活动固化为课程，整合为“十大专项”：三餐课程、养成课程、仪式课程、节日课程、班本课程、社团课程、公益课程、基地课程、财商课程、创客课程。

④单一评价、僵化评价现状需要改变

针对不同学段，开展不同评价：低段（一至二年级）学业水平评价“乐考嘉年华”，中段（三至四年级）ACTS 学科个性发展评价，所有学段“核心素养发展评价”。三个序列整合性评价，即成长序列（树）、素养序列（果）、养成序列（花），并通过信息化大数据分析来实现对学生的量化积累。以体质监测为例，学校（一至二年级）每周开设 5 节体育课，其中一节为体质健康课，每周动态跟踪监测学生体质三项指标，输入数据库，为学生、家长提供阶段性体质监测报告单和数据分析雷达图。

（2）融通——融会贯通、聚焦素养

①学科内融通

数学+课程：基础课程的拓展延伸课，也叫数学好玩。比如，“小棋盘，大学问”一课，就是依托教材中“有余数除法”开设的延展性课程，旨在引导学生在“两两对弈”中，感受有余数除法的特点，掌握“倒推”的策略，提升其数学思考力。

阅读+课程：基础课程的拓展实践课，叫“十小序列课程”。阅读实践是语文实践的重要组成部分，实践融通写字、朗读、表演、积累、评论、辩论等能力。我们把为一至五年级学生配置的“我是小主播”“成语小擂主”“小小评论员”“我是小辩手”等阅读+课程纳入课时计划，由活动固化为课程，促进学生语文实践水平的提升，为其语文素养的培育奠定了坚实的基础。

②学科间融通：百花奖、课博会课例

以“冲出十面霾伏”为代表的我校的综合课程是由科学+综合实践+技术+生命教育整合而成的新型课程。我们学习借鉴国际教育 STEAM（科学+技术+工程+艺术+数学）课程理念，开发了符合儿童学习需要的课程样态。在四至五年级的综合课程中，我们以主题项目式学习为主，每学期一个大主题，每月一个小单元，将课内外学习与实践贯通，取得了很好的效果。“天气研究”是四至五年级综合课程主题。五年级确定的“冲出十面霾伏”这个学习项目由 4 个月主题组成，分别是“走进雾霾”“防霾小妙招”“探秘防霾口罩”“雾霾治理”。学生在课程中亲历社会调查、数据采集分析、动手实验、探访专家、创意设计、网络学习、资源汇总、智慧众筹等学习方式，全课程体验带给学生的是头脑和心智的全程体验，为学生开启智慧学习之门创生了经验。

（3）统整——统筹整合，效益最大化

统整不是简单地做加减法，而是以课程实施评价为主线的系统思考。它包括时间统整（课时统整）、机构统整和内容统整。

时间统整。时间统整是在不增加、不减少原有课时总数的前提下，最大限度地盘活学生在校时间，争取时间资源的最大化。

机构统整。因课程改变，学校管理机构也发生了重组。我们发现学校原有的行政管理部门，如教导处、德育处、科研室等已无法全部担起众多新兴课程教学的管理工作，为此新的组织管理机构应运而生。新的三大运营机构是课程教学发展中心、学生发展研究中心和教师成长研究中心，这三架“马车”成为学校整体运转的新动力。

内容统整。按时令更迭，我们将种子课程分为春、夏、秋、冬四个部分，每个季节都有各自的主题：春季主题——艺体嘉年华运动周，夏季主题——科技嘉年华创意周，秋季主题——探寻秋的足迹实践周，冬季主题——冰雪乐翻天冬趣周。在季节主题的牵动下，季节性周课程为学生的发展提供了长足的动力。

按照学生年段特点、班级特点、个性特质设置配方课程，一直是我校课程内容统整的重要原则。

全配方：体育、阅读是我校课时最多的课程。体育＋为日课，一至二年级每周五节体育课，三至五年级每周四节体育课，超过国家规定课时数的阅读＋为日课，学校自编《悦读手册》，晨读暮省。

学段配方：一、二年级的学段目标为第一学段“聆听与表达”，作为学生从幼儿园步入小学的衔接课程；三、四年级的学段目标为第二学段“分享与交流”，是小学阶段能力培养的重点；五年级的为“自主与合作”，是面向初中教育的衔接课程。我们把这些内容进行月分解，细化落实到课堂教学和一日常规中。

年级配方：十小序列课程，即“小小播音员”“汉字小专家”“我是小主播”“我是小诗人”“成语小擂主”“小小评论员”“小小书法家”“我是小辩手”“小笔头之星”“小计算能手”。我们依据小学生语言发展阶段特点，每学期设置一门课程，促进学生语言实践的螺旋式上升。

班级配方：教师、家长都是重要的课程资源。学校以特色班级的形成为目标，将班本课程的开发、实施纳入课表。全校 108 个教学班，每月就有 108 份课表，极大地满足了班级成长的个性需要。

扫码获取
“花园小学校
月序列目标分解”

个性配方：隔周一次的全员走班选修课是最受学生欢迎的一种课程形态。从学期初网络课程的发布，到加入网络选课系统申请成功，在这一过程中每名学生都感到莫名的兴奋。每周的社团精品课程是为了满足有专长学习需求的学生开设的。目前，足球、篮球、乒乓球、冰球、网球、合唱、舞蹈、手风琴、尤克里里、鼓乐、机器人战队、拍客等都极受学生的欢迎，有不少学生在国内外大赛中获得大奖。

(4) 跨界——你中有我，我中有你

“品茗之旅”课程以茶为媒介，是融合中国传统文化的跨界学习。在一年的学习中，涉及从国学、历史、艺术、地理、科学、社会到综合实践等多层面全课程的体验。我们尝试将“研学体验”纳入课程计划，让学生去茶园、赴茶场体验采茶过程，参与制茶流程，到茶叶博物馆体验品茶，静心感悟，寻根溯源，从课堂走向生活，探寻茶文化的博大精深。无边界学习，全程贯穿体验与探究，以茶养志，以茶修身，习茶艺、颂诗词、练书画、听民乐，国学礼仪如春风化雨浸润学生的心灵。课程整合，带来的是教师的变化、家长的变化，以及学校的转型发展。

4. 种子课程体系与课程实施指南

(1) 种子课程理念

尊重生命，每个儿童都是幸福完整的存在。

发展特质，每个儿童都是独一无二的天使。

学会选择，每个儿童都在选择中发现自己。

内力觉醒，每个儿童都能成为最好的自己。

扫码获取
“德育课程整合框架表”

(2) 种子课程结构

金字塔形课程结构由基础课程和配方课程两部分组成。

基础课程处于金字塔的底座，它由德育课程、阅读课程、数学课程、体育与健康、艺术课程、信息科技、STEAM 课程这七大模块组成，属于必修课，用于完成国家课程设置和课时计划。

配方课程有选修课和研修课两种。从内容上，配方课程有三类样态：为全体学生提供的个性化配方课程，阅读、数学、体育三大主科的学科拓展性课程和信科＋、艺术＋、综合＋贯通融合的学科融合性课程，位于金字塔尖 STEAM 主题系列融合课程。配方课程是一个动态式系列化主题课程群，它源源不断地为种子生命的成长提供养分。越往塔尖，课程融合程度就越高，如第 76 页图所示。

(3)《德育课程整合行动指南》

为深入贯彻《中共中央　国务院关于进一步加强和改进未成年人思想道德建设的若干意见》的精神，紧扣立德树人的根本任务，花园小学校积极探索德育实施新途径，以构建“大德育体系”作为促进花园德育综合改革的一项重要举措，通过整合人员、技术、资源、环境等多方面的育人元素，落实素质教育“育人为本、德育为先”的思想，形成“时时有德育、事事是德育、人人做德育”的育人氛围，让无处不在的德育影响学生的终身发展，为社会主义建设培养德智体美全面发展的建设者和接班人。为此，花园小学校特制定《德育课程整合行动指南》。

①指导思想

以习近平新时代中国特色社会主义思想为指引，深入贯彻落实全国教育大会精

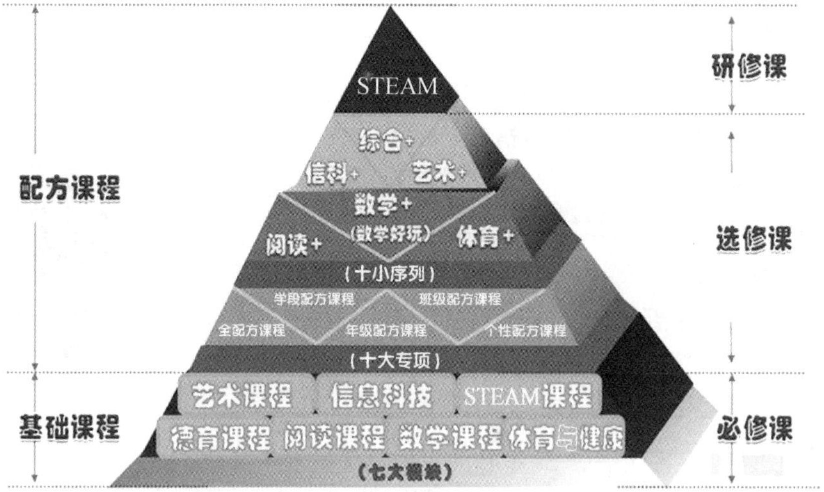

3.0版本：种子课程——特质发现阶段

神。紧扣立德树人根本任务，坚持以核心价值观教育为统领，以德育课程建设为重点，以主题教育活动为载体，开发花园德育课程。

②实施内涵

花园德育课程是以学生现实的环境和条件为背景，以学生现实的需要为出发点，以学生和教师为主体构建的课程。它既有基础型课程中学科教学内容的拓展，又使既定拓展与即时拓展相结合，并延伸开展相应的探究活动。同时，花园德育课程在科目设计中涵盖了学校德育的主要内容，在整体规划的基础上层层深入，有效提升了德育效果。具体从深化社会主义核心价值观教育活动、优化德育实践活动课程建设、强化养成教育等方面，进一步提升了德育工作的时代性、规律性、实效性，为全力打造花园“大德育体系”，实现教育现代化而奋斗。

③实施原则

与需要相结合。注重课程实施与学生需求相结合，在各项活动中，学生是主体，课程虽有既定或生成的内容，但教师仍要及时了解学生的需求、想法，并做适当调整。同时，根据各年级学生年龄特点，在课堂、活动设计过程中遵循生活性、兴趣性、探究性原则，通过自主体验、交流、讨论、头脑风暴等形式落实目标。

与生活相结合。从实际出发，注重课程实施与学生生活相结合，尊重学生个性，

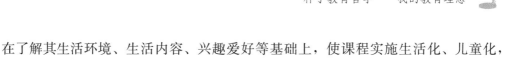

在了解其生活环境、生活内容、兴趣爱好等基础上，使课程实施生活化、儿童化，并且充满趣味性、多样性和可选择性，从而贴近学生、吸引学生，使学生在温馨的环境中活动、感悟、成长。

与学科相结合。注重课程实施与学科教学相结合，根据各学科教材内容、教法特点的共性与个性，挖掘内涵，找准结合点，使课堂教学与校内外活动有机结合，使学生在掌握知识和技能的基础上，更有自信地参加活动，并在活动中运用知识和技能动脑思考、动手体验，收获感悟。

与基地相结合。注重课程实施与教育基地相结合，校内外的教育基地林林总总，有些看似缺少充裕的时间（如晨会、红领巾广播等），有些又似乎无声无力（如橱窗、板报等），但是环境影响的力量及其持之以恒的效果是不容忽视的。因此，课程实施应充分利用各类基地，借助生动活泼的形式把学生在活动中的内心体验和收获充分展现出来，让不同个性、不同特长和不同思维方式的学生均得到充分发展，以达到课内外、校内外的融合。

④实施路径

基础课程。基础课程包括国家课程、班本课程、育德课程。通过各学科的国家课程渗透社会主义核心价值观；通过班本课程（由有专长的家长执教）和学校结合校情、生情开发的育德美心课程、养成课程提高学生的综合素养。

专题课程。借助仪式课程，通过校会、班会、队会、德育大讲堂的形式，真实地反映学生品行的现状，达到自我教育、自我修正、自我提高的目的。

拓展课程。拓展课程包括基地课程和公益课程。学生走出校园，通过亲身经历和实践体验，达到提升认识、完善自我的教育效果。

⑤课程评价

课程评价依据的原则有激励性原则、多元化原则、互动性原则。激励性原则注重对学生在学习过程中获得的点滴进步、积累的经验进行肯定，通过评价去强化学生积极的情感，激发其学习热情，因此在评价时要遵循激励性原则，让学生可以不断获得成功的体验与快乐。多元化原则，评价的内容是多元的，注重评价学生在整个活动中的态度（参与度、积极投入的程度等），也关注他们在活动后的收获与体验，从而调动学生的积极性，使他们更热情地投入活动。互动性原则，在课程中，学生不仅仅是被评价的对象，也是评价活动的积极参与者。学生围绕课程的目标，主要从设想、作品、进步等方面体现显性评价，教师的评价则可做到多角度、多侧面，如进步过程、努力程度、发展水平等，给予学生客观的总结性评价。

课程评价的形式有“花园好孩子”争章活动、展示与交流评价、成长记录册评价。“花园好孩子”争章活动是根据学校育人目标，借鉴德育办、少先队“美的少年”评选活动，与争创“花园好孩子”相结合，用具有直观形象的花园七彩小印章如环保小卫士、爱心小天使、劳动小能手等进行的即时评价。展示与交流评价是学生与教师在同一平台进行交互学习的评价方式，既锻炼自我表达能力又能帮助同伴，培养学生的综合能力。成长记录册评价能促进学生的成长。

（4）《阅读课程整合实施行动指南》

①实施依据

根据《义务教育语文课程标准》中对于各学段阅读教学的具体要求，结合我校不同年级制定的学生成长序列目标，打破语文学习课内和课外的界限，把语文学习延伸到生活中去，以教材为原点，结合课后习题，链接相关阅读材料，把课内与课外的阅读学习活动有机整合在一起，建立重文本而又超文本的课程新理念。

②实施目标

努力提高学生语文阅读能力，激发学生阅读兴趣。通过多元的课程整合设计，让学生在各项课程活动中具有丰富的积累，形成良好的语感，从而使学生语文综合能力得以迅速发展。在语文阅读整合课程中，我们不仅仅局限于学生语文阅读能力的提高，还要学生在各种课程的参与中，不断获取知识和信息，发展情感和思维，其口语表达能力、与同伴合作交流能力、逻辑思维能力、想象力和创新能力都要得到发展。

③实施原则

语文是一门实践性很强的学科。语文阅读课程整合，要有利于调动学生的参与热情，引导学生在亲身实践中提高自己的语文阅读素养、综合能力和创新精神。语文阅读课程整合的实施遵循过程性原则，即重在学生参与学习活动的过程，课程目标、环节安排、课程评价都应关注学生的参与状态，调动他们的参与热情。

④实施路径

整合之一：“五段十级”古诗文晋级大赛。

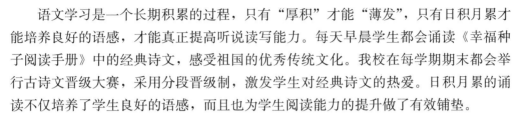

语文学习是一个长期积累的过程，只有“厚积”才能“薄发”，只有日积月累才能培养良好的语感，才能真正提高听说读写能力。每天早晨学生都会诵读《幸福种子阅读手册》中的经典诗文，感受祖国的优秀传统文化。我校在每学期期末都会举行古诗文晋级大赛，采用分段晋级制，激发学生对经典诗文的热爱。日积月累的诵读不仅培养了学生良好的语感，而且也为学生阅读能力的提升做了有效铺垫。

整合之二：借助校本课程开展课外阅读活动，由课内走向课外。

在立足课堂这一主阵地的同时，我校充分挖掘教材的文化内涵，做好课内外阅读的有效链接。每学期我校都为学生精心挑选可阅读的优秀书籍，引“水”入“塘”，使学生汲取丰富的营养，真正提高阅读效率，构建起学生课内、课外阅读的良好“生态环境”，为学生的全面发展和终身发展打下坚实的基础。

整合之三：与信息化接轨，实现电子书籍阅览。

教育信息化要求我们的课程要给学生提供更多的阅读方式，创设丰富的学习环境，让学生不仅能够阅读纸质书籍，还能随时随地利用学校的电子阅览系统搜索自己想读的各种书，开展多元阅读活动，从而拓展学生的视野，激发学生对语文学习的兴趣。

整合之四：循序渐进的十小序列课程与阅读活动完美融合。

我校根据学生年龄和学段特点，在五个学年分别开设“我是小小播音员”“我是汉字小专家”“我是小演员”“我是小诗人”“我是成语小擂主”“我是小小发明家”“我是小小解说员”“我是小小评论员”“我是小辩手”“我是小编辑”十个与阅读相关的序列课程。丰富多彩的课程内容极大地激发了学生的学习热情，开阔了学生的视野，提高了学生的口语交际能力、思维应变能力、语言表达能力，为学生搭建了全面发展的平台。

语文阅读课程的整合改变了以往过度注重书本知识的现状，加强了课程内容与学生生活以及社会发展之间的联系，关注了学生的学习兴趣和经验，为学生提供了主动参与、乐于探索、勤于动手的机会，培养了学生搜集和处理信息的能力、获取新知识的能力、分析和解决问题的能力以及交流与合作的能力。阅读课程的整合促进了我校教学水平的进一步提升，实现了素质教育的奋斗目标。

扫码获取
“阅读十小序列
课程计划表”

(5)《数学课程整合实施行动指南》

①指导思想

数学学科是促进学生综合素养和综合能力发展的一门课程。数学课程的综合化实施，最基本的特征是学科内、学科间的开放交叉和立足于学生综合素养的培养。这种特征下的数学与生活相结合，促进了学校与社会的联系以及校内、校外学习的有机统一，实现了基于学科、为了学生、超越学科的教与学，从而发展了学生的思维能力，培养了学生解决实际问题的综合能力。因此，本指南结合“种子教育经”与“花园小学校种子课程”制定。因此，花园小学校的数学课程分为三个层次：基础层——国家课程，拓展层——延展课程，开放层——跨学科实践（项目学习）。

②实施内涵

通过对数学知识结构、课堂管理结构、师生资源结构、思维方式等的优化组合，发展学生思维的广度和深度，提供多学科的方法和视野，激发学生的整体思考，发展其解决问题的综合能力和创造能力。

③实施原则

第一，以社会发展需要为指导原则。课程建设的根本目的是培养未来社会发展需要的人才，数学课程综合化必须以人的发展需要为指导原则。满足未来社会发展对人的需要，是小学数学教育的根本任务。我们把未来社会发展对人的需要和促进学生的成长作为数学课程的出发点和落脚点，以学生为主体，以教师为主导，充分发挥学生的主动性。每个学生都是重要的，每个学生都是发展中的个体，教师要真正关心每个学生，促进每个学生主动地、活泼地、可持续地发展。为每个学生未来发展所需的综合素养奠基，这是数学课程综合化要遵循的根本原则。这就要求教育要把学生看作完整的人，对学生的全面发展负责、对学生的一生负责，以数学的理性精神影响学生，为学生的后续发展积蓄力量。

第二，基于小学数学学科特点的原则。数学作为一门研究数量关系和空间形式的科学，具有高度的抽象性和严密的逻辑性等特点。整合和组成不同。整合即把各个部分组成一个完整和谐的整体，组合是将整体或部分放在一起，因此整合更具有统合安排的意味。所以，整合数学是要重组，整合优化是为培养学生的综合素养，要关注学生的学习任务，体现跨学科性、综合性、项目化学习等特点。

第三，以促进学生全面发展为目标的原则。课程为教育服务，而教育的首要功能是促进人的发展，所以整合数学必须以促进学生的全面发展，培养学生的综合素养为目标。《全日制义务教育·数学课程标准》将数学按照学科体系特征分为4个领域，即数与代数、图形与几何、统计与概率和综合与实践，并从知识技能、数学思考、问题解决和情感态度角度提出，数学课程能使学生掌握必备的基础知识和基本技能，能培养学生的抽象思维、推理能力、创新意识和实践能力，促进学生在情感态度与价值观等方面的发展。因此，在数学课程综合化实施方面，应该着重培养学生解决问题、反思质疑、合作交流等方面的素养，为学生未来的学习、工作和生活奠定基础。

④实施路径

基础层——国家课程。围绕人教版教材，我校充分开发“数学广角”的内容，进一步发展学生思维这一核心目标，让学生在“玩中学、学中做、做中思”。拓展层——延展课程。围绕数学学科课程的年段目标、年段不同板块的内容以及相同板块的内容，通过有机地重组整合，进行主题式研究；或者基于国家课程知识的再提升、再拓展，在数学游戏中充分发挥学生的创造力。开放层——跨学科实践（项目学习）。花园小学校致力于转变学科本位的课程理念，增强数学与其他学科之间的联系，开展跨学科的主题实践活动。

⑤数学整合的途径

数学课程整合有以下三种方式：一是在综合实践中整合数学；二是在主体活动中整合数学；三是在游戏中整合数学。

⑥小学数学综合化评价

花园小学校数学课程综合化实施，不是数学活动结果的学习，而是数学活动“慢”过程加结果的学习。学习结果很重要，但更重要的是学生的已有经验在外界刺激下引起的内在变化的过程，这个过程能够为后续新的学习提供新的经验或新的可能，这个过程是可持续的，是学生终身发展所需要的。因此，我校对数学课程的评价以“过程积分制+结果等级制+学科建议”的方式呈现。我校也会让老师和学生创造合理、积极的评价方式，在多元化评价中促进学生的全面成长。

扫码获取
“一至五年级数学好玩课程计划表”

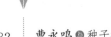

(6)《体育与健康课程综合化实施行动指南》

①指导思想

我们以《义务教育体育与健康课程标准（2011年版）》（以下简称《课程标准》）为依据，结合《国务院办公厅转发教育部等部门关于进一步加强学校体育工作若干意见的通知》（国办发〔2012〕53号）等文件的规定和要求，在我校课程整合研究的基础上，以全面培养学生的九大核心素养为目标，制定《体育与健康课程综合化实施行动指南》（以下简称《指南》），力求达到体育与健康课程的学科目标，全面体现体育与健康课程的学科价值，努力提升我校学生的体质健康水平和体育素养，促进学生身心健康、全面地发展，为有效提高我校体育工作的质量、提升体育与健康课程的教育效果提供规范性指导依据。

②实施内涵

体育与健康课程是学校课程的重要组成部分，是实施素质教育的有效途径。本课程是以身体练习为主要手段，以学习体育与健康知识、技能和方法为主要内容，以增进学生健康、培养学生终身体育意识和能力为主要目标的课程。根据课程的基础性、实践性、健身性和综合性等特征，将体育与健康课程定位为以多样性身体练习为手段，全面发展体能素质、增强体质的必修课程；以多样性体育项目为载体，激发学生运动兴趣，培养学生体育锻炼的习惯，发展学生运动技能的学习课程；传承现代体育文化，学习科学健身与保健知识的理论课程；塑造健全人格，培养良好品德和心理素质，提高社会适应性（合作与竞争、角色与责任、抗挫折能力等）的潜能课程。

③实施原则

全面体现《课程标准》的理念，按照教育部提出的要求，必须明确当前学校体育工作的三个目标（提高学生体质健康水平、提高学生的运动技能水平、培养学生的健全人格），结合我校实际，制定我校体育与健康课程各水平段的内容标准和教学要求，规范我校体育与健康课程的教学活动，提升体育与健康课程对学生身心全面发展的育人效果，促进花园种子健康快乐成长。

课程实施的规范性与灵活性。在贯彻“关注地区差异和个体差异，保证每个学生受益”的理念时，要预防在重视个性化的同时，弱化体育的基础性和规定性现象的发生。为此，本《指南》要求在完成国家体育教育基本要求的前提下，进一步强调课程的规定性和基础性，保证体育与健康课程的教学质量。

各学段分层递进的连续性。在选择教学内容时，要克服学段分割、缺乏联系的弊端，根据学生身心发展的规律，以不同学业水平呈现出的体育学习特点来设计教材内容，努力体现体育教材学科特点的连续性。

深入教学改革研究。教学改革的深化与教学实践的成果是以先进的教育理念、活跃的学术思维和大胆的创新意识为基础，通过长期的实践探索与积累而逐渐形成的。体育与健康教师要努力学习，利用各级培训、区教研活动、教研组活动，以及自学，不断提升自身的专业素养和教学能力，卓有成效地开展体育教学，努力提高教学质量，提升教学的针对性和有效性。广大教师要积极参与各类课题的申报、研究项目，以研究成果的典型性，辐射到教学实践中，提高体育与健康教学的科学性。

④实施路径

在继承与发展的基本原则下，我们对目前我校在体育与健康教学实践中采用的教学内容做了统计、归类，并根据学生身心发展规律和运动技能学习与发展规律，将基本教学内容分为必学内容、选学内容、拓展内容三类。

必学内容的选编与要求包括以下几点。

必学内容的选编：基本活动技能（田径类、体操类）；体育与健康知识。必学内容在各学段中的占比如表 2-3 所示。

表 2-3 必学内容在各学段中的占比

	水平一（一、二年级）	水平二（三、四年级）	水平三（五年级）
必学内容	50%	40%	40%

必学内容的要求：根据必学内容在各学段中占比的要求，制订各学段体育与健康课程教学计划，保证必学内容的学时，落实必学内容的教学。遵循学生生长发育规律和运动技能形成规律，科学设计、实施必学内容的教学。针对学生体能与身体素质，切实保障每课练习密度不低于 30%，合理安排练习。

选学内容的选编与要求包括以下几点。

选学内容的选编：球类（足球、篮球、排球、乒乓球、羽毛球）；韵律活动与舞蹈；民间传统体育；武术。选学内容在各学段中的占比如表 2-4 所示。

表 2-4　选学内容在各学段中的占比

	水平一（一、二年级）	水平二（三、四年级）	水平三（五年级）
选学内容	30%	40%	40%

选学内容的要求：根据选学内容在各学段中占比的要求，选择各年级选学内容的教学项目，在规定的课时比例范围内，制订体育与健康课程学年、学期教学计划。选学教材是面向全体学生发展运动技能的学习内容。因此，各项目运动技能的学习应定位在基础层面，运用各项目的特殊技能，发展学生各类动作技能，并且帮助学生掌握两项以上运动技能。

拓展内容的选编与要求包括以下几点。

拓展内容的选编：冰雪体育运动、软式棒球、花样跳绳、体育舞蹈、定向运动、新兴项目等。拓展内容在各学段中的占比如表 2-5 所示。

表 2-5　拓展内容在各学段中的占比

	水平一（一、二年级）	水平二（三、四年级）	水平三（五年级）
拓展内容	20%	20%	20%

拓展内容的要求：根据拓展内容在各学段中占比的要求，原则上以 20%课时为限，自主选择教学内容（课时比例可以有 5%的浮动）。据此，我们将拓展内容与必学内容、选学内容结合在一起，共同编制和修订教学计划。对于自选内容的教学，我们仍坚持“健康第一”的指导思想，坚持体能与素质发展优先。其中，自选内容根据不同学段、不同学期的需要，也可以是必学内容、选学内容的补充或延伸。

⑤课程评价

学生的学习效果依据《学生体质健康标准》来进行评价，帮助学生达成《课程标准》中“身体健康”目标的要求。

体育与健康课程技能学习效果的评价。能完成体育与健康课程运动技能的学习任务，达到《课程标准》中“运动技能”目标的要求。

体育与健康课程学习态度与行为评价。积极主动参与体育学习与锻炼，达到《课程标准》中“运动参与”“心理健康与社会适应”目标的要求。

教师评价。教师教学基本功的评价，参照我区“体育与健康学科教师基本功大赛”和“体育教学百花奖”评选等依据的指标来进行，如教科研能力，主持或参加课题研究；撰写、发表教研论文；积极参加各级教研活动等。教师执教能力的评价，参照《南岗区教师进修学校教学评估检查标准》和《花园小学校教学常规检查评比标准》的要求来进行。

课程建设评价。课程建设评价包括校本课程建设形成特色；教研室认真开展教研活动，管理规范；教学文件规范，制度齐全，落实到位；全员参与学校体育工作。

(7)《信息科技课程综合化实施行动指南》

①指导思想

随着社会的发展进步，要贯彻实施以培养创新精神和实践能力为重点的素质教育，关键是要不断更新教育理念，在实践上改变教师的教学方式和学生的学习方式。教师“传道、授业、解惑”的角色与学校现有的适应以纸张为载体的印刷时代的教学方式正在被改变，学生与教师一同面对着信息载体的多样化，并且平等地享有使用网络资源的权利。

信息技术与学科整合以信息技术的教学内容为载体，把其他学科的教学方法和手段、知识和能力渗透到信息技术学科中来。这样，一方面可以丰富和扩展信息技术学科的教学方法和手段，使学生的能力得到提升；另一方面，可以培养学生多思路解决问题的综合能力。多媒体技术作为高科技的产物，其优势是传统教学手段无法相比的。以媒体化、网络化、智能化为主要特征的信息技术，正在对传统的课程理念、课程内容和课程实施以及课程资源，产生深远的影响。现代教育技术与学科课程的整合成为学校现代教育技术应用的必然趋势。我们不应盲目追求课堂的现代化，而应从教学内容出发，从学生需求出发，在“用不用”“怎样用”上多思考，真正发挥出多媒体技术独有的、其他手段不可替代的作用，从而实现优化教学的最终目的。

②实施内涵

信息技术与科学课教学整合有利于提高课堂教学质量。科学教材中的许多内容尤其是一些原理、规律性的东西，是学生无法直接看见的，凭借传统教学模式、教师口述或图片展示，没有一个动态变化的过程，这样的教学模式不仅枯燥乏味，教师还很难讲清楚。信息技术融合了文字、图形、图像、声音、视频等多种信息资源，通过这些资源进行直观教学，会给学生带来多重感官刺激。如果将信息技术引入课堂教学中，运用课件或在互联网上搜集到的可用信息，可以将漫长的气候变化随时呈现在学生的面前，可以将罕见的日食现象即时地再现，也可以将人的眼睛难以观察到的岩石的形成过程，通过视频或动画的形式展现出来，使难以理解的知识点具体化、形象化，帮助学生认识和掌握其规律。

信息技术与科学课教学整合使教学内容不受时间和空间的限制。现行的小学科学教材中有些知识受时间和空间条件的限制，离学生的实际生活太远，许多现象是学生短时间内无法亲身感受或实践的，对学生的学习兴趣也会产生消极影响。但是信息技术可以弥补这方面的不足，信息资源不受时间和空间的限制，为学生的学习提供全方位的信息，即使学生无法亲身感受，也可以通过信息技术来了解。

信息技术与科学课教学整合，有利于因材施教，促进学生的个性化发展。21 世纪的社会是信息社会，信息社会的特点是个性化、多样化、关心人、尊重人，“一切为了人”是信息社会的主旋律。在课堂教学中，一切教学活动也应该围绕学生展开。网络教学，可以让学生的自主学习能力得到发挥，信息收集能力和信息处理能力得到提高，使学生真正成为课堂的主人。同时，学生还可以通过网络对自己感兴趣的内容加以拓展和延伸。

信息技术与科学课教学整合，有利于提高教师的专业知识水平和教学水平。当今世界，科学的发展日新月异。作为小学科学教师，我们要有广阔的知识面，掌握生物科学、天文科学、地理科学、生命科学、物理科学等多种学科的知识；对各科知识的学习达到一定的深度，以帮助学生发现和解决学习中出现的各种问题；还要能够及时了解各科知识的最新资讯，让学生了解当今科技的最新发展及其趋势，激发学生的学习兴趣，提高学生的学习积极性。这就要求教师树立终身学习的理念，并通过各种途径，不断充实知识内容，丰富知识结构，把握科学发展的最新脉搏，以不断满足教育教学的需要。

③实施原则

信息技术与科学课程整合要面向全体学生，致力于实现义务教育阶段的培养目标，体现基础性、普及性和发展性特征。义务教育阶段的科学课程面向全体学生，适应学生个性发展的需要，使每位学生都能获得良好的发展。

在信息技术与科学课程整合过程中，学生是主动的学习者。近几十年来，学习科学研究揭示了学生发展和学习过程的许多规律。研究表明，学生生而具有强烈的好奇心和强大的学习能力，教育需要为他们的发展提供条件。学习科学研究还表明，只有在学生主动学习的情况下，学习过程才能有效地发生，包括概念的扩展和建构以及错误概念的抑制和转变。学生在主动学习的过程中，逐渐学会调节自身的学习，能够独立和合作学习，能够克服学习过程中的困难，并逐渐意识到自身的思维过程和学习的策略与方法，成为一个具有终身学习能力的学习者。在教学过程中，要让学生成为教学活动的中心，要充分估计学生的学习能力，保护他们的好奇心，激发他们的探究热情，尊重他们的经验差异和学习特点，为他们设置合适的学习途径和评测方法，引导他们主动探究。

在小学科学课程中，教师是学习过程的组织者和引导者。以学生为中心组织教学活动，并不意味着学生自发、自主地进行探究，更不是降低了教师在学习活动中的作用，而是对教师提出了更高的要求。学习科学研究不仅揭示了学生的发展潜能，而且还证明了学生的学习环境，包括家庭、学校、教师、同伴和社区文化会对学生的发展起到重要的作用。当学生进入学校以后，教师成为他们学习环境的重要提供者。在探究式学习活动中，需要充分发挥教师的引导、组织和支持作用，让学生主动而有目的地进行探究式学习。教师需要通过自己的示范和与学生的互动，以及组织学生和学生之间的讨论和辩论，将学习引向深入。

小学科学课程采用有利于促进学生发展和学生科学素质形成的评测体系。对学生学习的评测，为课程目标的实现起到了重要的导向作用。首先，评测应有利于学生的健康发展和课程各项目标的实现；其次，评测既要关注学习结果，又要关注学习过程。评测内容应该是全面的，包括科学素质的各个方面。评测包括对学习的形成性评测和总结性评测。在评测过程中应以形成性评测为主，并考虑采用多种方式和多个主体的评测方法。

④实施路径

课程的设计和标准的制定应遵循国家的教育方针和课程改革的有关政策，力求体现科学性、先进性、继承性和实用性。本标准分为四个部分，包括前言、课程目标、内容标准和实施建议，分别阐述了小学科学课程的作用、性质、理念、目标、学习内容、实施建议等，体现了整个课程的设计思路。

当今时代，科学技术与社会的关系发生了根本性的变化，国家对公民必须具备的科学素质提出了明确的要求。近几十年来，学习科学研究不仅揭示了小学生学习科学的强大潜力，而且还强调了从小培养学生科学素质的重要性和必要性。这些都是小学科学课程设置的依据。

小学科学课程承担着培养小学生科学素质的责任，并应为他们继续学习和终身发展奠定良好的基础，这一点也决定了小学科学课程的性质。小学科学课程是一门以培养学生科学素质为宗旨的义务教育阶段的核心课程，是具有实践性、活动性和综合性的课程，并与小学阶段的其他课程有着密切的联系。

小学科学课程的基本理念体现了义务教育阶段实现教育普遍性和公平性的要求，体现了促进学生科学素质全面发展的要求。同时，我国将近几十年来有关学习科学研究的成果，包括探究式教育方法，以学生为中心、学生主动参与的学习过程，围绕主要科学概念组织教学，运用促进学生发展的评价方式等新的教育理论，体现在课程的基本理念中。在课程的基本理念中，还强调了探究式科学教育并不意味着教师作用的降低，反而对教师提出了更高的要求。教学过程需要在教师的组织和引导下进行，教师的引导和支持对探究式科学教育是至关重要的。课程实施以自主合作探究的主动学习的方式为主，以发展学生科学素养为评价标准。

⑤课程评价

科学信息技术课程评价包括基础课程评价、校本课程评价和提高课程评价。

扫码获取“科学信息技术课程评价表”

⑥课程框架

扫码获取“科学信息技术课程框架表”

（8）《艺术课程综合化实施行动指南》

①指导思想

扫码获取
“艺术课程框架表”

艺术课程以审美教育为核心，是师生共同感受、体验、表现、创造、评价艺术美的载体。它是面向全体学生，关注学生的艺术需求，倡导以学生发展为中心，尊重学生的个性发展，努力培养和开发学生的艺术实践能力和创造性思维能力，关注学生艺术素养的提高，为学生提供艺术创造和才能发展的空间及条件，为学生终身喜爱艺术奠定基础，以达到培养和提高学生的审美能力、完善其人格之目的一门学科。

音乐是人类最古老、最具普遍性和感染力的艺术形式之一，是人类通过特定的思想和情感表现与交流的必不可少的重要形式，是人类精神生活的有机组成部分。作为人类文化的重要形态和载体，音乐蕴含着丰富的文化和历史内涵，以其独特的艺术魅力伴随人类历史的发展，满足人们的精神文化需求。对美术艺术的感悟、表现和创造，是人类的一种基本素质和能力。

②学习目标

通过艺术教育，让学生学习艺术知识、技能与方法；让其具有发现、感知、欣赏、评价美的意识和基本能力；培养他们健康的审美价值取向；提高综合（尤其是艺术方面）素养和能力，使学生能够积累艺术文化深厚的底蕴，懂得珍惜美好事物，激发他们对艺术的热爱之情。

让每个学生都学有所长，通过艺术教育，培养学生的一技之长，为他们今后的自我发展提供空间。通过艺术教育，塑造学生健全完美的人格，培养他们良好的心理品质，使其具有艺术表达和创意表现的兴趣和意识；具有生成和创造美的能力；能在生活中拓展和升华美，提升生活品质等，从而丰富学生的人生，使他们健康快乐地生活。

③课程原则

从学生实际需求出发的原则。在关注学生需求、尊重学生需求的基础上开发校本课程的最终目的是提高学生的综合素质。我们在研究的过程中，一切都以学生自身的发展需要来制定研究目标，开发内容和课程的实施措施，以求达成最终的培养目标。

全员参与原则。教师、学生、家长与社会人士共同开发课程。

综合性原则。遵循新课程提出的课程综合性要求，力求使课程能够体现学科特点、综合实践活动与学生日常生活有机结合的特点。

实践性原则。要求学生通过参加各种艺术活动和动手实践活动，充分利用现有的艺术教育资源，抓住时机，整合资源，集中开展艺术教育活动，提高学生的艺术素质。

④基本理念

以艺术审美为核心，以兴趣爱好为动力，面向全体学生，注重个性发展，重视艺术实践，鼓励艺术创造，提倡学科综合，弘扬民族艺术，理解多元文化，完善评价机制。

⑤实施路径

注重教材，探索基于年段重点培养目标。艺术课程注重教材建构及年级差别，根据学生的审美特点进行引导，因材施教，循序渐进，注重点、面结合，以点带面，促进学生的共同进步。在实施过程中，我们不断创设新的教学情境，营造适合学生成长的课堂氛围，激发他们发自内心的感慨，激活其思想，充分调动他们对美的向往与追求。在每堂课前，我们都根据新课改的要求设计好教学环节，正确判定教学重点、难点，重点突出教材中的美感因素，教法灵活，层次清晰、得当，并且根据各年级学生的特点来把握课堂，让课堂真正成为学生自由成长的天地。

自主研发，探索多元整合的校本化课程。艺术课程涵盖方方面面，生活中也能处处体现。因此，我们在尊重教材的基础上，还可以采用选择、改编、补充、拓展、新编、整合等不同的行为方式研发艺术课程。选择，就是采用拿来的方式引进；改编，就是对原有的或拿来的课程做一些调整，使它更加符合本校、本班学生的特点；补充，就是在保证艺术课程基本目标不变的情况下，增加一些相关内容或资源，从而更好地实现原定目标；拓展，就是对原有或拿来的艺术课程目标和内容体系进行提升；新编，就是对艺术课程或活动进行完全开发；整合，就是在不同的课程、科目、活动之间形成关联，增强学校艺术课程的整体逻辑性。每学期教师充分运用以上六种行为方式对艺术课程进行创造，开发出以下 15 门课程，用来提高学生的艺术能力：艺术创想、巧手百变纸黏土、纸向何方（折纸）、水粉艺术、线描装饰画、葫芦丝、超级卡通、手风琴乐团、行进管乐（长笛）、行进管乐（黑管）、行进管乐（萨克斯）、行进管乐（打击乐）、行进管乐（铜管）、舞蹈、啦啦操。

拓宽途径，探索灵活开放的班本课程。利用当地社区与学生家长等资源开发的多样性的、可供学生选择的课程，拓宽了学生的艺术视野。比如，书法与绘画艺术、自画像、儿童画、简笔画、国画、剪纸、折纸、刻纸、中外著名园林赏析、奇妙的建筑之旅、服装的发展史、身边的美术、摄影艺术、艺术沙画（动物与静物篇）、奥尔夫音乐活动课、非洲鼓、葫芦丝、口风琴、陶笛、童声嘹唱、手语舞蹈、辩论赛、少儿音乐鉴赏、红歌比赛、艺术监测等课程。

跨界融合，探索基于学科间的综合课程。注重艺术课程与生活经验的紧密联系，使学生在积极的情感体验中提高想象力、创造力和审美能力，增强审美意识以及学生对大自然和人类社会的热爱及责任感，发展学生创造美好生活的意愿与能力。注意艺术与其他学科的渗透，如结合语文教学，让学生为课文插图，为日记作文配图；结合自然、社会、劳动等课程进行描绘、手工制作。学校面向全体学生组织艺术社团，每个学生至少参加一项艺术活动。学校每年应当根据自身条件，因地制宜，举办经常性、综合性、多样性的艺术活动，与艺术课程教学相结合，扩展和丰富学校艺术教育的内容和形式。学校组织学生参加艺术实践活动，采取请进来、走出去的办法，让学生在实践中体验、感悟、提升艺术素质。加强校园文化艺术环境建设，校园演出、展览、展示以及校园的整体设计应当有利于营造健康、高雅的学校文化艺术氛围，有利于对学生进行审美教育。

(9)《STEAM 课程实施行动指南》

①指导思想

以教育部发布的《关于“十三五”期间全面深入推进教育信息化工作的指导意见》为依据，鼓励探索 STEAM 教育、创客教育等新教育模式，使学生具有较强的信息意识与创新意识，以培养学生科学素养、技术素养、工程素养、艺术素养、数学素养为目标追求，以操作、体验、设计、探究、实践为主要学习方式，基于真实问题情境展开探究性学习，促进学生综合素养的形成与发展。

扫码获取“STEAM 课程框架表”

②实施内涵

创新教育是教育发展的主体和终极目标。STEAM 课程是实施创新教育的路径之一，是以培养学生核心素养为出发点和落脚点，是探索“未来学校”课程建设的研究，是培养学生的创新能力、综合设计能力和动手实践能力的重要课程。围绕 21 世纪技能设计培养目标，建构课程模块及主题，以项目式研究学习形态确定课程主题，设计并统整 STEAM 课程。

③实施原则

实践性原则。将真实情境和技术引入课程当中，旨在培养学生的动手实践能力，培养学生在学习情境中的发展设计能力、问题解决能力及团队合作能力。

过程性原则。以项目为引领的 STEAM 课程，不是学科知识的简单融合，而是把学到的各学科知识转变成探究科学原理并运用科学原理进行设计制作的过程。在学习的过程中，学生经历发现问题、分析问题和解决问题的过程，因此，过程性原则是一个很重要的原则。

综合性原则。STEAM 课程属于跨学科教育，是基于不同学科的融合，注重各方面内容的整合，因此 STEAM 课程要和项目式学习结合，不只触及 STEAM 专题内容，还要覆盖 STEAM 核心主题以外的领域。综合性原则是其外显原则。

创新性原则。STEAM 课程强调学生在项目和问题引领下，运用多学科知识创新地解决真实问题，创新性原则是其不可或缺的原则。

④实施路径

丰富课程形态，重构学习路径。在课程实施过程中，要根据学生的学习需求，改变传统的学习方式，借助现代信息技术与先进理念，构建与生活关联的课程形态，整合课程资源，开发来自真实世界的主题，以探究式学习提升创新能力。

创新学习方法，提升综合素养。我们要培养学生用创新思维创造性解决问题的能力。因此，我们研发课程主题，进行深度项目的学习，注重技术与教学的深度融合，让技术成为解决问题的工具，支持学生的学习，创新学生的学习方法，提升学生的综合素养。

⑤课程评价

变革评价尺度，适应创新需求。项目式学习是将技术融入课程的有效途径。因此，课程评价也要融入技术，借助数据建立评价资源库进行有效分析。在评价过程中要注意过程性评价与发展性评价缺一不可，评价原则方面要注意表现性评价、展示性评价、过程性评价与发展性评价相结合。

（三）学校人力资源与培养优化系统

教师，是学校第一人力资源。教师的职业幸福感是学校人力资源培养优化的重点。教师的职业幸福感包括职业归属感、职业认同感、职业价值感和职业成就感。将教师职业幸福感的提升作为队伍建设目标，以队伍建设的新契机、新发展、新高度来推动学校整体优质、高位、均衡的发展。以党建引领补足精神之“钙”，以价值引领唤醒职业认同感，以专业引领激发职业成就感。帮助教师调整心态，正确认识自我、调整自我，让教师懂得在教育生涯中与同伴、与学生、与家长和谐相处，共同发展，建立职业归属感，唤醒职业认同感，寻找职业价值感，激发职业成就感。

1. 坚定信念，精准发力，以党建引领学校发展

花园小学校党总支在各级党委的领导下，在习近平总书记“十八大”系列讲话精神的指导下，以抓实两支队伍建设为核心，以夯实战斗堡垒作用为突破口，以实现多校区办学高位、优质、均衡发展为目标，以共产党人的坚定信念，以踏石留印、抓铁有痕的工作态度精准发力，扎扎实实开展各项工作，不断深化办学综合改革，取得了较好的工作效果。

（1）完善顶层设计，在文化再造上精准发力

花园小学校在我接任校长时，还只有一处校址，到今天已发展为三个校区。一边是位于南岗中心地带在惯性中前行、受到社会普遍关注的老学校，一边是位于哈西地区学生慕名而来却“百事待兴”的合并学校。梳理问题是聚焦发力的前提。一是百年老校的文化传承与创新发展的矛盾，二是新学校迅猛发展与“百事待兴”的矛盾。面对五千余名学生的超大办学规模和上万名家长的庞大社会群体，如何带领班子队伍在破解各种办学难题中寻求发展，是我们研究的课题，更是我们的使命。责任就是对使命的忠诚，在各种错综复杂的矛盾中寻找突破，我们一边小心破解这一难题，一边精心谋划未来发展。2013 年入选哈尔滨市首批特色学校、2014 年制订学校三年发展规划、2015 年花园九十年校庆活动、2016 年南岗区教育现代化办学水平评估等都是我们不断完善学校发展，实现学校文化再造的成果。此外，还有“生

态花园　幸福种子”的文化主题，以及以校园水文化、课程配餐文化、教师农人文化、课堂对话文化、家校牵手文化、班子动车组文化、管理效能文化七大板块为支撑的学校文化生态系统。精准了发力点、选取了发力器、确保了发力效果，让每一个孩子都成为一颗“幸福种子”，努力成为最好的自己，从而促使学校文化再造工程不断改版升级。文化再造工程激发了班子、教师、家长、学生主动参与学校办学的热情，法制校园、亲情家园、成长乐园，一个生态花园日渐隆盛。

（2）抓实两支队伍，在实践创新上精准发力

教育现代化的本质是人的现代化，人的现代化核心是人的思想现代化。党建工作中我们深切地认识到人是关键要素。为了解决人的问题，我们充分利用活动载体活化党建内容，延展党建内涵。班子队伍在“三严三实”中严守党纪，党员队伍在“两学一做”中净化思想，力求学得实用、学得有用，踏先锋基地，夯实服务意识。班子队伍、党员队伍，这两支队伍形成了同频共振的磁场文化。

班子队伍——转变作风、从严要求，打造动车组文化。

习近平总书记在讲话中强调，各级党组织要把严守纪律、严明规矩放到重要位置来抓。花园小学校中层及以上领导共 18 人（含支委 5 人）。在“整治四弱”的主题活动中，班子成员在批评与自我批评中达成共识，把“懂规矩做到心有所敬，守规矩做到行有所止，立规矩做到事有所成”作为每一个班子成员的工作守则。集团化办学带来的管理课题，催生了我校一体化、扁平化管理，跨校区交叉管理，集团校十字花型管理等新思维。每周的班子学习例会雷打不动，花园动车组班子在微信交流群中的交流从未间断，并在集团校及时发布、分享管理智慧。三年来，立足节点发力，高效能管理的动车组文化成为花园小学校党建工作的风向标。

党员队伍——闯关夺隘、攻城拔寨，锤炼雁阵文化。

为充分发挥党员教师领头雁的作用，在“强组织堡垒，树先锋形象”的实践活动中，党员结成互助组集体攻坚，深度破解教育实践中的疑难杂症。在教育信息化“课堂教学与技术的深度融合”实践中，领导与 12 名党员教师快速形成研究团队，利用下班时间拿着说明书自己学习、研究技术的使用，甚至在节假日期间自发放弃休息时间到学校学习，从入门接触到学会使用仅仅用了十几天的时间。就连驻校技术负责人都禁不住地赞叹：“其他学校的老师花很久研究的内容，花园老师们竟然用十几天就完成了。”我们都知道，这背后是党员教师攻坚克难、率先垂范的决心，是

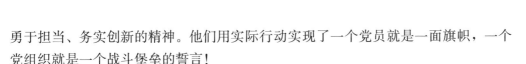

勇于担当、务实创新的精神。他们用实际行动实现了一个党员就是一面旗帜，一个党组织就是一个战斗堡垒的誓言！

（3）活化形式载体，在凝心聚力上精准发力

党组织建设是学校队伍建设的重心，是学校整体发展的推动器。花园小学校在党建载体的设计上，把价值引领作为主题活动的目标，我们通过“支部书记讲党课”“三会一课”引导党员干部和群众在实践创新中创造价值、在勇于担当中彰显价值。我们把“三严三实”和“两学一做”学习教育结合起来，坚持重实绩、重作风、重专业、重导向。目前，我们开展了“三级谈话谈心”“爱心锁链”“阳光教师师德演讲”“师德大讨论”“花园教育集团战略会议”“为身患重病的教师进行爱心捐助”“手写党章 100 天”等多项活动。高蕾老师是一名普通的党员班主任，她合理利用学生在校时间，不留家庭作业，促进全班学生综合素养的提高，形成了一套科学的育人办法，深受同行尊重和家长的好评。哈尔滨市教育局发文向高蕾老师学习，高蕾就是“做党和人民满意的好老师”活动中涌现的一个典型。把党组织建设融入日常工作中，发挥党员的主力军作用；节假日期间全校 100 位班主任全部坚守岗位；教代会提案也悄然发生变化，物质、娱乐需求少了，更多地转向了精神需求和发展需求，教师队伍凝聚力与日俱增。“创办一所学生幸福、教师阳光、家长称赞、社会满意，有口皆碑、有国际视野的现代化学校”，为了这一目标，我们花园人努力着、奋斗着！

2. 激活研究主体，唤醒文化自觉

教师的发展需要文化的支持与滋养。我们注重教师成长的文化生态建设，尽可能多给教师一些人文关怀，多让教师浸润一些文化涵养。我校提倡做“高兴、高贵、高雅”的“三高型”教师，其目的就是让教师诗意而幸福地工作，在“种子教育”文化中发展、成长，在崇高的共同愿景中坚定人生信念和追求。

（1）文化感召，瞄准研修主体的信念系统，打造阳光教师团队

人本是散落的珠子，文化就是那根柔软而又强韧的细丝，将珠子串起来就成为有文化的组织。教师文化亦如此，我们用组织文化串起花园人共同的教育理想与愿景，感召每一个人，唤醒正向思维，形成正能量场，从而打造一支信念强大的阳光教师团队。

用文化感召，首先要找到文化切入的载体。

用教育格言启发教师自我教育。“听别人的，想自己的。”这是老校长留给我们

的启示。要想让“种子教育”在教师心中生根发芽，就得有专属于花园的教育理论和教育思想。2015 年年初，我校“教师发展中心”利用网络互动平台，面向全校教师、家长征集、研讨花园教师、家长的“种子教育经”。该活动掀起了教师和家长对教育规律的探索、热议。历经两个多月的热烈讨论，我校从 1500 多条建议贴中选取了 20 条建议，形成了花园小学校“种子教育经”——教师不可不知的十段话和家长不可不知的十段话。

①班子团队——动车组文化

要让火车高速运转，不仅要靠车头带，还要靠每节车厢的结点发力。花园小学校领导班子共 20 人，分布在三个校区。如何保证分散管理质量和标准的一致？如何解决班子成员年轻化、管理经验不足带来的管理困惑？只有充分发挥学校基层党支部的战斗堡垒作用，才能为深化教育教学改革、提高办学质量提供更坚强有力的保证。我作为党建工作第一责任人——校长兼书记，率领班子履行“一岗双责”，努力打造学习型、服务型、创新型支部，并着重完善党建工作的配套机制和长效机制；建立并完善民主评议制度、中层干部选拔任用考评制度、组织生活会制度、职称评聘制度、“双培养”机制等；大力推进扁平化管理，及时互通信息，对接无缝隙，沟通无障碍。每周一班子例会风雨不误，班子成员时常进行作风整顿，研究工作标准，分享管理案例、读书心得，查摆工作落实，统筹下一周的工作进度。在花园动车组班子的微信群中，大家更是无时无刻不在交流着外出培训的学习收获，以及校际间的每日动向、管理困惑。基于管理需要，我们研发了花园小学校《效能管理手册》，共享领导力，使班子成员形成了较高的执行力。一个锐意进取、朝气勃发、高效能管理的领导团队风格日益凸显。动车组文化成为花园小学校教师文化的风向标。

②青年训练营——凤雏文化

“雏凤清于老凤声”，花园小学校青年训练营是专门为“五级空间站”青优级教师的发展提供的培训与提升的研修平台。如何把青年教师的工作热情转化为自我发展的强劲动力？如何促进青年教师由青涩到成熟的迅速转变？我校采取了导师引路——以赛代培的培训策略，青年教师的实践要站在导师的肩膀上，把超越导师作为发展目标。

合理定位目标。研究表明，青年教师成熟有 5～10 年的周期。在“五级空间站”

的确定过程中，学校对青年教师成长期再次进行了科学合理的目标精准定位，即一年合格，二年上路，三年起步，四年登高，五年迈步，六、七年不退步（倦怠期），八、九、十年阔步（上升期）。

科学规划达标。为打牢青年教师教育教学能力的根基，学校力求帮助每一位青年教师过以下三关。一是基本功达标关，含朗读技能、书写技能、信息技术。二是教材考核关，能熟练解答小学教材相关学科的题目。三是解析课标教材关，能够熟练地掌握课标，与教材深度对话，明确编者意图，以指导所教学科教学实践。

创生关键事件。我们发现，名师的成长过程中，都会有“拐点”也就是关键事件，对某一个关键事件的体验在教师专业成长中起催化剂作用。组织策划，精心创生关键事件来源于学校顶层设计。青蓝结对活动、潜力杯课堂教学研讨、教材解析挑战赛、三分钟学习力展示、专业书籍阅读交流、今天我来当讲师、辩论赛、青训赛，等等，一个个关键事件记录了青年教师成长的足迹，更是青年教师在迷茫时的专业“拐点”。经历“拐点”，透过迷茫，让青年教师找到继续前进的动力与方向，在自我反思、自我超越中体验成长和成功的愉悦。

③名师工作室——雁阵文化

科学家的风动实验证明，当雁阵成群往前飞的时候，它是单只大雁飞行速度的1.71倍。花园小学校的曹永鸣语文名师工作室、王岩数学名师工作室、高蕾名优班主任工作室，就是一个个雁阵，充分发挥了学科专业领头雁的作用，同频共振，集体攻坚，深度研究教学实践中的困惑和难题。工作室成员最喜欢的研修形式就是“课例切片分析”，一个个教学片段、一个个优秀课例、一个个热点问题，在工作室被放大讨论，老师们进行头脑风暴式的研究。课中学情分析与反馈、微课的录制与使用、数学思想的有效应用、对话式板块教学的策略研究、班主任沟通能力，等等，一系列教学热点问题，因研究的深度和广度而逐渐清晰，并形成了实效的策略、方法。在雁阵文化的影响下，花园又涌现出一批教育新星。2015年，王莹老师被评选为“南岗区十大名师”；杜良胤、逄亚楠代表黑龙江省参加全国数学赛课、全国高师赛课都取得了一等奖；班主任高蕾“高效施教，有效育人”的减负工作被各大媒体报道，被哈尔滨市教育局通报表扬，并号召全市教师向高蕾老师学习。一批在各级赛课中脱颖而出的青年教师，如张凌宇、李晶、王静、侯建斌、于蕴、柴妍、梁辰、王赫、徐金双等在南岗区百花奖、哈尔滨市烛光杯大赛中摘取若干个组别第一名，花园教师群体爆发式的成长态势引起各级教研员的关注，我校被南岗区教师进修学校授牌“凤雏基地”。

④骨干项目日——集团军文化

骨干教师是学校的中流砥柱，决定着学校发展的高度。然而，在现实中有的骨干教师因经验丰富，满足现状，而自我发展动力不足。怎样调动起这部分教师的积极性？我们以“为深度学习而研修”为主题，以“放权力”“压担子”“给保障”为策略，用项目制激活骨干教师的研究激情。

所谓“放权力”，就是把时间权、人员权、研修自主权交给了骨干教师。骨干教师可以自由组合研修团队，由项目组组长和成员双向聘任，专门设立每月一次的项目日，给足项目组研修时间、经费，自定项目主题。由此，我校一共成立了 9 大类 15 个项目组，涉及骨干教师和青年教师 106 人。其中，“课程整合项目”“数学好玩项目”“智慧课堂项目”“龙学卡项目”的研究成为花园小学校课程整合、信息技术与课堂教学融合的代表，引领着花园小学校课程改革的方向。

所谓“压担子”，就是在一年的研修时间里，项目组要进行深入的项目研修，无实效的项目在下一年度将被取消。为了确保项目研修的实效性，每个项目日的活动要有计划、有针对性、有效果。

所谓“给保障”，就是为了让项目组的研修保证实效性，学校给出了“项目提出—论证项目主题—项目申报—课堂实践—项目反思—项目修正—课堂再实践—项目总结—项目展示”的研修路径。这样的路径保证了所有项目组研修的规范性、实践性、有效性。例如，整合项目组在学期研究的基础上，面向全校进行了整合课程的发布，如今有 25 个整合课程进入实施阶段，深受学生的喜爱。其中，在哈尔滨市首届校本研修示范校基地总结会上，花园教育集团校本研修团队代表进行了主题为“提高学情分析能力，提升教师专业素养”的主题论坛展示汇报，获得了专家的好评。

在研中培养伙伴情谊，在修中传承发扬花园文化。班子团队的动车组文化、青年训练营的凤雏文化、名师工作室的雁阵文化、骨干项目日的集团军文化使全校形成了互帮互研、同修共得的磁场文化。在这个磁场文化中，每一个人、每一个团队如磁石般相互吸引、相互吸纳、相互包容、相互理解、相互学习，使教师摒弃了倦怠，充满了力量，提升了能力，拓展了精神，这一切都在不知不觉间发生。

（2）文化表现，激活研修主体的专业发展动力，做幸福农人

花园小学校九十年校庆时提出“种子教育”的核心理念——努力成为最好的自己。这既是对学生成长的期望，又是对教师发展的期望。这符合马斯洛需要层次理论中满足人的内心发展需要和自我实现需要。基于此，我校开展了以“做党和人民满意的好老师”为主题的阳光系列评选活动。通过采取自评、他评、推荐、团队智慧币累计等方式、方法，评选出花园小学校阳光团队 15 个、阳光教师 40 人、阳光导师 26 人、最具潜力教师 42 人、最具影响力教师 20 人、最佳项目组 25 组、最美家长 100 人等一系列奖项。在学校期末工作总结大会上，老师们以“成为改变的力量”为主题，讲述着学校的变化、团队的变化、个人的变化……蓦然回首，花园之所以如此璀璨，就是因为这些大变化、小变化、微变化的交相辉映，它让花园小学校坚实、创新地走在课改的最前沿。在回首五年的课改历程时，老师们更是感慨万分，不断反思并根据需求寻求再发展，这增强了教师自我发展和团队需求的磁场效应。教育是生命影响生命的过程，学校的文化生态只有立足于关注每一个活生生的生命个体，教育才会熠熠生辉。

近年来，我校在教师发展、校本研修方面取得了骄人的成绩：“小学对话式板块教学策略的研究”获得省首届优秀教学成果二等奖，并在南岗区做现场交流；我校形成了“对话课堂”五个学科的教学模式和七大对话策略，并以署名文章形式在《教育家》杂志 2016 年第 1～2 期中发表；学校研制的微课也初获成功，全校共录制微课 300 余节，其中精品微课 92 节，教学模式初步形成，在全校范围内运行，并代表南岗区迎接市教育研究院的项目专项检查；市校本研修项目——“现代化背景下学校对话课堂策略的研究”，其研究成果发表在《黑龙江教育》杂志 2016 年第 4 期；联合《中国教师报》成功举办了“全国小学特色课程研讨会”；形成了花园小学校“种子教育经”，教师团队做了“种子教育大家谈”的主题论坛；花园小学校被评为“哈尔滨市首届校本研修示范基地校”……

我们认为，对于渴求发展的学校来说，美好的育人情怀、坚定的教育信念、智慧的从教策略，犹如学校腾飞的翅膀，能够助推学校的发展。激发教师主动发展的愿望，形成学校自我修正、自我更新、自我建设的教师文化更是学校长远发展的不竭动力。花园小学校的校本研修工作在各级领导的领导下，将坚定不移地走一条意义深远的文化立师之路。

3. 教师专业成长的“五级空间站”

我们深刻认识到，教师是学校最基本的保证，有什么样的教师，就有什么样的教育。高素质教师是学校教育优质资源中的第一宝贵资源。因此，学校首要的工作就是建设一支高素质、高水平、高效能的专业化教师队伍。客观上一所学校的教师专业发展水平，并非取决于教师的学历，而是决定于教师成长制度与机制本身的教育性和创新力。如果教师在成长制度面前能够找到自己的坐标，燃起自主发展的激情，得到成长的激励，成长效果就显而易见。我们始终坚持“教师第一”的发展观点，立足教师校本培训与科研的有机结合，努力构建有魅力的教师发展制度。通过紧紧抓住教师队伍建设的热点和难点，突出教师科研能力的培养，我们创造性地建立了教师专业发展的“五级空间站”，促进了教师的立体化发展。

花园小学校是名师的摇篮。在百余年办学历史中，花园小学校出现过多位特级教师、名优教师。总结名师辈出的原因，我们发现名师的成长是有规律可循的。于是，我们边实践边总结，发现教师的成长发展大致经过以下阶段：五年之内，教龄与教学成果成正比，事业是上升趋势；第五年至第八年，出现平稳发展趋势；八年之后，教师群体逐渐分化，5%的教师通过再学习、再创造，教学水平进一步提升，逐步发展成“专家型”教师；95%的教师教学水平和教学效果开始下降，成为表现平平的“教书匠”。我校针对教师专业发展不同阶段的不同需求，提出了分层的专业，建设了分类的专业发展平台。根据这几个发展阶段，结合本学校的校情、师情，我们为教师发展描绘了五级发展路线，即花园小学校“青优、名优、高级、特级、专家级五级空间站”（简称“五级空间站”）。

（1）适应期教师——青优教师空间站

针对入职1～3年的新上岗教师，培养目标是“站稳讲台”。学校加强对新教师的培养，提高新教师整体素质是一项基础性工程。我们的目标是使合格的专科、本科毕业生缩短“磨合期”，尽快成为一名合格的小学教师。我校的做法有以下几种。一是引导新教师做好角色转换，对他们进行教育法制法规、工作责任心、爱心教育、组织能力和班主任工作艺术的培训。二是练好基本功。我校根据青年教师的薄弱环节，成立青优训练班，分别是朗读班、写字班、班级管理班、教材解析班、艺体班、综合班。这六个班分别由中层以上领导当班主任，负责每个班级青优教师的强化训练及评价考核，其目的是让青优教师有扎实的教学基本功。三是抓好课堂教学常规。在怎样备课与上课、听课与评课、作业与辅导等方面进行专题讲座，并面对面地进行跟踪指导，实行“青蓝工程”——师徒结对，要求每位新教师必须自拜“导师”，并签订“师徒合同”，每学期量化考核，内容包括交一份合格的教案、上一堂教学汇报课、写一份全面的工作总结等，使他们顺利地在教坛上闪亮登场。

（2）成长期教师——名优教师空间站

针对入职4～10年的合格教师、具有初级职称的教师，我们的做法有以下三种。一是给青年教师树立榜样。宣传我国教育大师和本地名师，发挥身边榜样的示范作用，引导青年教师不断进取。二是创生关键事件。我们发现名师的成长过程都伴随着“关键事件”或者“事业拐点”，在此阶段的教师，学校注重主动创生关键事件。例如，参加学校“课博会”，参加南岗区“百花奖”，参与“三分钟学习力演讲”，解读“学校文化价值观”，参加“名优教师教学活动设计班”。通过观摩、研讨、竞赛、考核、评比等形式，给青年教师以成功的机会，使其从中获得成功的心理满足。三是创设条件，优化培训环节。对事业心强、有培养潜力的教师进行重点培养，让他们走向区外、市外、省外、国外参加教学展示观摩、研讨培训。

（3）成熟期教师——高级教师空间站

成熟期教师指的是工作10～15年的具有高级职称的教师，他们一般都是市级以上的骨干教师或学科带头人，是学校名师的重点培养对象。这样的教师经验比较丰富，但是教学尚没有自己的特色和风格，缺乏教学思想。高级教师空间站解决的主要是教师教学特色形成、学科教学思想学习、教学问题初步研究与探索的问题，帮助成熟期教师逐步形成较为系统的个人教学思想，让他的教学趋于理性，走向专业自觉。专业发展平台以自我培训、自主研修为主，通过在教学上的示范性展示，对教学中新问题、新理念、新策略的研究，对青年教师的指导以及开设校级以上的教师培训课程等，全面提升骨干教师的专业能力、教学改革与创新能力、教育科研能力，促进他们发挥示范引领作用。我们采取的是“五子法”，即“选苗子”“厚底子”“定调子”“搭梯子”“压担子”。以科研为先导，要求教师进行教育科研，根据学校“种子教育”课题目标，结合自己的教学特长确立项目子课题，带领青年教师进行课题研究。高级教师通过科研项目攻关，创新能力不断提升，不仅取得了教育科研上的一些新成果，还逐步形成了自己独特的教学风格。

（4）风格期教师——特级教师空间站

风格期教师指的是已经被评为省级特级教师的教师。对特级教师的培养目标是形成风格，成立名师工作室，并带领教师深化对教育教学的理解，实现零散知识系统化、个别知识普遍化、隐性知识显性化，最终帮助教师形成有鲜明个性的教育思想体系。专业发展平台主要是通过重大项目的研究，为他们的专业发展搭建高水平的支撑平台，如设立校、区、市级工作室，参加市级以上的工作坊等。

（5）卓越期教师——专家级空间站

卓越期教师指的是具备高级职称或特级职称的学校的中层以上的领导，他们是为学校发展出谋划策的顶层设计者。专家级空间站就是帮助卓越期教师有效落实学校各项机制和创新举措的推进工作，并鼓励其著书立说。

应该说“五级空间站”的确立，让花园教师的成长不再迷茫，教师走的是成就名师的捷径。然而，我们也深深地知道，不可能人人都是名师。“五级空间站”激发了教师主动发展的愿望，它让教师看到了努力之后的结果，哪怕最后没有成为名师，但在他的教育生涯中也会有浓墨重彩的一笔。回首前尘，我努力过，无怨无悔，因为我成了花园小学校的“匠心农人”。据不完全统计，2017—2019 年，花园小学校教师荣获各级教育教学奖励 456 人次，学生荣获各级各类奖励 8448 人次。

4. 卓越教师成长计划

为了让教师走向教科研一体的专业化成长之路，让研修成为教师的专业生活模式，打造一支德艺双馨的“四有好老师”教师团队。学校根据发展需要制定了教师成长目标，打造了“五级教师空间站”，设计了“卓越教师成长纪实手册”，让教师一册在手，研修无忧。

手册分为以下几个板块。

第一板块，师情档案。师情档案包括“双导师制”谈心谈话记录、教师个人学期专业发展规划和学期总结。

第二板块，个人研修。青优名优教师——书香时空、教海拾贝、同伴互助、育人故事、练兵纪实、名师经典课例赏析。

扫码获取
“做最好的自己——
卓越教师成长纪实手册”

高级特级教师——青蓝结对、科研课题、工作室项目研修。

第三板块，组织研修。校本研修纪实、师德师风学习纪实、党小组学习纪实。

扫码获取“我的教育格言”

扫码获取“师情档案表”

扫码获取“导师谈心谈话记录表”

扫码获取“教师个人年度规划表”

自主研修

每个教师的教学生涯都是一段旅程，手里都握着自己选择的单程票，在努力寻找一条属于自己的路。

扫码获取“书香时空——青优名优教师（周）阅读表”

扫码获取“教海拾贝——青优名优教师学术专刊（月）阅读”

扫码获取“青优名优教师（同伴互助）听课记录表”

扫码获取“青优名优教师外出培训回顾与反思表”

扫码获取“青优名优教师育人故事”

扫码获取“青优教师教材解析表”

扫码获取“青优教师练兵纪实”

扫码获取“模课工程——名优教师品名师经典课例表”

扫码获取“名优教师课堂活动的设计精选表”

青蓝结对——金种子工程

扫码获取“青蓝结对——
金种子工程之徒弟篇（徒弟上课）”

扫码获取“青蓝结对——
金种子工程之徒弟篇（导师上课）”

团队研修

学习坚持三有：学有所思、学有所悟、学有所得。
生活坚持三心：平常之心、感恩之心、敬畏之心。

花园党建

扫码获取“花园小学校
党支部党员大会表”

扫码获取“花园小学校
党支部党课表”

扫码获取“花园小学校
第（　　）党小组会议表”

师德师风

扫码获取
“师德师风培训例会记录表”

扫码获取
“‘教育家沙龙’学习工作单表”

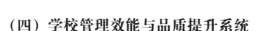

（四）学校管理效能与品质提升系统

1. 校长角色与管理

校长应该是有思想的哲学家、有深厚人文底蕴的读书人，既受中国传统文化的滋养，又兼具开放的国际视野。校长还应该是有系统教育思想的专业人员，只有依靠系统专业的教育思想办学才会办出学校的魂魄，这是办学之本。校长应该是具有独立思考能力的人，在各种现实情境中对“教育是什么”“学校是什么”不断追问，生成独特教育价值观，这是管理之基。

教育即影响，而非灌输；教育即生活，而非升学；教育即生长，而非塑造；教育即内部发现，而非外部给力的过程；教育即成全，而非强迫；教育即保护，而又不可过度保护。水的无私（滋润万物）、进取（川流不息）、谦逊（甘居下位）、坚韧（水滴石穿）、公平（水准持平）、创新（源头活水）、恒心（滴水入海）、包容（海纳百川）、变通（水本无形）、廉洁（流水不腐），启发我逐步认识到：教师应该是懂得按季节规律耕作的“农人”，而不是随心所欲修枝剪叶的“园丁”；课程是跑道，更是有个性配方功能的“营养餐”，还是一个在生态中生长、在生活中发现自己、成为自己的过程；课堂的本质是“对话”，是对思维水平的聆听、挑战，是引领学生对学科本质的探究与提升。家校关系的本质是协作，教育出一个好父母胜过培养 100 个优秀教师。我做校长这些年，就是在不同情境下、不断追问中逐步逼近学校管理内核的。

校长那哲学家似的修行过程，使我坚守种子教育的信仰：回到教育原点看教育、教育是慢的艺术、无条件相信孩子、最好的教育是内力觉醒、教向未来、育向幸福、不管是最好的管……把孩子看作“一颗种子”而不是“一张白纸”，这两者间教育的价值和功能大不同。每个孩子在这个世界上都有存在的理由和价值，尊重种子的力量，不论我们如何浇水、施肥、修理，长大永远是孩子自己的事，不需要任何理由。校长那哲学家似的修行过程，使我坚定种子教育的信念：用爱、尊重、信任、感恩、励志促进种子的内力生长。

校长那哲学家似的修行过程，使我对教育热点、难点问题形成了自己的价值判断，这是影响之源。小升初要不要择校？择校的动机是什么？幼小衔接的本质是什么？要不要上学前班？针对“不输在起跑线上”的集体性焦虑，我提出“适合的教育才是最好的”的观点，指出过早竞争、过度分化的弊端及择善如流、顺其自然的好处。幼儿阶段向往、憧憬小学教育，处于该阶段的幼儿需要养成必备的习惯与能力，但要适可而止，不能过度拔高。关于学校教育与家庭教育、社会教育的关系问题，我指出，社会是家庭的上游，家庭是学校的上游，上游污染，下游何以洁净？家庭教育解决关系问题、心理问题，是爱与自由的个性教育；学校教育解决知识问题、规范问题，是责任、感恩与集体的教育；社会教育解决标准问题，是价值判断的群体教育。学校教育不把自己的事情推给家庭去做，家庭也不把自己没解决的问题留给社会。我的这些思考与观点都极大地缓解了家长的焦虑。

此外，校长作为学校的法人，还必须是个杂家，要具备政治家的韬略、教育家的情怀、慈善家的心地、企业家的精明、科学家的严谨、艺术家的激情、活动家的能量、理论家的高度及实干家的勤勉，还必须做内心强大的人。要有思想、有胆识、有能力、有水平、善交际、通管理、会教书、精科研、有口才、富文采、肯吃苦、能任怨、尊教师、乐奉献、敢碰硬、能容忍、勤读书、待人宽、律己严……拥有了这些还不够，还要是一个好人、一个好教师，这样才能成为一个好干部、好校长。

2. 阿米巴经营模式与动车组文化

管理是一个动态发展的过程，是一个组织才华、运用才华的过程。我在花园小学校提出的效能管理理念是服务、执行、觉察、沟通、改进。效能管理起于服务，终于改进，重点强调执行过程中的沟通。执行力不讲如果，只讲结果。沟通才是结果的保障，沟通是围绕目标达成的共识。好的沟通才能确保效能管理的成效。

在集团化规模办学背景下，怎样建立互助共享式领导团队，并引导管理团队建立良好的沟通机制？这是阿米巴经营模式给我的启发。阿米巴经营模式源于稻盛和夫创业早年的困境，当时他一个人既负责研发，又负责营销。当公司发展到 100 人以上时，他觉得苦不堪言，非常渴望有许多个自己的分身可以到各重要部门承担责任。于是，他把公司细分成所谓“阿米巴”的小集体，并委以经营重任，从而培育出许多具有经营者意识的领导者。实现阿米巴经营模式有五个重要条件。一是建立内部信任关系，而非简单的业绩和金钱报酬关系。二是保证数据严谨，管理者严肃认真、踏踏实实的态度是关键。三是现场数据反馈，形成根据数据做出判断、及时采取措施的制度。四是时常检查工作流程，重视流程的灵活性和改进速度。五是员工教育，基于实际案例的现场教育及一起解决问题的姿态，学习、分享解决问题的智慧。

我校多处办学的现实与稻盛和夫早年经营遇到的问题非常相似，将阿米巴经营模式用于集团化办学的过程中，形成了我校独有的管理团队的动车组文化。动车组文化的形成也有三个重要条件：一是认同学校文化价值体系；二是形成共享领导力机制；三是团队共享领导力的修炼。

发动机文化与齿轮文化。教育的高铁时代，学校是一列动车组机车，动车组的每节车厢都要有一个车头发动机。为此，学校不再只有校长这一个车头发动机，学校的高层、中层和基层都是发动机，高层是大发动机，中层、基层是小发动机。被动的人成不了发动机，为此学校的高层和中层都要主动对接动车组文化，这样才能产生动能。与发动机文化相反的是齿轮文化，每个齿轮都可以是一个好用的小零件，自身效率也可以很高，但齿轮本身不产生动能，只能被动运转。

副校长作为高层（大发动机）有三大责任：防火墙、转化器、过滤器。中层干部作为中型发动机，尽管暂时动能有限，但却是最有未来的人，拥有无限可能性。所以，每层领导都需要学习、需要成长，也需要自我提高、自我增值。有这样的信念，团队就会无坚不摧。任何组织的核心骨干成员，必须学会在没有鼓励、没有认可、没有帮助、没有理解、没有宽容、没有退路，只有压力的情况下，一起和团队走向胜利。

一所好学校的治理结构包括导师型校长、指数型干部和成长型教师。

学校管理有三方面的问题：第一是人员问题，把合适的人放到合适的岗位上；第二是战略问题，解决怎样做正确的事的问题；第三是运营问题，解决怎样把正确的事情做正确的问题。校长是教师的教师，命令—指导—扶持—委托，让每一个层次都在思考。一个校长对学校最大的贡献是制度和文化的建设。有一套好的制度，学校就不因领导人的变化而变化。

共享领导力领导者的角色不是落在一个人手中的，而是在团队中适时转换的动态过程，它推动团队朝着共同的目标前进。在推行团队的共享领导过程中，领导者承担下列职责：慎重确定共享领导团队的合适人选；发展团队的领导技能；暂时性填补团队所缺的领导技能；管理好团队与其他机构的事务；授予团队设置目标、解决问题等权力。

建立共享领导机制，并非排斥领导者存在的必要性。只是领导者的责任不再是决定前进的方向和控制工作的进行，而是建立一支强有力的团队，使团队成员拥有共同的远景目标，大家平等参与、相互影响，共担责任并彼此合作。在共享领导中，团队成员对整体工作的成败负有更大的责任，都参与组织的管理职能，都必须对组织的成败和管理负责，思考问题的角度也从自己领域的利益转向全局。共享领导力团队的修炼法是，跟对一位智慧领导，解决路线问题；制定一个目标，解决发展定位问题；培养一批能干的下属，解决业绩问题；选择一群优秀合作伙伴，解决可持续发展问题；影响一群利益相关群体，确保制度与文化衔接问题。让制度看管学校，用文化润泽精神。

3. 校长专业标准与学校管理

2013 年 2 月 26 日，教育部正式颁布《义务教育学校校长专业标准》，首次系统建构我国义务教育学校校长的 6 项专业职责即规划学校发展、营造育人文化、领导课程教学、引领教师成长、优化内部管理、调适外部环境。校长的 6 项专业职责细化为 60 条专业要求，每项专业职责有 10 条专业要求，由专业理解与认识、专业知识与方法和专业能力与行为三个方面组成，具有比较强的指导性和规范性。

“规划学校发展、营造育人文化”体现了校长对学校的价值领导，既坚持了社会主义办学方向，又为学校的特色发展留下了空间，是校长专业职责的灵魂；“领导课程教学、引领教师成长”体现了校长对学校的教学领导，这也是提高教育质量的关键所在；“优化内部管理、调适外部环境”体现了校长对学校的组织领导，是提升学校办学水平的管理保障。

（1）规划学校发展

自主规划学校发展是校长价值领导力的集中体现。校长能依据学校的校情、文化积淀和办学资源，把自己的教育理想、信念转化为全体教职员工的共同精神追求。一所优质的学校，一定是校长善于把自己的教育主张转化为全体教职工的价值信念，积极动员各方力量共同实现学校办学愿景，进而逐步形成一种自觉的文化风尚。倘若校长没有自主规划学校发展的权力，只能俯首帖耳听命于上级，那他只能做“传声筒”和“复印机”，学校的平庸也是必然的。

顶层设计与底端行动。学校的顶层设计，是从核心价值观出发的思考，也就是由价值观来决定什么事情是最重要的。这个核心价值观，相当于一个“内核”，其他一切的思考，都是从这个“内核”散发出去的。学校的顶层设计，是一种系统思考，顶层设计不是孤立地思考学校中的某一件事，也不是孤立地思考某一件事的某个要素，而是对这些事、这些要素进行关联性的思考，一致性地回答学校信仰、办学理念、核心价值、发展愿景、培养目标等一系列问题。进行这种顶层设计，需要抽象思考的能力，校长必须面对错综复杂的学校环境与社会万象，站在全局性、整体性的高度，跳出具象看本质，正确判断、智慧提炼，进行顶层设计，从而引领学校发展。

（2）营造育人文化

校长的特殊角色使校长最有可能成为“居于学校”而又“跳出学校看学校”的人，也最有可能透过现象看本质、透过个体看整体，将万千的现象进行抽象的上位思考。怎样在最前沿的阵地上，解读教育原理的生动性；组织怎样的平台、采取怎样的策略、经历怎样的行动，使学校在顶层思考与底端行动的交织中不断提升品质，这些才是一校之长最重要的事情。这个前沿阵地，就是学校最底端的事儿。校长如果在这个前沿阵地上没有领导力的话，那么，无论是他自身还是学校，都是难以向前发展的。校长的理念不能悬在空中，必须立足于学校最底端，与教师并肩奋斗。对于校长来说，最重要的也是最难的事情，就是与教师一起做研究。为什么学校经常会把师生卷入到很多无意义的忙碌之中？这往往归咎于校长缺少顶层思考的习惯与能力。学校的顶层设计，不是为某一些事情做准备的，而是为所有的事情做准备的。它是一种思维方式，是价值思考、原理思考、关系思考、复杂性思考。学校只有把这些层面的事情想明白了，员工才会忙而不乱，学校才会成为精神之所而非事务之所。学校文化是学校的精神所在和灵魂所在，是教育的至高追求。

一所优质学校，一定是校长把握住学校的价值领导权，自觉地从学校办学传统、当下发展状态以及未来走向中，梳理出文化脉络，把文化精神注入学校发展的血脉中，从而培植出学校向前迈进的基因。校长必须是学校的精神领袖，是学校文化的“旗手”，必须努力让学校成为师生的精神家园。

（3）领导课程教学

校长既是管理的行家又是学科的专家，要在课程开发与整合、新型课堂建设等关键领域中，像教师一样去面对、研究与解决教育教学中的实际问题。这样，校长引领教师的发展才能得心应手，游刃有余，才能带领团队一起在“大江大海”中“游泳”。合格的管理者，要夯实教学管理，从干部做起。干部踏实，常规有底；常规保底，学校就能稳定发展。领导先“下水”，校长帮教师导课，校级领导参加备课，中层领导亲自任课。校长是教师的教师，是要求校长能把主要精力投放在学校的教育教学上。当了校长就脱离课堂、脱离教学、脱离学生，仅强调管理，那是虚浮的表现。

（4）引领教师专业发展

引领教师专业发展是校长教学领导力的集中体现。一支数量充足、结构合理、素质良好的教师队伍是校长办学的第一要素。校长必须拥有一定的话语权，一所优质学校要实现教学领导，必须先实现对教师的领导。校长要对教师培训有充分的决策权和评价权，才能保证课程与教学思想的落地生根。很多学校教改的失败不是方向不正确，而是来自教师的抵抗，说到底是校长缺失了教学改革的领导权。智慧的管理者一定会紧紧地抓住先行者，既放手和他们一起披荆斩棘，挖掉变革道路上的“地雷”，又让他们充当“传帮带”的助手。

（5）优化内部管理

学校规章制度的研制是校长组织领导力的集中体现。校长是一校之魂，校长对学校的领导不仅有文化的影响与精神的熏陶，还有大量的具体实际问题需要解决。学校的有效运营需要一系列的规章制度做保证，允许校长在法律法规允许的范围内，把自己的治理转化为学校意志。在执行过程中，如遇到阻碍，校长除了进行必要的疏导外，还要保证“学校法规”的严肃性。一个校长的高明之处，不仅在于广泛听取民意，更重要的是具有前瞻的眼界、丰富的学识和独特的实践智慧。面对矛盾与问题，校长要运用自己的实践智慧，调适相关制度。

（6）调试外部环境

学校不是一座文化孤岛，办学需要保持和外部良好的互动和参与关系。校长应该是人际关系高手，要保持包容的心态，获取更多的交换性资源。校长应充分运用人、财、物、事等资源，协调社会各方，汲取各种社会资源为办学所用，指向育人目标。此外，校长要深入学习党和国家历史文化、政策、法律法规，深入研读党的十九大精神，在争做党和人民满意的“四有好老师”“五好党员”等方面狠下功夫，还要运用智慧感召力，培养大德、大爱、大情怀、大智慧。

4. 向效能管理要质量

效能管理是科学管理的重要组成部分，是以效率为基本目标，以实现优质为目的，把管理的诸要素有机结合在一起的一种高层次的管理活动。在集团化办学规模不断扩大、优质资源均衡配置的前提下，如何避免牛奶的稀释效应，是摆在花园人眼前的课题。为此，花园管理团队着眼教学质量的可持续提高，整合影响教学质量的相关要素，力求通过对管理细节的完善，向效能管理要质量。

（1）高位立标，序列引领

小学教育是培植兴趣、养成习惯、形成能力，为明日厚积而薄发的一个人生阶段。“幸福种子的春夏秋冬”是花园小学校根据小学生的学段特点和身心发展规律专为小学生研发设计的成长路线图。我们把它称为“幸福种子的春夏秋冬”，就是希望最大限度地节约培养成本，让学生的成长更符合自然本性。

心理学关于儿童敏感期的理论证明，小学阶段是儿童形成“读、写、算”三项能力的黄金敏感期，“思考力、合作力、创新力”既是后续学习的重要基础，又是未来发展的必要保障。在为“孩子一生幸福和发展打好基础”办学理念的指导下，花园小学校将“读、写、算、思、合、创”确定为六项核心竞争力，将其与年级养成要点形成交集，确定培养路径。学校为教师提供了各年级学生在“读、写、算、思、合、创”六个方面能力养成的做法，形成了完整的小学阶段能力养成序列。它以较强的指导意义成为花园小学校独有的贯通学前、小学、初中教育的完整链条的衔接课程，成为提升学校教学水平、实现校内均衡发展的新机制。这是教师在“幸福种子的春夏秋冬”序列的指导下开发的活动课程，激活了学生学习的内动力，对教学质量的提高起到了极大的促进作用。

（2）主题牵动，细化条块

传统课堂重讲授、重预设，过于封闭的有限时空牵制了师生的生命活动，课堂效能不高一直是减负增效难以为继的瓶颈。基于这一实际情况，花园小学校把“对话课堂”作为课堂教学研究的主题。“对话课堂”要求教师从“讲授技能”向“管理技能”转变，备课要重学情分析、重学情预设、重再教设计；上课重引导、重调控、重评价、重矫正、重生成、重点评提升。学校开展“对话课堂”的“十六字方针”是脑中有标、胸中有材、手中有法、目中有人。数学、语文学科构建对话课堂模式：数学学科——自主备学、小组热议、班级争鸣、反馈内省；语文学科——导读、初读、精读、展读。“对话课堂”是名优教师课堂教学经验的提炼，要想普及推广到学校的每间教室成为教学常态，需要借助平台，并有相关策略支撑。

下面，我以学校“学情教案——一案六步”为例，来谈谈管理策略。

第一步：假期自备——完成个性教案。

这是教案形成的第一步，也是教师在自主学习、自主研读教材的基础上完成的第一稿教案。

第二步：逐一调讲——完善共享教案。

在进行集体备课之前，主备人要将自己假期完成的个性教案汇报给主管领导，即调讲。在调讲中，要做到“三有”：有备课的课件、有教学设计、有上课的课件。在调讲中还要做到“四个明确”：明确教学目标、明确教学的重难点、明确教学的流程、明确问题设计和意图。在调讲中，主管领导还要围绕“四个是否”随机点评：教学目标制定是否准确、重难点是否突出、教学设计是否有效、教学效果是否高效。对于调讲中发现的问题，主管领导要和教师共同修改，最终形成可供大家分享的教案。调讲，使教师受益无穷。把好这一关，就能为确保集体备课质量打下坚实的基础。

第三步：每周集备——形成执教者特案。

每周的集体备课，教师虽然拿到的是经过主管领导审阅合格的共享教案，但是在集体备课中，还是全员参与、问题探究。主备教师在调讲的基础上，能在有限的集体备课时间内，提供富有价值的导向和引领，教师在集体互动中，将达成共识的部分记录在“集体智慧”中；对于结合自身特点和班级情况而采用的独有方法，记录在“执教者特案”中。我们对每个教师都预留了体现个性的空间，所以，虽然大家用的是共享教案，但是在“对话课堂”上还是能充分体现教师的个性化执教的。这也解决了在互联网时代如何实现教师自身可持续发展的问题，有助于形成教师专业成长新机制。在深入课堂听课中，我发现教师教案与课堂教学高度吻合，教案再也不是可有可无的摆设，而是真正成了为教师课堂教学服务的工具。

第四步：随时反思——形成“心”案。

教师反思能力的提升是教师专业化发展的必由之路。花园小学校的反思除了每节课后必须完成的“一课一思”外，还结合学校“对话课堂”的研究，设计了独特的“三段式”反思，其中包括片段回顾、反思因子和设计刷新。教师在每两周的教学中，寻找一个典型教学案例，将自己的教学片段记录下来，并结合这一教学片段进行反思，或成功的、闪光点的体现，或教学中的遗憾之处，都可以在反思因子中体现，最后进行设计刷新，写出自己改进的想法。此时的教案已经不再是简单的共享教案了，里面融进了很多个性的元素，已然成了记录教师思考的“心”案。

第五步：每月齐享——交流反思“精”案。

每月的教案检查，不再仅仅围绕一些生硬的量化指标进行，在翻阅中寻找精彩的执教者特案和值得大家分享的反思精品“心”案，让每月一次的常规检查成为教师学习和互动交流的平台。

第六步：期末整理——结集成册。

学校随时收集整理教师的优质案例资源，结集成册。这些宝贵的资源是教师不断努力的见证，是激励教师专业发展的有效办法。

（3）立足常态，抓实细节

学校在管理过程中发现，影响教学质量的管理细节有很多。如果说抓质量从备课开始，那么抓备课需从调讲开始。这是学校在管理中发现的需要不断夯实的若干细节，引导管理团队和广大教师切实将气力花在细节上。

①调讲

学校严格执行课前调讲制度，逐项量化打分，每月进行总结，检查结果记录在《管理效能手册》中。教师在课前下足了功夫，所以，有效地保证了集体备课的实效性，同时也大大提高了课堂教学的效率。

②调研

学校中层以上的所有领导坚持雷打不动地“周深入”“周调研”，所有领导都要深入到同一学年各班级听课。听课时领导还要关注以下几方面：教师对学生的关注度、学生课堂的参与度、教师关注成长序列月分解的落实、课堂实施与教案是否相符。领导带着明确的目标走进课堂，这是保障课堂质量的第二个关键因素。

③反馈

集体调研课堂之后，所有领导都要集中反馈在各班级听课的情况，对班级情况、对学年的备课情况、课堂的重难点突破、课堂对学生的关注度、月分解序列的落实情况、课堂效率六个维度进行汇总，对发现的亮点和存在的问题进行全面分析。

④反思

集体反馈后，由学年学科主管领导代表管理团队将汇总情况反馈到学年组，带领大家对存在的问题进行深度剖析，并对问题的深层根源进行反思与跟进。这一举措能及时发现问题、解决问题，真正提高了课堂的教学质量。与以往领导个人听评课反馈不同的是，任课教师既能知晓自己的情况，又能了解平行班的情况，有利于团队的协同进步。

⑤监测

为切实“减负增效”，学校对作业量进行了严格的规定：实施学年作业统一申报制，经主管领导审批后方可实施。质量监测阶段，“随堂验收—单元整理—单项竞赛—阶段调研”形成了完整链条，确保了教学质量。

学校向效能管理要质量的管理策略已初见成效：教师专业水平进步明显，呈均衡发展态势；学生的综合素质、家长的满意度大幅提高。仅以五年级为例，2015 年与 2014 年相比，学生学业水平提高显著，优秀率由 30%提高到了 80%。向效能管理要质量，是在新质量观背景下优质学校持续发展的必由之路，也是集团化办学的发展引擎。

三、家校共育生态系统的构建

生态花园，幸福种子。花园人将学生比喻成种子，种子一生幸福发展所需的六种力量，即内生力、内动力、内定力、内核心、内省力、内驱力，需要阳光、空气、水、土壤、温度、湿度等生态环境的滋养孕育。学校、家庭、社会等教育元素形成的教育生态就是助力学生成长的阳光、空气、水、土壤……这其中家庭的因素至关重要。如果儿童教育是一棵树，学校教育负责修剪地面以上的部分，家庭教育就是滋养树的根。做家长，能有机会参与并陪伴一个生命的成长，是这个世界上最伟大无私而又最有意义的一件事。孩子的成长没有重复路可走，因此，作为家长要掌握科学的育人理念，明确家庭育人主张。

（一）家校牵手文化，助力学校可持续发展

在诸多社会矛盾困扰学校办学的今天，学校教育如何借力社会资源实现可持续发展是一个全新的课题。可持续发展必须赢得学生的喜欢、家长的认同和社会的尊重，有了这份信任会换来更多的理解与支持。

1. 网群互动，传递正能量

当今时代，办一所好学校，家长资源是一个不可或缺的要素。家长会成为学校办学的动力还是阻力，这取决于学校的胆识和眼光。在审慎分析利弊之后，我们利用微信平台开通了“曹永鸣校长与您的菩提之约”微信公众号（以下简称“菩提之约”），把家校互动纳入了学校管理范畴。仅短短半年时间，为家长撰写、编撰的文章就已达近百篇。一年级入学了，家长在网上成立了志愿安全服务队，自发维护学生上下学秩序，保平安；进入隆冬时节，家长在平台上自发地组织志愿清冰雪服务队，承担起清扫校园积雪的任务……家长说：“我们每天都在关注‘菩提之约’，它成了我们生活的一部分。”在网上的朝夕相处使家长更理解学校、更心疼教师了。家长说：“花园小学校的领航者和园丁们无处不体现着敬业奉献精神，有了你们花园才这般艳丽。”

一次，我在“菩提之约”中发表了一篇名为“你传棒——我接棒，2015 文明从我做起”的文章，被家长称为“特别的圣诞礼物”，瞬间转发的情形被《哈尔滨日报》于 2014 年 12 月 24 日刊登：“近日，一则承诺遵守公共秩序的文明接棒帖在哈尔滨市花园小学校家长微信群里被热转。通过家长的不断转发，这篇文章成为冰城人指尖上刮起的新的文明承诺风，现在各大网站跟帖群都在热转……”家校联动工作得到了家长的广泛认同，期末测评中家长对学校的满意度大幅度提高，两个校区的学生家长对 92 名班主任满意率达 96.43%。

2. 家长讲师，开设特色课程

在充分发挥学校现有课程资源育人作用的基础上，我们聘请家长讲师走进校园，家校携手拓展育人新途径。我们以“特色班级”评比为牵动，教师、家长合力开发班本课程，并提供校外课程基地，使班本课程、校外基地课程成为校本课程的补充和延伸，成为“特色班级”形成的助推器，与此同时，对培养学生的特长、提高学生的素养和能力起到了至关重要的作用。形成了学校、家庭联合育人，教师、家长同为讲师以及“校本课程—班本课程—校外基地课程”三位一体的课程结构。

我校为各年级学生提供的校外课程基地有以下几种类型。

低年级：青少年爱国主义教育基地、动漫影视基地、黑龙江省少年公益活动基地、东北烈士纪念馆、警犬培训基地、消防队。

高年级：东北林业大学森林博物馆、哈尔滨市青少年素质教育基地、地质博物馆、青少年农业科普教育基地、黑龙江省邮政博物馆。

3. 体质健康，家校两级管

结合学校人多、场地小的现实情况，学校提出“一根绳子、一个毽子、幸福一家人”的阳光体育模式，将师生体质锻炼、家庭体质锻炼全部纳入监管范畴。每天上午、下午课间操后半小时的时间里，师生共同参与跳绳、踢毽活动。体育组教师积极研发花样绳毽法，单摇、双摇、编花、八字跳、毽操等游戏形式的体育锻炼一改以往的机械重复与枯燥训练，深受学生的喜爱。师生长期坚持锻炼，体质明显增强，与此同时，也增强了班集体以及师生之间的凝聚力。学校还把“幸福体育”拓展到家庭，家校配合开展“幸福体育”活动，家长每天和孩子一起跳绳或踢毽 15 分钟以上，既达到了健身目的，又促进了亲子交流、家庭和睦，还增加了亲子、家校之间的默契。一年间，学校接待了国内外等地教育同人的莅临考察，他们纷纷为花园小学校的育人理念和特色展示点赞。

4. 新时代、新教育家校重协同

我们对家校共育的定位是把家长看作合伙人——梦想合伙人。我向全体家长发起“菩提之约”，围绕育儿的精神共同研讨至今有 100 多期了。家长通过自我教育，不断消解育儿过程中的功利心、攀比心和焦虑感。基于价值判断的理性选择，满足学生成长的合理需要，尊重、理解学生的个体差异，这是家长要完成的精神建设任务。家长、教师培训考核持证上岗；制定“家校公约”，明确“六要六不要”；厘清家校边界，构建亲情家校关系；定期举办家长大学、聘请家庭教育指导师、组建家长志愿者服务队、依靠家长委员会五大中心保障落实。家校协同在学生心中种下复兴梦、强国梦、中国梦的种子。让学生努力成长为最好的自己，做合格的建设者和可靠的接班人。

（二）哈尔滨市花园小学校家长委员会章程

第一章　总则

第一条　为进一步增强学校、家庭、社区的共建力度，促进学校、家庭、社区的沟通和联动，体现家长充分参与学校发展，提高家庭教育水平，努力构建和完善学校、家庭和社会有机结合的教育体系，特设立学校家长委员会，并制定本章程。

第二条　学校家长委员会全称为“花园小学校家长委员会”。

第三条　家长委员会宗旨：为孩子的幸福成长护航。

第二章　组织与制度

第四条　学校及班级家长委员会理事由各班推荐的热心学校教育、有积极社会影响、有一定组织能力、关心学校发展和建设的家长代表组成。

第五条　家长委员会可设常务理事即主任 1 名，家委会理事 8 名，按工作能力及特长进行分工，如义工部、策划部、后勤部、宣传部、网络部、安全部、财务部。

第六条　家长委员会常务理事业绩突出，经班主任推荐可连任；家长委员会理事任期一年。学生毕业、转学等离校的学生家长，其理事身份自动取消。经学校与家长委员会商议，可根据实际情况，适当增补委员。

第七条　家委会会议需由三分之二以上的理事参加，讨论重大事项，必须由三分之二以上的理事同意方能通过。

第三章　职责

第八条　学校家长委员会是学校联系广大学生家长的桥梁和纽带。享有对学校教育的知情权、评议权、监督权，代表全体家长参与学校民主管理，是支持和监督学校做好教育工作的群众性自治组织。

第九条　家委会常务理事要定期召开家委会理事工作会议。听取学校关于发展规划、办学目标等方面的情况介绍，听取家长的心声，为学校的发展献计献策。家长对学校相关事情有询问、有异议，需先上报班级家委会，再上报学校家委会逐层解决问题，不可越位。

第十条　发挥全体家长的优势和特长，与学校紧密协作，在改善办学条件、校园文化建设、学校周边环境治理、开展校外教育实践等方面，积极为学校和学生办实事、办好事，切实帮助学校解决办学中遇到的实际问题和困难，为学校的发展创造良好环境。

第十一条　帮助家长开展家庭教育工作。积极向家长和社会宣传、解释学校工作制度和工作措施，协助学校、班级开展家庭教育工作；动员所有家长，积极学习教育知识；动员和组织家长参加家长学校的课程学习和培训，增进家长对学校、班级工作的理解和支持，促进家庭教育与学校教育的协调一致。

第十二条　尊重教师劳动，在精神上关心、鼓励、支持教师依法履行教育管理职责，大力宣传教师教书育人的先进事迹，宣传学生家长尊师重教典型事例，宣传品学兼优的学生和先进班集体。

第十三条　促进社会教育，支持和帮助学生的校外实践活动，为学校和学生开展社会实践活动提供方便。

第四章　工作制度

第十四条　每学期学校家委会理事会及下设各级家委会理事会围绕学校、班级工作，研究工作思路，制订家委会工作计划，并认真组织实施落实。

第十五条　家委会每学期召开1～2次全体成员会议。会议由常务理事召集。遇有重大事项经学校提议可以召开临时会议。家长委员会开会时，校长、学年主管领导及教师代表可列席。

第十六条　家长委员会每学期结束前要对本学期开展的工作和效果进行总结。每学年配合学校开展评选优秀家长的表彰活动。

第五章　附则

第十七条　本章程草案经家长委员会通过后执行。本章程的解释权属家委会。

第十八条　各级教育行政部门对家长委员会应加强指导和管理。家长委员会违反教育法律法规和政策时，各级教育行政部门要视其情节轻重，责令纠正。

第十九条　为加强家长与学校的联系，学校设立家长委员会联络处，设在学校政教处，为家长委员会提供必要的服务，由学校主管德育工作的副校长、德育主任具体负责联络工作。

第二十条　为便于征求家长对学校教育教学工作的意见和建议，特设“家长信箱”，印制征求“建议表”，并公开常务理事电话。

第二十一条　本章程自家长代表大会通过之日起施行。在实施过程中根据实际情况经家长代表大会讨论进行修改和补充。

（三）哈尔滨市花园小学校家校公约

学生是家庭的希望，是民族的未来，确保孩子平安、健康成长是家校双方共同的责任。现制定《家校公约》如下。

1. 要理性设置对学生的期望值，鼓励学生尽展其才。根据学生的兴趣爱好选择适合的培训，避免盲目攀比、跟风报班或请家教给学生增加过重课外负担，损害学生的身心健康。

2. 模范遵守并执行学校相关管理制度，在指定区域接送学生，利用电子邮箱、家委会逐级上报、预约到校来访等方式表达合理诉求。特殊情况需要与学校当面沟通时，由法定监护人（学生父母）与班主任教师提前预约到校，由学校主管领导接待，理性对话合理解决。不得以家委会或个人名义私建班级群，不得以匿名信、串联聚众或利用公众平台恶语中伤等方式表达诉求。

3. 在精神上关心、鼓励、支持教师依法履行教育管理职责，大力宣传教师教书育人的先进事迹，宣传学生、家长尊师重教典型事例。

4. 引导学生健康生活。引导学生合理使用电子产品，上健康网站，不沉迷网络游戏，不用手机刷屏。不让学生长时间看电视，保证小学生每天睡眠时间不少于10个小时。按时作息、不熬夜，少吃零食、不挑食，不攀比吃喝穿戴。

5. 学生自主值日，家长不得进入学校代替学生值日。不溺爱学生，不包办代替学生的自理行为，不代替学生完成动手操作性的实践作业。

6. 不在授课时间给教师打电话、发消息或给学生送物品，影响学校正常秩序。

7. 不携带零食、玩具、手机（手表式手机）等物品入校园。

8. 正确对待学生成长过程中、人际交往中的小误会、小摩擦，遇事不推诿回避，主动承担责任，协助教师合理解决问题。教育子女防范欺凌，杜绝以教育学生为名，简单粗暴解决问题，不得以任何武力方式欺凌儿童。不把消极腐败的社会风气带进校园。

9. 家长讲师、体质检测员需持牌入校，上课要有秩序，要确保学生安全，保证教学质量；家长进入校园，需和班主任沟通并在保安处登记；放学后原则上家长不入校，如需入校要等所有学生放学完毕后，方可持牌进入校园。超过5人，班主任需要提前向学校报备或预约。

10. 加强对学生的安全教育，培养学生的安全防范意识和自我保护意识，提高学生自护、自救能力。因病、因事提前离校，家长需与班主任沟通，学生需持假条方可离校。非父母接送（送子车、老人接送等）应让班主任知晓。

11. 强化食品安全意识，不设小食堂、不订小饭桌、不买三无产品，营养配餐，饮食与运动均衡配置。

12. 了解学校家本课程，帮助学生养成晨起喝一杯温开水的习惯，保证学生每天的运动时间，提供学生在家劳动的机会，家校共同努力帮助学生远离近视、肥胖等。

13. 缓解学校周边交通压力，倡导低碳环保的交通理念，提倡步行、公共交通、拼车等绿色出行方式。私家车自觉文明行车，学校周边禁止停车或远端停车，接送学生即停即走，严格遵守校园周边的交通规则。对违反规定的车辆，通过学校、家校群公开曝光，以示警戒。班主任教师配合交警部门对家长进行批评教育。提倡坐正规、有资质的送子车，不坐黑车。

14. 做风清气正的家长，不为学生调座位、选班干等给教师送礼品、礼金。所有班级学生座位不固定，无论学生大小个都按照前后串、左右串原则每周轮换座位。学校、班级干部的选用本着公平、公正、公开原则，面向全体学生。一年级不设班干队干，二年级成立少先队中队，三年级竞选班级干部，四、五年级竞选大队委员。班队干轮流担任，原则上连任不超过两届。

15. 家委会与班主任要明确自身职责，厘清权责边界。家委会成员要做到尽职而不越位，帮忙而不添乱，切实而不表面。家委会不能为达个人目的或为迎合教师个人而成为其代言人、传声筒。家委会对学校、班级事务有建议权、监督权，但无权插手学校决策或干扰学校的正常管理。

16. 班主任、家委会无收费权。任何人不得以任何名义向学生、家长收取规定以外的费用，更不能通过家委会为班级或个人购买物品。不得擅自组织购买班服、办补习班、雇人值日、聚会、聚餐等。

家校关系——花园家长六要六不要

1. 要尊重规律，不要揠苗助长。
2. 要静待花开，不要盲目攀比。
3. 要培养自立，不要包办代替。
4. 要理性客观，不要任性放纵。
5. 要真诚沟通，不要虚假逢迎。
6. 要理解信任，不要偏听猜忌。

家校关系——花园教师六要六不要

1. 要关注全体，不要违背公平。

2. 要做好服务，不要乱发号令。
3. 要因材施教，不要标签区分。
4. 要调控情绪，不要随意妄为。
5. 要勤学善思，不要墨守成规。
6. 要依法从教，不要边界不清。

（四）家长大学：花园家校共识、共知的十件事

1. 发现儿童特质而不仅仅是发展特长

据新闻报道，有高校状元因“空心病”退学，有考霸网瘾难戒，有小学学生离家出走，有学生跳楼自杀……为什么这些学生这么脆弱？这是他们价值观缺失造成的，与家庭教育中存在的诸多问题密不可分。现如今家庭生活的重心全部在孩子身上，孩子有一点儿“风吹草动”，全家紧张甚至焦虑。有的家庭对于孩子的教育攀比心、虚荣心作祟，别人家孩子学什么，我家孩子也学什么；别人家孩子哪个方面好，我的孩子也必须做到，单纯地用一个统一的标准衡量孩子优劣——分数，以智育上短暂的优势而沾沾自喜，造成教育的急功近利心理；还有的家长把自己儿时的缺憾附加在自己孩子身上，希望自己没有实现的愿望孩子能帮自己实现。

内生力始于童年，儿童不是缩小版的成人，童年教育的独有价值不是为成年做准备，而是发现自己、认识自己，生发内生动力。内生动力始于特质。家长要帮助儿童发现特质而不仅仅是发展特长。每个儿童都是一个独一无二的生命体，不攀比、不盲从，才能活出自己。尺有所短，寸有所长，每一个儿童都有可能成为某个领域的领军人物。内生动力始于心灵。帮助儿童建立强大的内心世界，丰富他们的内心世界，比装满他们的大脑更加重要。如果心的方向出了问题，那大脑里再多的东西也没有用武之地。不拿自己的标准和想法来苛求儿童，以儿童现有能力水平和上升空间量力而行，在培养技能的同时给他们选择的权利，并让他们学习为自己的选择负责。

家庭教育的成功，主要看儿童内力觉醒，每个儿童都能成为最好的自己。儿童学会选择，并在选择中发现自己。发展儿童特质，每个儿童都是独一无二的天使。尊重每个儿童的生命，每个儿童都是幸福完整的存在；唤醒儿童的内力，帮助儿童寻找通往未来、通往幸福的路。

2. 先行学习是一个美丽的陷阱

在很长一段时间里，流传着一种说法——不能让孩子输在起跑线上。一些家长在学龄前就为孩子报心脑算、书法、全脑开发等各种班，上小学头一年就让孩子先行学习小学一、二年级的知识，要求孩子会认多少字，会算几百、几千的算术题，这种行为我们称为先行学习，这是超出儿童理解力范围的学习。这些家长只看到了眼前显性的成效。等到孩子上了小学，他们就会问老师："为什么我的孩子上课注意力不集中？为什么我的孩子没有好奇心？为什么我的孩子读写姿势不正确？为什么我的孩子丢三落四，总是长不大?"究其原因都是"揠苗助长"。这种先行学习，能让孩子的知识学习在短期内取得显著效果，但许多隐性的负面影响却被大人下意识地屏蔽了。

分析今天的教育现状，分数承载了太多的期望，学生承受了太大的压力，童年背负了太重的包袱。希望一些家长从急功近利的泥潭里跳出来，从"不能让孩子输在起跑线上"这种理论的误导下走出来，不对孩子提不切实际的过高要求，不对孩子施加过大的心理压力，每个家庭努力建立和谐的家庭关系，创造有利于孩子愉快成长的家庭文化环境。

卢梭在《爱弥儿》中强调，教育儿童必须符合儿童身心发展的规律和年龄特征，否则就会导致不良后果。因为大自然希望儿童在成人之前就要像儿童的样子。如果打乱了这个秩序，我们就会造成一些早熟的果实，它们长得既不丰满，又不甜美，而且很快就会腐烂：我们将造就一批年纪轻轻的博士和老态龙钟的儿童。在万物的秩序中，人类有自己的地位；在人生的秩序中，童年有自己的地位。应该把成人看作成人，把孩子看作孩子。

不能因为我们的短见，误把人生的长跑视为短跑；不能因为我们的无知，错把孩子当成学习的机器；更不能因为我们的功利，剥夺孩子最宝贵的童年。在正确的时间，做正确的事情。在某个阶段，你要片刻不离，给他完整的爱，才能让他建立起对世界的信任与安全感；在另一个阶段，也许你就要放手，给他自由发展的空间；又一个阶段，你要立下界限，定下规矩，培养孩子终身受益的习惯。

我想说的是，在这场"不要让孩子输在起跑线上"的闹剧中，孩子们失去了很多欢乐，承受了许多苦累。如果我们不尽快觉醒，那些没有输在"起跑线"上的孩子，最终很可能输在"终点线"上。

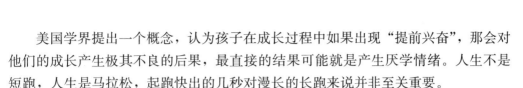

美国学界提出一个概念，认为孩子在成长过程中如果出现“提前兴奋”，那会对他们的成长产生极其不良的后果，最直接的结果可能就是产生厌学情绪。人生不是短跑，人生是马拉松，起跑快出的几秒对漫长的长跑来说并非至关重要。

3. 小学阶段的重点不是成绩而是阅读

很多家长觉得，孩子在一、二年级时成绩非常好，到高年级却严重下滑，家长也常把责任归结于教师身上。其实，一、二年级时，因为很多学生有学前基础，测验的内容也绝大部分是学前基础，给家长造成一种假象，这种假象掩盖了孩子现阶段的真实学习状态。所以，一、二年级考试成绩不应该是关注的重点。相反，那些把专注力用在课内外阅读的孩子到了中高年级随着阅读理解能力的加深，成绩反而不自觉地提高了很多。小学时期阅读少的缺陷到了初中就开始呈现出来了，发现时再想补回来就得付出双倍精力乃至更多。

如果一个孩子从没有读过一本好书，甚至从没读过一本超过10万字的书，而是把大量时间都投入到学校课本和大量作业里去了，那么这个孩子的天赋聪明很可能会被“饿死”。科学考证，6～12岁是人阅读能力（学习能力的基础）长足发展的黄金时期，博览群书、海量阅读古今中外的名著经典，广泛涉猎百科常识书籍，才可以让孩子的智慧得到不断增长，最终形成一种强大的发展能力。有人曾经对被评为“全国十佳少年”的学生进行调查，结果发现这些学生的阅读能力水平都高于普通学生；也有人曾对一些成功人士进行采访，发现这些人在总结成功经验的时候，都提到读书让他们受益匪浅……小学阶段一定要让孩子从容一些，不要追求分数的高低，要着重为孩子后面的成长做好充足的准备。一个孩子的聪明才智，如同种子，需要充足的条件才可以发芽生长。阅读就是种子茁壮成长的必要条件。

4. 教育孩子学会吃三样东西：吃饭、吃苦、吃亏

健康，分为身体健康、心健康和灵性健康。吃饭吃得好，可以获得身体的健康；能吃苦耐劳、尊重自然、敬畏圣人，心就健康；不怕吃亏，设身处地为他人着想，灵性就健康。看似简单，做起来可不容易。

（1）学会吃饭

你的孩子会吃饭吗？我们所说的吃法，不光是做到自己吃饭，它也包括均衡饮食，包括感恩教育，包括中华民族最基本的吃饭礼仪，我们称之为食育。专家认为，父母是孩子最好的老师，食育应该成为家庭教育的主要内容。首先，让孩子怀着一颗感恩的心来享受每一顿饭。这种感恩包括感恩大自然各个季节给我们带来的各种当季的美味，包括感恩制作这些食物的人，也包括给我们补充营养和能量的这些食物。要珍惜、要感恩、要有敬畏，不要去浪费。其次，家庭“餐桌课堂”要教孩子一些吃饭的基本规则。例如，用餐时，要让长辈先入座，全家人围坐好后，大人没有动筷子小孩也不能动；用餐过程中随时保持桌面的整洁；吃饭时，要细嚼慢咽，嘴里有东西时不说话，吃饭、喝汤不出声；用餐过程中交谈要轻声；吃饭的过程中不能用筷子敲碗；如果要给客人或长辈夹菜，最好用公筷；最好不要在餐桌上剔牙，如果要剔牙，就要用餐巾或手挡住自己的嘴巴；吃饭时坐好后，不要端着碗到处乱窜；三餐定时、定量、不偏食、不暴食，珍惜食物不浪费，等等。作为父母以身示范，不仅让孩子知其然还要知其所以然，给孩子讲明这样做的道理。例如，敬老是中华民族的传统美德，在孩子小的时候，家长就要做好示范，吃饭时先请家中长辈入座，并先给长辈盛饭。再如，培养孩子正确地拿筷子，单单是一个用筷子，就可以让一个人显得很有教养。我们老祖宗发明了筷子，这种道具可以用于各种食物，蕴含着深厚的“以不变应万变、以简单应对复杂”的传统文化精髓。又如，避免让孩子在盘中翻来翻去，这是一种很失礼的行为。要求孩子不要一边吃饭一边干别的事情，吃饭的时间是一家人聚在一起的时间，也是加强亲子沟通的时间。要培养孩子饭后帮助清理餐桌、收拾碗筷或者洗碗的习惯，等等。

（2）学会吃苦

孟子告诫人们：“天将降大任于斯人也，必先苦其心志，劳其筋骨，饿其体肤，空乏其身，行拂乱其所为。”老人们也常说：“小亏不吃吃大亏，小苦不吃吃大苦。”要教育孩子学会吃苦。不要觉得你不让孩子苦，他就能不苦，社会会让孩子受苦。“穷人的孩子早当家”这不是一句空话，而是一句教子箴言。艰苦的条件能让孩子理解生活的不易，明白很多问题需要靠自己解决。这样，孩子才会更珍惜、更努力、更自立。孩子在小时候，吃一点苦、遭遇一些困难，是好事。如果我们怕孩子吃苦，而替孩子承担责任，什么都替孩子做了，这虽然免掉了孩子的哭闹和纠缠，却剥夺了孩子培养良好品格和发展自我能力的机会。那他们怎么能独立、怎么能成长呢？所以，适当地让孩子吃一点苦头，让孩子经历一些挫折教育，是大有益处的。

中国父母的“牺牲精神”有时是有些过分的。我观察到，有很多父母宁愿自己吃苦，也不愿让孩子受一点罪，甚至不惜代价给孩子用最好的东西，自己却极为节省。孩子上学之后，其他什么都不用管，只有一条——好好学习。孩子也慢慢变得心安理得，只知索取，不懂回报，甚至出现人格上的缺失。巴尔扎克曾说："不幸，是天才的进升阶梯。"太享福，反倒容易好逸恶劳。所以，不妨让孩子接受一些"吃苦教育"，培养孩子自食其力的能力和独立自主的精神。让孩子"早当家"，别让孩子太享福，这才是真正的爱。要让孩子从小明事理，能为他人着想，体谅父母，让他们识得人间疾苦，懂得珍惜、懂得体谅他人。

(3) 学习吃亏

孩子在和同龄小伙伴交往的过程中总会出现一些摩擦，这些摩擦必然会导致一方吃亏、一方占便宜。吃亏也有"大小"，有时是物质上的，有时是身体上的，有时是精神上的。吃亏是人生需要面临的一道难题，不同的人会选择用不同的方法来解决这个问题。尤其是对孩子来说，他们如何去面对这个问题，以及如何来处理这个问题，直接影响到他们一生对吃亏这个问题的解决方式。吃亏是福，古今亦然。与人为善，是人格健康发展的前提。作为家长，首先，要让孩子发现周围人和事的美好，尊重、爱护一花一草，善待每一个人。其次，要让孩子懂得不要事事争强好胜，让孩子适当吃点亏，这样他的心胸才能更加宽广，才会懂得站在他人的角度思考问题，用宽容化解矛盾。最后，告诉孩子霸道是一种愚蠢的行为，只会让自己失去朋友。

教孩子学会吃亏，并不是叫孩子无原则地顺从别人，而是教孩子学会谦让、学会理解和宽容他人、学会以理待人。人一心想从别人那里得到好处，有了好处就沾沾自喜，这是灵性不健康。灵性不健康，就会导致堕落。

有的家长给孩子灌输"不能吃亏""不要手软"的意识。"我妈妈说了，谁要欺负我，就让我打他，可不能吃亏!""我妈妈说了该争的时候要争，该抢的时候要抢，不要胆小。不争不抢就要吃亏。"甚至有的说："我爸爸告诉我有人打我，我就要更厉害地打回去! 不要手软!"这些思想导致孩子在集体中完全以自我为中心，谁也不能侵犯。如果家长在孩子幼年时期就灌输"绝不能吃亏"的思想，鼓动孩子"以牙还牙，以眼还眼"，这不仅不是对孩子的爱护，反倒给孩子的未来埋下了别的隐患。

吃亏有"大小"，每个人对"大亏"和"小亏"的评判标准不同。孩子在幼儿园被其他同学打了，有的家长认为只是小孩子之间的小打小闹，没什么大不了，有的家长却会大发雷霆，找到人家家里去"兴师问罪"，或者教自己孩子把对方也打一顿。我们把这种不涉及孩子人身安全和人格尊严的“亏”称为“小亏”。面对“小亏”，家长完全没有必要教孩子“以牙还牙”。吃“小亏”可以帮助孩子形成良好的品格，可以锻炼孩子应对挫折的适应能力以及与人交往的技巧。这跟吃“小亏”有福气并非矛盾，问题都有两面性，要具体情况具体分析。吃亏也是有分寸的，如果涉及孩子人身安全和人格尊严，爸爸妈妈就要及时介入，避免孩子因“吃亏”而受到心理上的伤害。父母是孩子的依靠，当孩子面对伤害时，爸爸妈妈要给孩子一个可靠的港湾，支持孩子，帮助他们走出阴影。

5. 穷养与富养

随着我国经济社会的飞速发展和人民物质生活水平的提高，穷养与富养在家庭教育中成为很热的话题。穷养与富养，表面看来是物质层面问题，仔细分析无论怎么养，最终都会聚焦到精神上，关涉家庭教育价值观问题。在我看来，穷养的本质，是磨炼其意志，帮助孩子打好精神底色；富养的本质，是富足其心灵，使教育效果能升华至灵魂层面。

当我们对标现阶段整个国家公民素质，对标我们新时代青少年的综合素养时，我们发现了两个短板。第一个短板就是德智体美劳当中的“德”，“道德与法制”课程作为国家课程，体现着国家意志。我们这一代人肩负着神圣的责任和使命，因为我们的孩子，今天坐在课堂里的小学生，三十年后，正是社会主义现代化的建设者和接班人。中国共产党领导的社会主义国家、社会主义事业，能不能长治久安、能不能实现中华民族伟大复兴的强国梦，德育起着决定性作用。习近平在全国教育大会讲“六个方面下功夫”，其中有一个方面“要在培植奋斗精神上下功夫”。奋斗精神是什么？幸福都是奋斗出来的，看看我们这一代、我们下一代，身上奋斗精神的比重和成分有多少。尤其是革命传统教育，包括讲好红色故事，植好红色基因，为孩子系上人生的第一粒红扣子，是当前家庭教育的短板。

第二个短板是什么呢？就是劳动教育。我曾经听过一个故事，干部到农村去扶贫帮助贫困户解决劳动力问题，了解到很多年轻人既不会劳动，又不爱劳动，更不想靠劳动来改变贫困的状况，这就是教育出了问题。劳动教育不论城市、乡村，不论学校、家庭，对孩子来讲都非常重要。

6. 隔代养育的那些事儿

隔代教育下，祖辈通常存有补偿心态，会将子女当年没有得到的疼爱“变本加厉”地给孙子、孙女。祖辈对孩子的过分疼爱与关注，会使孩子丧失很多的成长机会，难以发展出独立的人格。祖辈应最大化地发挥“隔代教育”的自身优势，给予孙子、孙女适度的爱，理性区分关爱与溺爱。只有这样，隔代教育才能为孩子带来最好的生长环境。

隔代养育主要有以下几种类型。

分歧型：隔代教育问题的表象是养育孩子理念、方法的分歧，本质是两代人价值观、性情、习惯等方面的差异。

推脱型：养育孩子是父母义不容辞的责任，当今很多家庭都是父母上班，祖辈帮带孩子，但这并不代表孩子父母完全推脱掉这一责任了。孩子父母要感恩老人的无私奉献，并正视自身的育儿职责。

无边界型：隔代养育模糊了家庭分工与角色，有的老人甚至“完全”取代了孩子父母，承担起了所有的养育责任。为此，年轻家长和老人都要事先明确好养育孩子的边界在哪儿——父母才是育儿的负责人，老人只是帮手。

由此，年轻的父母在请老人帮带孩子时，应提前和老人商量好怎么带，什么时候做什么事情，等等。老人再将一天的情况进行反馈，并就其中的环节与年轻父母协商后再操作。有问题，大家一起谈论，而不是各怀心事，直到最后成为矛盾。两代人在一起，最根本的冲突是年轻人在意的事，老人不在意。年轻家长要体谅老人带孩子的辛苦，但同时也要运用正确的方法帮助老人科学育儿。例如，在老人不让孩子自己穿衣时，家长可以告诉老人，让孩子自己做，这样能锻炼孩子手部的精细动作，有助于孩子以后学写字，还会让孩子找到“我能行”的自信，令孩子在集体里也能表现出众。缓解冲突，划好边界是前提，良性沟通是助力。

7. 家庭—学校：不可模糊的界限

学校作为社会育人的职业化场所，具有教育职能的专门化、教育形式的稳定性和学习内容的系统性等特点。学校教育是一种有着高度目的性、组织性和计划性的教育活动。由于家长与子女关系的特殊性，家长在促进子女身心健康发展中起着不可替代的作用，家庭教育更多地体现在培养孩子基本的生活技能与态度以及人格培养等方面。这两种教育可以有交集，但不能彼此混淆甚至相互取代。

学校教育与家庭教育是有界限的，家庭教育不应该承担学科教育的责任。妈妈不能在家里当老师，也不能把家庭当作课堂，更不能学校不留作业、家里留。家庭不是学校教育的延续，更不是学校教育的补充。家庭教育是个性教育、情感教育、人文教育、习惯教育；学校教育是科学教育、规范教育、模式教育。家长不是老师的秘书，更不是老师的替身。

黎巴嫩著名诗人纪伯伦在《你的孩子其实不是你的孩子》中写道：

你的孩子，其实不是你的孩子，
他们是生命对于自身渴望而诞生的孩子。
他们通过你来到这世界，却非因你而来。
他们在你身边，却并不属于你。
你可以给予他们的是你的爱，却不是你的想法。
因为他们有自己的思想。
你可以庇护的是他们的身体，却不是他们的灵魂，
因为他们的灵魂属于明天，属于你做梦也无法到达的明天。

家长们，孩子是我们的，但不是我们的私有财产。孩子是家庭的、是社会的、也是国家的。接受学校教育是孩子完成社会化的过程，孩子迟早要离开家庭迈入社会，这是学校教育的社会责任，这个义务需要由学校教育来承担。对孩子过度保护的家庭教育会妨碍孩子的社会化进程，自私的爱带给孩子的终究是伤害。老师是这个世界上唯一与你的孩子没有血缘关系但却为孩子的成长殚精竭虑的人，能成为孩子生命里的重要的人。孩子不仅仅是你的，也是国家的、社会的。对突发事件、意外伤害等家校矛盾的认识与处理，是家校关系的试金石，是校风与家风建设的考验场。家庭不能成为孩子永久的避风港，学校也不能成为“无限责任公司”。

8. 家长是复印机，孩子是复印件

一个孩子最终能成为什么样的人和父母有很大关系。我们经常看到的家长有四种类型：肯为孩子花钱、肯为孩子花费时间、肯为孩子学习、肯为孩子改变。其实，家长对于子女的影响就像复印机与复印件，子女在家长长期的耳濡目染中长大，其相似性是任何学校与教师的影响都无法比拟的。现实中，很多家长的主要精力仅局限于对孩子物质需求等生活层面上的照料，认为孩子的成长是学校、教师的事情，是花钱就可以解决的事情。这种认知导致了家庭对孩子的成长缺乏长期的、系统的、

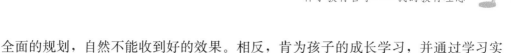

全面的规划，自然不能收到好的效果。相反，肯为孩子的成长学习，并通过学习实现自我提升的家长，会成为孩子成长道路上最好的示范者、陪伴者和见证者。

家长的教育方式对孩子的塑造有着重要的影响，不同的育儿风格呈现出了显著的差异。权威型父母高要求高回应，会对孩子提出合理要求，并能保证孩子的遵从。专制型父母高要求低回应，一般会提出很多规则希望孩子严格遵守，强制孩子去顺从，否则就会责罚孩子。放任型父母低要求高回应，不为孩子制定规则，无限制满足孩子的物质要求，很少对孩子行为做出坚决的控制。忽视型父母低要求低回应，会过度关注自己的事情，对孩子投入极少的精力，甚至拒绝孩子的要求。权威型父母教育出来的孩子没有过多家庭压力，积极、主动、独立，有目标感，有责任担当，能与人进行良好合作。专制型父母教育出来的孩子，长期高压的家庭环境会让孩子情绪和思想不太稳定，容易叛逆走极端。放任型父母教育出来的孩子，生活能力、抗挫能力相对较差，未来应对社会压力磨难较多。忽视型家庭对孩子未来发展影响有限，父母长期缺席，孩子会较早独立甚至早熟，缺爱的环境会让孩子在未来很难得到满足感和幸福感。

9. 为人父母是一场心胸与智慧的远行

只有家长保持一颗探索的心，学习更多的新知识，才能给孩子带来更为广阔的世界。教育的方法和技巧，只是孩子成才的冰山一角。有时候，孩子的教育，拼的是功底，拼的是父母的处世态度和人生感悟。也就是说，父母的整个人生，都会参与孩子的教育。许多妈妈结束了读书生涯，有了工作、有了家庭、有了孩子，达到了表面上的一种“圆满”，便放弃了自我探索。她的生活遵循“最安逸原则”，看上去悠然自在、轻松洒脱、生活稳定、令人羡慕。其实，她的很多人生议题并没有完成，而是搁置在那里。打个比方，这很像“成长的断崖”。很多妈妈自认为选择了一条安逸的路，结果却被动地陷入烦恼的泥沼。到头来，付出的不是更少，而是更多。美国首席大法官在儿子的毕业典礼上致辞：“在未来的很多年中，我希望你被不公正地对待过，我希望你遭受背叛，我祝福你时常感到孤独，我祝福你人生旅途中时常运气不佳，当你失败的时候，我希望你的对手会因为你的失败而幸灾乐祸，我祝福你被忽视，我祝福你遭受切肤之痛。因为唯有如此，唯有你感受到世间之不幸，被不公正地对待过，才能真正懂得公正的价值；遭受背叛，才领悟到忠诚的重要；时常感受孤独，才不会把良朋益友视为人生中的理所当然；运气不佳，才能意识到概率和机遇在人生中扮演的角色，进而理解你的成功并不完全是命中注定，而别人的失败也不是天经地义。”教育孩子的重要方法，是执着地栽培自己。最理想的状态是孩子懂的，我们懂；孩子不懂的，我们也懂。至少，我们要与孩子有交集。这个漫长的求索过程，既是为自己，也是为孩子。孩子的起点，是父母的肩膀。如此说来，孩子永远不会有相同的起跑线。如果真的有起跑线的话，家长才是孩子的起跑线。执着地栽培自己，是教育孩子的王道。为人父母是一场心胸与智慧的远行。

10. 成长—成人—成才—成功

每个孩子都有成才的潜力，孩子是自己长大的，但是孩子又必须在一定的环境和条件下成长，这些环境和条件也决定了他未来成为什么样的人。父母是孩子成长的引领人，但不是代替者。优秀的父母知道如何让孩子在一个自然的、充满养分的环境中成长，这种环境应该是良好的，能为孩子提供成长所必需的丰富多样的营养、条件以及经历的环境。优秀的父母知道孩子最终要形成自己的能力，去独立面对和创造自己的未来。

多元智能理论是由美国哈佛大学教育研究院的心理发展学家霍华德·加德纳在1983年提出的。他提出人主要有八种智能：语言智能、数理逻辑智能、空间智能、身体运动智能、音乐智能、人际交往智能、内省智能、自然探索智能。在传统意义上，学校一直强调学生在逻辑—数学和语文（主要是读和写）两方面的发展，但这并不是人类智能的全部。不同的人会有不同的智能组合，如建筑师及雕塑家的空间感（空间智能）比较强、运动员和芭蕾舞演员的体力（身体运动智能）较强、公关的人际交往智能较强、作家的内省智能较强等。根据多元智能理论，学校在发展学生各方面智能的同时，必须明白每一个学生只会在某一、某两方面的智能特别突出；而当学生未能在其他方面追上进度时，不要让学生因此受到责罚。在人才观上，多元智能理论认为每个人都是聪明的，天生我才必有用。学生的差异性不应该成为教育上的负担，而应该成为一种宝贵的资源。我们要改变以往的观念，用发现和赏识的目光去看待学生，改变以往用一把尺子衡量学生的标准，要认识到每位学生都是一个天才，只要我们正确地引导和挖掘他们，每个学生都能成才。在生命的早期，有一定宽度的生命体验是非常必要的，这不仅为他们将来提供了更多的可能性，也使生命更能抵抗挫折。每个学生都是一个独一无二的生命体。“尺有所短，寸有所长。”多元智能理论告诉我们，每一个学生都有可能成为某个领域的领军人物。

杰出人才的培养，必须遵从青少年身体、心理的发展规律，遵从教育规律、人才成长的规律，遵从人的品德、智力、体质、情操整体性的原则。人才、人才，有人有才，无人即无才，人是本源，才是枝叶。所以，若重才，先重人；若要才，先育人。从人才成长规律看，人有德，才为用；人无德，才为祸；人品善，才利民；人品劣，才害民。我国著名物理学家钱伟长是依靠历史和语文考了满分进入清华大学的，他的物理只考了五分，但他却成了中国近代物理学的奠基人。为什么？日本入侵中国，他要报效祖国，就毅然放弃了中文，改学了物理。他没有物理学的基础，却成了这个领域的大家。这说明情怀和境界是决定人生和事业高度的重要因素，是推动人发展的重要因素。未来社会，未必人人成功，但个个都需要幸福。幸福是种能力，是获得尊严、信任、快乐的能力。成长、成人、成才、成功，家长要正确认识孩子的成长规律，不能急功近利，也不可倒行逆施。

对话课堂寻真
——我的教学实践

一、我的语文教育观

(一) 生态课堂——生命的绿洲

语文学习有四重境界：通过语言文字带来的美感获得某种兴趣与热情；通过对生活的理解、对心灵的启迪获得某种意义与启示；获得品格和人格的提升；找寻生存的尊严和生命的价值。

然而，多年来在我们的课堂上，一些教师已经习惯了根据自己的设计思路进行教学，总是千方百计地将学生虽不大规范但却完全正确，甚至是有创造的见地，按自己的要求“格式化”。学生得“一切行动听指挥”，既不能在自己感兴趣的地方“细嚼慢咽”，又无法在没意思的地方“囫囵吞枣”。这些教师似乎只喜欢那些顺从、听话的学生，而对提问的学生表现出厌烦、敷衍，或以为在刁难自己。他们教学专制，漠视了学生生命个体的鲜活蓬勃与缤纷多彩，钳制了学生的活力与个性的张扬，压抑了学生勇于创新、敢于创新的欲望，挫伤了学生探索和创造的信心和热情，让学生成了被教师牵着鼻子走的“学习木偶”。过分强调教学过程的预设和封闭是传统语文教学的又一大弊端，部分教师似乎只想到自己怎样教，却忽视了学生怎样学。教案编排得细致而又周密，课堂教学却机械、沉闷、程式化，缺乏教学生活应有的生气与乐趣。由于教学本身缺乏对师生智慧的足够挑战，师生的生命活力无法在课堂彰显，教学过程成为演“教案剧”的过程。尤其是一些公开课，更成了众人精心“包装”后“成果”的集中展示。

课堂出现了“生态危机”。

1. 课堂教学生态化

生态课堂是还生命真实状态的课堂，是还生活本真面目的课堂，是还生存交往要义的课堂。生态课堂就是要帮助学生寻找失落的精神家园，建立起强大的精神交往场。

生态课堂是追求智慧的课堂。

走向智慧的语文课堂，应当引领学生追求无限广阔的精神生活和人类永恒的终极价值——真、善、美、智慧、公正、自由、平等、希望和爱。走向智慧的语文课堂，不在于老师打开了学生头脑中的多少个问号，而在于学生产生了多少新问号；不在于教师的教学设计多么严密，而在于是否激起了学生强烈的好奇心和探究欲；不在于学生接受了多少现成的知识，而在于学生在获得知识的过程中是否培育了足够的自信。走向智慧的语文课堂，要突破以课堂为中心的局限模式，要向社会拓展，向生活渗透，向所有蕴含着真、善、美的文化领域开放。说到底，学生是为了增长智慧和才干走进学校的。所以，无论是课程的功能、结构，还是课程的实施、评价、管理，都应该给学生以紧张而饱满的智力活动空间，使学生能够主动、充分、自由并富有创意地学习。

生态课堂是走向学生生活的课堂。

课堂教学是生活的一部分。既然是生活，真实应该是它的第一属性。课堂的每一个 40 分钟是教师和学生必须面对、无法逃避和躲藏的真实生活，应是教师与学生共度的生命历程、共创的人生体验，是师生生命空间的重要组成部分，是使学生学会学习、学会生活、学会交往、学会审美，也是教师自身不断发展和专业化成长的必由之路。语文课堂生态化，就是为了让每一个学生更爱学习、更会学习，更好地、更有意义地、更有价值和尊严地生活。为此，教师要善于在教学过程中营造学生生活环境的氛围，把教学过程生活化，激发学生作为生活主体参与生活的强烈愿望，将教学目标转化为学生作为生活主体的内在需求。这是造就“完满的人”“自由的人”“幸福的人”必须经历的教育历程。

生态课堂是学会生存交往的践行场所。

课堂生活作为师生生活的共同部分，作为生活的课堂，对话与交往成为其本质属性。现代教学论认为，教学过程是师生交往、积极互动、共同发展的过程。没有交往、没有互动，就不存在教学。这样，传统意义上的教师教和学生学，将不断地让位于师生互教、互学，彼此形成一个学习共同体。它不仅是一种教学活动方式，更是弥漫、充盈于师生之间的一种教育情境和精神氛围，交往对学生而言，意味着心态的开放，主体的凸显；对教师而言，交往意味着上课不只是传授知识，而是一起分享理解。上课不是无谓的消耗，而是生命的运动，是专业成长和自我实现的过程。

实现课堂教学生态化，要注意以下三个方面。

第一，师生关系的融合。民主是催生个性的摇篮，个性是诞生创新的土壤。师生关系的主要矛盾在教师。为此，首先要改造的是师生之间的不平等关系，要尊重学生，努力创设民主、平等的教学氛围。其次要解除教师的“权威情结”，改善教师在不自觉中的“以我为中心”，变“否定多于肯定”“呵斥多于鼓励”“命令多于交流”“强制多于疏导”“居高临下多于平等对待”的课堂状况为心灵与心灵的碰撞，生命与生命的对话，灵魂与灵魂的交流，智慧与智慧的砥砺，使课堂呈现出有序的互动。

第二，三维目标的整合。语文知识与能力、语文学习的过程与方法、情感态度价值观是语文教学目标的三个维度。生态课堂既要能将语文教学中知识与能力这一显性目标内化为学生自身的需求，又要能将过程、方法、情感、态度、价值观等隐性目标渗透在提高学习效率的实践活动中，成为学生自身的感悟，使三个维度的培养目标水乳交融、整体推进，呈整合态势发展。

第三，课堂内外的结合。生态课堂的教学空间不仅限于物理存在的教室空间、校园空间，也不仅限于教科书，它与家庭、社会、网络相通，包括一个人完整的生活世界。“让世界成为学生的教材”，要突破“课堂教学就是在教室里上课”的传统观念，让学生到大自然中去、到社会实践中去、到集体活动中去学习、去探索、去思考、去实践、去创造，课堂学习只是学生学习的一个子系统，校园学习系统、社会学习系统、网络学习系统共同构成学生的学习空间。

2. 教学设计板块化

板块，指教学结构板块，是指课堂教学中相对独立而又彼此联系的、由几个或多个问题情境组成的教学结构，是课堂教学的基本要素。对话式板块教学，就是在板块的牵动下，由教师、学生共同商讨以交往互动为主要方式确定教学思路，生成教学过程，达成教学目标。对话式板块教学有利于发挥课程、教材、教师、学生的整合优势，使培养目标整体推进。对话式板块教学把语文教学看成一个有机的、不可肢解的整体。教学时，为减少教学头绪，使教学过程集中而不零碎，并且有利于学生的整体感知、感悟，就有必要划分教学板块。每个板块都有一个集中的问题情境，有较大的课文覆盖面，有较强的对外辐射力，有“牵一发而动全身”的功能。它有别于传统的按文本自身段落来组建教学结构的“线”形教学思路，以“块”为教学单位，变收效甚微的单一性语言训练为综合性言语实践活动；力求改分散为集中，改繁杂为简约，变单一为综合，改慢节奏为高效率，使语文知识和语文能力、语文学习的态度和情感、语文学习的过程和方法在整体中优化，在整体中推进。

板块是课程的代言。传统语文教育混淆了语文课程内容、语文教材内容、语文教学内容。这种理解把课程与教材、教案完全等同，认为执行教案内容、完成教材内容就是语文教育的全部。其实，书本之外的语文课程资源十分丰富，在我们的身边、在我们的生活中无处不在，这一切与语文教材合起来构成了完整的语文课程体系。基于这样的课程观，我们就不会把解读文本教材当作课程的唯一任务和教学的唯一对象，在解读文本的过程中，有关文本的事实、概念、原理、技能、策略、情感、态度等才是课程的内容，而阅读文本只能是学习以上内容的一个途径。为此，板块的出现是课程的代言，是把实践语文作为教学的基本关注，把课堂语文作为学生语文学习的实践场所，是在整合思想的牵动下，融合了综合性学习、活动课程理念形成的新型学科教学模式。

板块是对教材的重组。教材不能顶替课程。开放、富有活力的语文课堂，不能仅以书本内容为教学内容。在板块的形成上，必须加强整合，包括课内与课外的整合、学科之间的整合、信息技术教育与语文学科的整合。为此，教学板块的形成既要依托教材，又不能完全照搬，因为教材是时代风貌、思维结果固化的产物。一本教材在它出版之际，也是它的生命终结之时，而课堂则不同，课堂教学的流动性注定了教师面对教材的内容时，既要尊重教材，准确把握作者、编者的意图，又要创造性地使用教材，对教材做适当地重组、拓展、延伸；既要重视学生对已有知识的重组与再创造，又要重视书本知识与社会实践之间的联系，使之更加符合学生的认知规律和心理特点。板块从本质上说，就要使“静”的东西变“动”，还静态的课堂以生命的互动、还静态的文本以个性化的解读；使“死”的东西变“活”，还教材、教参、教辅等固化的东西以流动感，力求超文本。

板块是实现对话的平台。在对话式板块教学中，教与学之间存在三种对话：一种是学生与作为文本的课程、教材的对话；一种是教师与学生的对话；一种是学生与学生的对话。所谓对话，是指教师与学生、学生与学生、学生与文本之间的一种精神上的相遇，通过三者之间对话式的相互作用，达到学生自主和自由发展的目的。板块为师本之间的对话、生本之间的对话、师生之间的对话、生生之间的对话提供

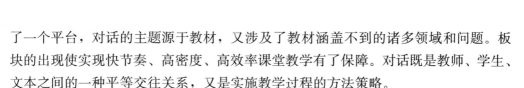

了一个平台，对话的主题源于教材，又涉及了教材涵盖不到的诸多领域和问题。板块的出现使实现快节奏、高密度、高效率课堂教学有了保障。对话既是教师、学生、文本之间的一种平等交往关系，又是实施教学过程的方法策略。

要实现教学设计板块化，要做到以下两点。

第一，教学环节的组合。

从教学环节上看，线形教学把语文教育等同于语文教学，并将语文教学定位在研究的层面上，把教材作为语文研究对象，把学生看作语文研究人员，把本该充满童真、童趣，充满鲜活生命色彩的小学语文教学演变成烦琐的内容分析、机械的情节问答和与小学生心理年龄不相适应的纯工具的理性思维的培养模式。

板块教学在重视文章整体内在逻辑顺序的基础上，将教学环节整合为几个有连带关系的板块，实现了教学环节的组合，优于零打碎敲的小步子运作。例如，“田忌赛马”以“感悟人生智慧”为核心设计的“四板块”：纸牌游戏—动画配音—辩论赛—给齐威王写信。又如，“外面的世界”一课，倡导在生活中自主识字，构建的“三板块”：社区识字—购物识字—看电视识字。

传统线形教学与板块教学的比较，见表 3-1。

表 3-1　传统线形教学与板块教学的比较

比较门类	教学类型	
	线形教学	板块教学
基本关注	研究语文	实践语文
教学程序	线形梳理	整体推进
教学特点	条分缕析	整体感知
教学设计	教程细密	弹性设计
教案编排	小步子、细线条	跨度大、粗线条
教学过程	预设、封闭	动态、生成
思维活动	侧重理性	侧重直觉

第二，教学类型的综合。板块教学打破了原有语文课堂教学的类型，实现了识字、阅读、写话、口语交际的整合，以“块”为教学单位，实现了语文教学的整体

优化和整体推进。例如，《家》是一篇小韵文，以识字为重点，整合了听、读、写，构建了三大教学板块：听读、读记、读写。

板块之间既相对独立，又密切相连，打破了独立分科教学的界限，实现了跨学科、跨领域的综合。例如，"元宵节"的教学设计，围绕"元宵"这一具体事物所蕴含的团圆之意，构建了四大教学板块：猜元宵、读元宵、吃元宵、唱元宵。

实现教学类型的综合，要重视以下四种实践活动。

第一，要重视语文本身的听、说、读、写实践活动。听、说、读、写是语文教学的常规任务，是所有语文教学模式赖以安身立命的根本，它既是语文教学的内容，又是实现教学目标的方法和途径。

第二，要重视异化了的听、说、读、写的实践活动。何谓异化，异化就是赋予内容以外在的某种形式。比如，"读"的异化，可以是给图画配插图，可以是给动画配音，可以是朗读擂台赛，还可以是演示、导游、表演、辩论等，总之一切能够促使学生爱读、想读、会读且学生喜闻乐见的实践活动都可以被当作异化的形式。

第三，要重视了解、搜集、整理、运用资料的实践活动。对话式板块教学是一种探究性学习活动，需要学生发现问题、提出问题、解决问题、搜集资料、运用资料，并且会表达与交流。

第四，要重视课外实践活动。要尽可能多地开展丰富多彩的活动，带学生走出去，如参观、访问、采访、调查等活动，让自然风光、日常话题、重要事件等校内外生活成为学生学习语文的资源，并将其有机地整合到课堂教学中来，让学生在具体的语言环境中掌握语言运用的规律。

（二）三教"田忌赛马"的启示

《田忌赛马》是一篇传统课文，文章以田忌赛马转败为胜的历史故事，揭示了一种科学的思维方式。1991 年至今，我执教"田忌赛马"多次，每一阶段都因教学理念的不同而产生不同的教学效果，这一次次经历促使了我教学风格的形成。

一教"田忌赛马"：解读教材，带着学生走向教案。

我第一次教"田忌赛马"是在 1991 年，这是我在花园小学校开始我教育生涯的第二年。因为自身的素质比较好，所以到花园小学校不久我就被确定为教学骨干，获得重点培养，并且非常幸运地有了一次执教公开课的机会。那时，我上课非常重视教学导语、过渡语、小结语、总结语的设计，每次备课都要事先写好并反复推敲台词，再烂熟于心。课堂上我时而提问，时而讲解；学生时而回答，时而倾听。讲到生动处我慷慨激昂，学生也群情振奋。一节课下来，我提的二十几个问题，都千方百计地诱导学生钻到我预先设计好的答案中，来个“请君入瓮”，最后师生“不谋而合”，圆满完成教学任务。可能是老师们把我的课堂教学当作诗歌朗诵会或讲演会来欣赏的缘故吧，每次公开课后我都能听到老师们夸奖的声音。现在看来，那时课堂气氛虽热热闹闹，但学生缺少自主，我也全无自主，充其量是教案的忠实执行者罢了。学生是被动听会的、被我讲会的，而不是自己学会的，教师的“一厢情愿”，只突出了“教”的地位，而忽视了“学”的作用，一味地牵着学生鼻子走，终归是一种虚假的表面繁荣。

二教“田忌赛马”：重组教材，带着教案走向学生。

第二次执教“田忌赛马”是在1998年，那时“加强学生的主体作用”的提法正在全国范围内被倡导，我的课堂生活也在悄然变化。在学习和实践中，我领悟到教学既要凭借教材，又不能囿于教材。为达成教学目标，要充分发挥教材的“例子”作用，要对教材做适当重组、拓展和延伸。课堂教学中我不再对教材进行类似外科手术似的逐句逐段地梳理，变老师提问为学生质疑问难，变老师设计教学流程为师生共同梳理疑问，最后围绕几个问题开展学习活动。“以学定教”是我教学思想的一个重大转折，由于问题是由学生提出来的，我无法再牵着学生的鼻子走，课堂上我的注意力从教案重心转向了学生重心。

三教“田忌赛马”：活化教材，让教案跟着学生走。

2002年，在全市召开的“新课标学习与实践现场会”上，我用全新的理念再次执教了“田忌赛马”一课。依据教材特点和教学目标，我设计了四个语文实践活动：“和学生玩纸牌”“给动画片配音”“小小辩论赛”“给齐威王写信”。我采用游戏化的方式，把课堂教学的意图和痕迹隐蔽起来，将传统意义上听、说、读、写的语文活动，异化为综合性言语实践场景。学生在完全放松的状态下，在轻松愉悦中，享受语文、享受课堂，不知不觉地进入了文本世界。

（三）让孩子在阅读中彰显个性

教师与学生互为师生，同为学者，由此产生了教师式的学生和学生式的教师。教学为师生的交往提供了一种机遇、一种生活的机会、一种人际沟通的情境……

每个学生都有自己的个性，不同的认知风格、不同的兴趣爱好、不同的欲望需求、不同的价值取向、不同的创造潜能铸就了千差万别的学生。因此，阅读教学应该重点关注阅读者的个性倾向和个性心理特征的差异，因材施教，强调自主学习，通过阅读活动培养学生的主动性、独立性、多样性、合作性和创造性，从而使每一位学生都能获得发展。

21 世纪小学语文阅读教学与传统阅读教学相比有了一个明显的变化，那就是由重视阅读客体——文章的研究，转向了重视阅读主体——阅读者的研究，这是个不小的进步。然而，对主体参与的重视不能替代有效阅读本身。我们发现，现在大量的公开课上依然可以找到尚处“口号”层面的主体参与，这主要表现为各式各样、形形色色的形式主义，如读书不质疑、合作不交往、讨论走过场、感悟求一致、评价轻过程等。这些都失去了阅读教学以文会友的目的，从而导致整个阅读教学中个性的迷失。轻视个性、漠视个性的现象之所以比比皆是，究其根源，就在于教师。教师作为教与学这对矛盾体中的一个方面，其活动直接影响着学生的学。传统的师生关系，实际上是一种不平等的关系，在这种不平等的关系中，教师不仅是教学过程的控制者、教学活动的组织者、教学内容的制定者和学生学习成绩的评判者，还是绝对的权威者。因此，多年来，教师已经习惯了根据自己的设计思路进行教学，总是千方百计地将学生虽不大规范，但却完全正确，甚至是有创造性的见地，按照自己的要求“格式化”。

尽管现在教师已经在尊重学生，努力创设民主、平等的教学氛围上做出了许多有益的尝试，但有些教师的“权威情结”依然存在。他们在不自觉中以自我为中心，对学生否定多于肯定、呵斥多于鼓励、命令多于交流、强制多于疏导、居高临下多于平等对待。在这种情形下，学生只能“一切行动听指挥”，不能在自己感兴趣的地方“细嚼慢咽”，也无法在没意思的地方“囫囵吞枣”。学生成了被教师牵着鼻子走的“学习木偶”，可能刚上一年级时还敢说，越到高年级就越不敢说，最后就索性一句也不说了。

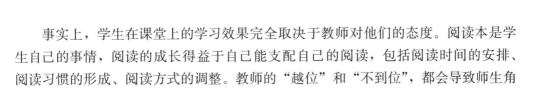

事实上，学生在课堂上的学习效果完全取决于教师对他们的态度。阅读本是学生自己的事情，阅读的成长得益于自己能支配自己的阅读，包括阅读时间的安排、阅读习惯的形成、阅读方式的调整。教师的“越位”和“不到位”，都会导致师生角色的错位，再加之教学策略的缺失，都会使阅读与阅读教学失去应有的个性。

要重新定位师生关系，让学生的个性在语文阅读教学中发挥出来。阅读，本来就是极具个性化的行为，是一种由众多心理因素组成的复杂的心智活动。阅读不仅是简单地还原作者意愿的过程，还是阅读者的再创造过程。不同的个体，因个性品质的不同、生活阅历的不同、智能类型的不同在阅读理解、阅读方式上也大相径庭。正所谓“诗无达诂”“一千个读者的心中会有一千个哈姆雷特”。因此，个性化阅读就是在阅读教学中重点关注阅读者的个性倾向和个性心理特征的差异，加强学生的自主学习，因材施教，通过阅读活动培养个体的主动性、独立性、独特性、多样性、合作性、创造性，从而使每一位学生都能获得发展。

让每个人的个性都能得到充分的、自由的发展，是马克思主义学说的重要观点。激起每一个个体的个性潜能，让课堂焕发生命的活力，这更是时代对阅读教学发展前景的呼唤。国家教育部颁发的《新语文课程标准》指出，阅读是教师、学生与文本进行对话的过程。怎样理解对话的含义？华东师范大学教授叶澜先生提出的一个理念启发了我：课堂生活的重构就在于你是把学生看作一个“认知体”还是“生命体”。“认知体”的课堂，教师、学生之间是知识的授受，教师传授，学生接受；如果把学生看作“生命体”来对待，那师生间就会产生“对话”。所谓“对话”，就是指教师、学生与文本之间一种精神上的相遇、一种生命本质的交往。在这种形势下，教学活动就成为以“对话”为基础，教师价值引导与学生自主建构的、辩证统一的过程。教师就不再是居高临下的命令者，而是学习活动的组织者、参与者；学生也不再是被动接受的容器，而是学习的主人、学习活动的主体，教与学的关系就成了交往关系、合作关系、伙伴关系。因此，双方能够互相接纳、互相理解，学生通过与教师的相遇而成长，教师通过与学生的对话而教育，从而达到共享知识、共享智慧、共享生命时空的价值与意义，进而获得整体精神世界的建构。在某种意义上，教师与学生互为师生，同为学者，产生了教师式的学生和学生式的教师。

根据我这些年的研究和实践，我明白了要想实施小学语文个性化阅读教学，一方面要吸收传统语文教学的精华，另一方面也要借鉴西方教育科学理论。在吸收传统语文教学精华方面，最有效的办法是重诵读和重积累。汉语是最适合诵读的语言，教师可以在初读阶段安排大面积、多次数、目的和层次不同的朗读，旨在促使每一个学生潜心静气地把书读准、读通、读熟。在熟读的基础上精思，即感悟语言—形成语感—发展形象思维，通过语言现象领悟语言规律，培养学习习惯，形成语文素养。另外，范文语言的积累主要靠读和背。传统语文教学重读、重背，提倡熟读精思，这对形成人的最高语文素养——语感素养，是大有益处的。朱熹在《训学斋规》中说："大抵观书先须熟读，使其言皆若出于吾之口。继以精思，使其义皆若出于吾之心，然后可以有得尔。"我们在作文教学中经常会遇到这样的问题：不少学生在写作文时无话可写，直到小学毕业，还无法写出语句通顺的文章。究其原因，是缺少积累，不仅缺少课外阅读的积累，也缺少课内阅读的积累，没有把课文语言变成自己的语言，学过的语言也不能及时运用，课文中大量的句型、段式成为学生记忆仓库中的积压品，没有变成自己作文的源头活水。因此，我在课堂教学中非常重视朗、背、复、默，尽可能多给学生留足积累和内化语言的时间和空间。

建构主义理论认为，知识是不能传递的，教师所传递的只是信息。知识是通过学生活动不断建构起来的，是非预存的。我们借鉴西方教育科学的理论，主要是借鉴西方建构主义的观点。为此，我在教学中不是向学生灌输这些固定的知识，而是通过言语实践活动的开展，把学习的过程变成学生自主求取、自我探究、自我组织构建的过程。无论哪一种课型，都以学生的自主发现为施教的前提，鼓励学生自读文本、自我发现、质疑问难、尝试解惑、感悟积累、迁移运用。

（四）对话式板块教学原理

省级优秀教学成果"小学对话式板块教学实践的研究"始于2000年，基于花园小学校课堂教学中的实际问题，我们开展了历时十四年的探索。

1. 模式概要

"小学对话式板块教学实践的研究"是在第八次课改背景下提出的。它是对传统教学的扬弃，也是对西方近代教育理念的借鉴，更是对教育本质和规律的尊重与继承。它有别于传统线形教学思路，是在整合思想的牵动下融合了综合性学习和活动课程理念形成的学科教学模式。它提出了师生融合、目标整合、内外结合的教学原则。

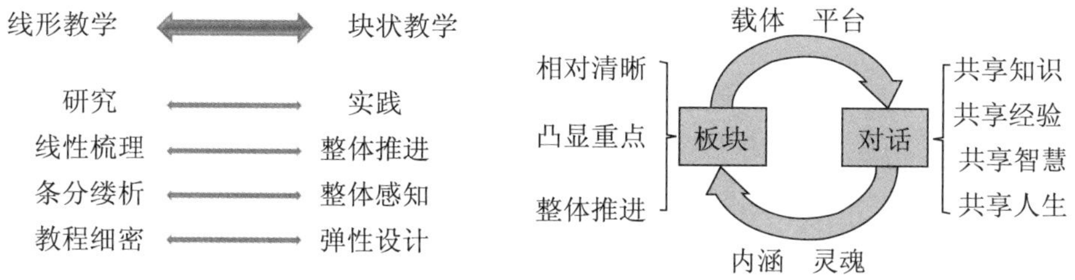

线形教学与块状教学对比图

板块是指教学结构板块，是课堂教学中相对独立而又彼此联系的、由几个或多个问题情境组成的教学结构，是教学结构的基本要素。板块的优势是结构清晰、重点凸显、整体推进。

对话是教师与学生、学生与文本之间的一种精神上的相遇，通过三者之间对话式的相互作用，最终促进人的全面、和谐发展。对话的本质是共享。所以，对话既是目的又是手段，能让板块教学的优势得到最大的发挥。板块是对话的载体和平台，对话是板块的内涵和灵魂。

2. 研究历程

【第一阶段】模式建构

2003—2005 年，我们分别在语文、数学、科学、英语四大学科中构建了板块教学模式。

【第二阶段】教材解析

2006—2009 年，为了确保课堂对话的精准度，我带领全体教师梳理数学、语文共 20 册的教材知识点，进行了“点式教材解析”。

下面是为教师提供的解析教材的路径。

数学“点式教材解析”：主题图解读、知识的上挂下联、泡泡解读、练习题解读、培优题设计。

语文“点式教材解析”：语文知识点、能力训练点、阅读切入点、朗读指导侧重点、教学资源整合点。

在长达四年的时间里，我们汇编了《人教版小学“点式教材解析”成果集》。

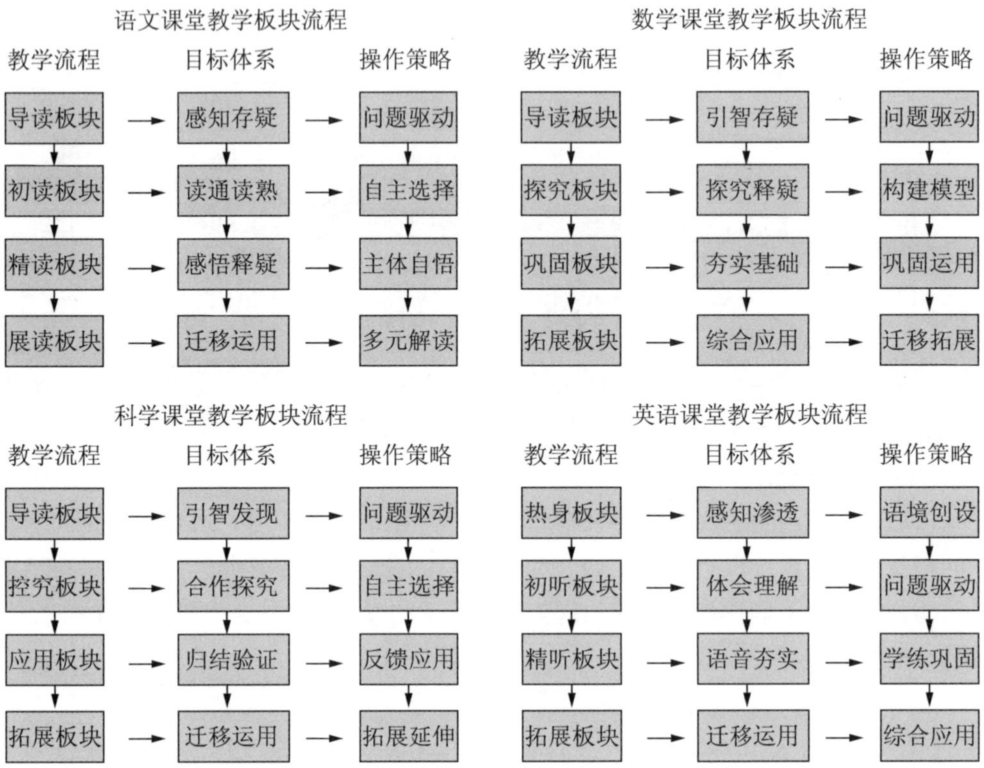

四大学科教学板块流程

【第三阶段】学情分析

2011—2013 年，我们重在提升对话品质，针对在课堂对话中出现的问题，我们到名优教师的课堂中去寻找答案，汲取营养。我们发现课堂质量是由教师的执教能力决定的，而学情分析能力又是教师执教能力的关键所在，更是教师最难突破的瓶颈。怎样把名优教师的教育精髓转化为普通教师的执教力？对此，我们进行了教师学情分析与反馈行动研究，具体见表 3-2 和表 3-3。

课中学情分析的 10 个角度与学情分析的 10 个内容见表 3-2。

表 3-2 课中学情分析的角度与内容

学情分析角度	学情分析内容
学习智能	学生的智慧类型和智能水平
学习动力	学生的学习兴趣和学习动机
学习适应	学生的知识基础和前学习经验
学习方法	学生的思考方向和思维品质
学习策略	学生课堂参与的效度
学习能力	学生对本体性知识的运用和迁移
学习心态	学生的个性心理品质
学习智慧	学生调控驾驭学习的意识
学习意识	学生的主体意识和成就意识
人际交往	学生的人际沟通和交往

课中学情诊断与反馈，从学生的需求角度梳理学生被激励、被诊断、被发展的需求，从而总结出教师反馈的 10 种行为，具体见表 3-3。

表 3-3 课中学情诊断与反馈

<table>
<tr><th colspan="2">学生课堂生活需求</th><th>教师反馈行为性质</th></tr>
<tr><td rowspan="3">被激励的需求</td><td>需要被关爱</td><td rowspan="3">激励性</td></tr>
<tr><td>需要被认同</td></tr>
<tr><td>需要被赞美</td></tr>
<tr><td rowspan="6">被诊断的需求</td><td rowspan="3">需要被肯定</td><td>判断性</td></tr>
<tr><td>强化性</td></tr>
<tr><td>引导性</td></tr>
<tr><td rowspan="3">需要被唤醒</td><td>延时性</td></tr>
<tr><td>筛选性</td></tr>
<tr><td>转向性</td></tr>
</table>

续表

学生课堂生活需求		教师反馈行为性质
被发展的需求	需要被指正	指导性
	需要被调整	调节性
	需要被提升	点拨性

课中学情分析与反馈观察记录单，见表 3-4。

表 3-4 课中学情分析与反馈观察记录单

学习任务				
学生层次	学有余力型	有待提高型	自信不足型	其他
提问类型	指令型	选择型	跟进型	创造型
	记忆型	感受型	理解型	批判型
回答类型	无答型	机械型	误答型	感受型
	理解型	质疑型	鉴赏型	创造型
反馈类型	判断型	强化型	筛选型	转向型
	激励型	追问型	引导型	点拨型
	留白型	延时型	提升型	归纳型

我们针对学有余力型、有待提高型、自信不足型等不同类型的学生情况，总结出了教师提问的 8 个类型、学生回答问题的 8 个类型以及教师反馈的 12 个类型。

3. 实施建议

（1）“对话课堂”十六字方针

“对话课堂”十六字方针：胸中有标、心中有材、手中有法、目中有人。从传授知识的课堂变为共享生命的课堂，由记忆水平的课堂转变为思维水平的课堂。

（2）小学对话式板块教学的七大策略

小学对话式板块教学的七大策略：点评提升策略、层层剥笋策略、故谬迂回策略、诱导深入策略、话题先导策略、引而不发策略。

（3）防止对话教学变成问答教学

课堂“对话”的三大“死穴”：拖声集体应答、按教师意图应答、师生单线问答。“三不答”应对策略：学生已知的不答、跳一跳能答的不答、生生对答的不答。切忌“三过早”：过早催要答案、过早提供答案、过早评价反馈。

二、对话式板块教学课例与评析

（一）高段阅读教学“圆明园的毁灭”

师：这节课我们继续学习第22课，请大家齐读课题。（生齐读课题）

师：上节课我们初读了课文，谁能说说通过初读你们都读懂了什么呢？

生：我知道圆明园在1860年被英法联军毁灭了。

师：你读哪段知道的？

生：我是读课文第三自然段知道的。

师：那么，读了其他自然段，你还知道了什么？

生甲：我知道圆明园是一座皇家园林，那里收藏着许多珍贵的文物。

生乙：我知道圆明园由三座园组成，那里的景观很美。

生丙：我知道圆明园在北京西北角。

师：看来，通过上节课的学习，你们知道的还真不少。现在，老师请大家再读读课文，看看你还有哪些没读懂的地方，请提出来。自由读，开始吧！（学生速读课文）

生甲：“众星拱月”是什么意思？

师：你不懂这个词的意思，是吧？老师在这儿打个问号，过一会儿我们一起讨论，你就明白了。

生乙：为什么说圆明园是世界上最大的博物馆、艺术馆？

师：这个问题提得好，你是爱思考的孩子。

生丙：为什么称圆明园是“瑰宝”“精华”？

师：这两个词的意思你懂吗？

生：“瑰宝”就是特别珍贵的东西，“精华”是最重要、最好的部分。

师：谢谢你告诉大家这两个词的意思。为什么称圆明园是“瑰宝”“精华”，让我们在学习课文的过程中弄懂，好吗？（生点头说“好”）

生丁：在圆明园中游览，为什么会有“在幻想的境界中”的感受？

生戊：英法联军为什么要烧毁圆明园？

师：从大家提出的问题中，可以看出你们认真读书了，也动脑思考了。下面，我们就来解决这些问题。

【阅读教学从质疑问难入手。教师先让学生自学课文发现问题、提出问题，质疑问难。然后再梳理学生提出的能体现教材重点、难点以及疑点的问题，作为学生阅读提要，这就强化了学生的自我意识。在整个阅读过程中循着学生提出的这些问题进行读、思、议，充分发挥了学生的主动性，也改变了教师串讲、串问的教学模式。教师顺势而教，学生顺心而学，舍得花时间，不图形式，不走过场，确保了学生的主体地位。】

师：为什么说圆明园是园林艺术的瑰宝、建筑艺术的精华呢？我们还得从它当年的布局看起。谁愿意朗读第二自然段？请大家听读思考：“众星拱月”的“月”指什么，“星”又指什么？（一名学生朗读）

生：“月”指圆明园。

师：确切地说呢？

生：指圆明三园。

师：“星”呢？

生：“星”是指那些小园。

师：圆明园的布局到底是什么样的，让我们一起看图。（电脑出示图像，指图）左边的园子是圆明园，右边的是长春园，下边的万春园。这三个园子组合在一起，就是——（生齐：圆明三园）看，这就是众星拱什么？（生齐：月）再看，这十几座小园是什么？（生齐：星）

师：“众星拱月”懂了吗？（手指质疑的学生）这个问题是你提出来的吧？说说看。

生：许多小园像星星一样围绕在圆明三园的周围。

师：讲得真好！你不光能提出问题，还能解决问题，真不简单！那么“拱”是什么意思呢？

生：环绕。

【教师抓住重点词语释疑，引导学生感悟语言，领会作者运用语言的技巧。首先，让学生联系上下文明确“众星拱月”中的“星”和“月”在本课各指什么。其次，教师出示精心设计的图像，让学生从形象上感知“众星拱月”到底是什么样的，待学生从感性上对这个词语有所了解后，教师再让刚才提出不懂“众星拱月”这个词语的学生用自己的话解释，当学生说出“众星拱月”就是许多星星围绕着月亮时，教师又在水到渠成的情况下，指导学生理解“拱”在这个词语中的意思。最后，让学生联系课文明确“众星拱月”在本课中指什么。这种释疑匠心独运，前后联系，对学生的自主学习起到了画龙点睛的作用。】

师：圆明园不光布局独特，那里还有众多的景观。请大家自由读第三自然段，分小组讨论这段话分几层意思，都写了什么。(学生讨论)

生甲：我分三层。第（1）（2）句是第一层，写圆明园的景观有很多；第（3）（4）句是第二层，主要是介绍几处景观；最后一句是第三层，写游览时的感受。

师：还有不同的意见吗？

生乙：第一层是第（1）句，概括写园内景观；第二层是第（2）至第（5）句，具体讲园中的景点；第三层是最后一句，写作者游园的感受。

师：第二位同学分得正确，作者介绍景观是先概括后具体写的。你们明白了吗？

生齐：明白了。

师：让我们读第一层的第一句话，看看能从中体会到什么。(生齐读)

生：我能体会到园内的景观多。

师：你是从哪些词语中看出来的？

生：是从“有……也有……”看出来的。

师：他从并列句中体会到景观多，你们再读读这句话，看看还能体会到什么。(生自由阅读)

生：我体会到圆明园内的景观各有各的特点。

师：各有怎样的特点？具体说说。

生：金碧辉煌是说建筑物光彩夺目、异常华丽，这是殿堂的特点。玲珑剔透是说小巧玲珑、结构奇妙，这是亭台楼阁的特点。买卖街热闹非凡，山乡村野显得十分幽静。

师：你们看，他眼睛多亮！一看就知道他特别善于思考。圆明园的景观各有各的特点，真可以说是风格各异。（板书：风格各异）

师：那么，怎样读才能读出它们各自的特点呢？请你们注意听听老师是怎样读的（师范读）我朗读得怎么样？

生甲：老师的朗读声调有高有低，语气有轻有重，速度有快有慢。

师：哪儿高，哪儿低？哪儿重，哪儿轻？

生甲："金碧辉煌""玲珑剔透"两个词语，老师读得语气比较重，突出了景观各自的特点。

生乙：老师读"买卖街"一句时，语速快，而且声调高。

生丙：读"山乡村野"一句的时候，声调低缓。

师：老师为什么要这样读？

生丙：是为了突出景观的各自特点。

师：老师用语速和声调的高低来表现不同景观的特点，大家都听得出来，你们真会听！那么，你们也来读一读吧！（学生自由读，之后师生齐读这句话）

【"圆明园中，有金碧辉煌的殿堂，也有……山乡村野。"这是体现圆明园中景观风格各异的一个句子，也是具体说明圆明园是"园林艺术的瑰宝，建筑艺术的精华"的点睛之笔。因此，为了让学生理解这句话的深刻含义，教师通过范读和指导学生体味、比较，来感悟景观风格各异的特点。教师用声情并茂的范读及读后谈话（请学生说说读得好在哪里，为什么要那样读），具体指导学生朗读。在读中培养语感，鉴赏语言，从中受到美的熏陶。朗读训练具有启发性，从读前和读后的不同效果可以明显地看出学生悟出了圆明园景观的"各具特色、美不胜收"（叶圣陶语），从而受到景观美和语言美的熏陶。】

师：在第二层中，作者具体介绍了哪个景点呢？快速阅读，然后告诉大家。（学生速读课文）

生：作者介绍了"平湖秋月""雷峰夕照""安澜园""狮子林""蓬莱瑶台""武陵春色""西洋景观"。

师："平湖秋月"是哪儿的名胜？

生：杭州西湖。

师：谁去过杭州西湖？给大家讲讲"平湖秋月"的景色。

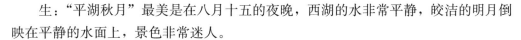

生：“平湖秋月”最美是在八月十五的夜晚，西湖的水非常平静，皎洁的明月倒映在平静的水面上，景色非常迷人。

师：到底是去过的，讲得真不错！（映图像）不光你觉得那儿美，乾隆皇帝也沉迷其中，所以让工匠们把它仿造在圆明园内。课前大家查阅了有关的资料，有知道“安澜园”的吗？

生：“安澜园”在海宁，是座私家花园。传说乾隆皇帝 6 次下江南有 4 次住在那儿，可见那儿的景色十分迷人。（映图像）

师：园中除了这些依照各地名胜建的景点外，还有根据古诗和画中的意境建造的景点。（映图像）看，这个景点叫“蓬莱瑶台”，它是根据唐代大画家李思训在《仙山楼阁》中的画意建造的。谁知道“蓬莱”“瑶台”是什么地方？

生：是神话中神仙居住的地方。

师：看，这里烟波浩渺，水天一色，有没有仙境的感觉？（生齐：有）现在我们乘着小舟，沿着潺潺流动的桃花溪，将要前往的另一处景点就是“武陵春色”。这是根据晋代诗人陶渊明在《桃花源记》中描写的艺术境界建成的。（映图像）看，漫山遍野开着红色的桃花，小巧精致的房屋隐蔽在山坳中，人们在此过着快乐无忧的生活。这就是人们想象中的“世外桃源”。

【教师的这个点拨，直捣学生理解的难点，把看不见的变得可见了，把想象的变成了现实，把深奥的变成了浅显的。学生从中领悟到了圆明园风格各异的景观，也领悟到了劳动人民的聪明才智。有了这个“举一”，对于理解其他景点就可以“反三”了。】

师：蓬莱也好，桃花源也罢，现实生活中有吗？

生：没有。

师：那人们是根据什么建造的呢？

生：人们是根据想象建造的。

师：说得真好！作者说“流连其间，仿佛置身在幻想的境界中”，你们明白这句话的意思了吗？

生：明白了。因为园内有现实生活中根本找不到的景观，那些景物完全是人们根据想象建成的，所以，才会有“置身在幻想的境界中”这样的感受。

师：古代劳动人民多么了不起！他们具有非凡的想象力、创造力。在长春园中，还有一组充满异国情调的建筑，这就是西洋楼（映图像）。圆明园我们先游到这儿。老师有个问题想问大家：园内是不是就这几个景点呢？

生：不是。

师：你从哪儿看出来的？

生："天南海北"是说园内景观多，我是从这个词语中看出来的。

生："等"字也说明园内的景点还有很多很多。

师：大家真会读书，真是字字入心了。那么，园中到底有多少个景点呢，有知道的吗？

生：有一百多个景点，我是从课外书中看到的。

师：真会学习！课外的知识帮了忙。

【1964 年，叶圣陶先生在致友人的一封信中说："我之意见，教师引导学生用心阅读，宜揣摩何处为学生所不易领会，即于其处提出问题，令学生思之，思之而不得，则为讲明之。"以上的教学出色地体现了叶先生的这一思想。"园中的景物都是仿照……还有西洋景观。"这 4 句话中介绍的景观有 7 处之多。如果逐处景观地讲解，不但费时较多，学生还会产生厌烦心理，因为有几处景观是他们看过的。教师认识到了这种情况，于是启发两名学生描述"平湖秋月"和"安澜园"的景色。这样做，既节省了时间，又调动了学生的学习积极性。面对"蓬莱瑶台"和"武陵春色"这两处学生十分陌生的景观，教师则利用图像，以描述点拨的方式进行诱导，之后又用启发式的提问引导学生知道它们是怎样建造出来的。这样一来，学生不仅认识到了景观之美，还感受到了我国古代劳动人民的创造才能。这种有学有导、有浓有淡的教学是值得称赞的。】

师：漫游在这样的一座园林中，该有怎样的感受？请齐读第三层。(生齐读)

师：我觉得你们朗读的感情还不够充沛。"饱览"怎么讲？

生："饱览"是充分地看、尽情地看。

师：能看够吗？

生：看不够。

师："流连"又是什么意思呢？

生：舍不得离开那里。

师：你们看，既看不够，又不想走，能读得那么快吗？请大家带着这样的感情

再读一遍。（生齐读）

师：看出来大家很喜欢这篇课文，老师给大家点儿时间自由读、尽情读，看能不能背诵下来。（生练习背）

师：让我们一起来练习背诵。这段分三层，先概括写园内景观。（映出提示性词语：圆明园中，有……也有……有……也有……园中许多景物都是仿照各地名胜建造的，如……圆明园中，有……如……园中不仅有……还有……漫步园内，犹如……流连其间，仿佛……）

（师生齐背此段，流畅、有感情）

【叶圣陶先生主张，语文教学既不该“忽略讨究”，也不该“忽略吟诵”。他说：“吟诵的时候，对于讨究所得的不仅理智地了解，而且亲切地体会，不知不觉之间，内容与理法化而为读者自己的东西了，这是最可贵的一种境界。学习语文学科，必须达到这种境界，才会终身受用不尽。”教师抓住“情点”讲解第三层之后，又给学生充分的时间和必要的提示，让他们练习背诵第三自然段，学生背诵得很流畅，很入情，课文中的这段精美文字他们会经久不忘；作者先概括后分述、先写景后抒情的写作方法他人也必能心领神会。这正是阅读教学最可贵的一种境界。】

师：圆明园内收藏着哪些珍贵文物，为什么说它是“当时世界上最大的博物馆、艺术馆”？请大家边画边议，可以就你画的某个词、某个句子或某个地方汇报你的自学成果。

生：这段话中的关键词语是“青铜礼器”“名人字画”“奇珍异宝”。

师：“青铜礼器”“名人字画”“奇珍异宝”，这些都是当年圆明园的收藏品，你找到的这些词语能告诉我们什么呢？

生：圆明园里的文物多、种类多。

师：你们还画了哪些词语？

生：我画的有“上自”“下至”。

师：“上自”和“下至”是什么意思？

生：“上自”是从，“下至”是到。

师：从先秦时代到清代，时间有多长？

生：从先秦时代到清代，有2000多年。

师：经过这样漫长的历史时期，还能留下来，说明这些文物怎样？

生：说明这些文物很珍贵。

师：园中收藏品这么多，而且十分珍贵，所以说它是当时世界上最大的博物馆和艺术馆。

【教师采用了自学汇报的方式来教学这一段，学生有了阅读实践的机会。学生抓重点词语感悟理解，教师对学生领悟不到的问题鼓励学生自我发现、自我评价。学生主动学习、主动探索，有利于培养其学习能力和创造能力。】

师：现在我们一起来回顾刚刚学过的第二自然段。文中讲了圆明园那种独特的布局、各异的景观，以及珍贵的收藏，这一切都告诉了我们什么？

生：圆明园的确是园林艺术的瑰宝，建筑艺术的精华。

生：它不愧是举世闻名的皇家园林。

师：请用自己的话讲讲好吗？

生：圆明园是园林艺术中最珍贵的、最好的。

师：这回你们真的懂了。法国作家雨果曾经赞美圆明园为“举世无双的杰作”，用这样美好的词语赞美这座园林，可以看出人们对圆明园充满了怎样的情感？

生：无比热爱。（板书：爱）

师：然而，就是这样一座让我们无比热爱的、举世闻名的园林，却在几天之内化为灰烬。请阅读第五自然段，看看侵略者用哪些野蛮手段毁灭了圆明园，看谁能用书上的词语简要地概括。

生：掠、毁、烧。

师：（映示句子）请你们再仔细读读这句话，从加点词语中体会到了什么？

生：“凡是”“统统”是说全部，“所有”一个不剩。从中看出侵略者非常贪婪。

生：“任意”是想怎样就怎样，说明侵略者野蛮、残暴。

师：讲得真好！读这部分要读出侵略者的野蛮。（生齐读）

师：面对强盗，皇帝只顾自己逃命，把这偌大的园林留在烈火中痛苦呻吟。让我们看看那惨痛的一幕吧！

（生看《火烧圆明园》的电影片段）

师：看完视频，你们有什么感受吗？

生甲：侵略者实在太野蛮了，他们的罪行令人发指。

生乙：我真为我们国家失去这样一座精美的园林而惋惜。

师：请说出你们心中最想说的话。

生丙：清朝政府腐败无能、科技落后，实在让人气愤。

生丁：他们真是罪不可赦！

师：从同学们的发言中，我听出来大家对侵略者、对清政府的痛恨。（板书：恨）历史的教训告诉我们一个真理：贫穷受欺压，落后要挨打。侵略者毁掉的不只是圆明园，也是世界的文明！

【与第三、第四自然段相比，第五自然最易理解。因此，教师让学生快速浏览，先用几个词语概括帝国主义毁灭圆明园的手段，再说说几个重点词语的意思。然后播放录像片段，再现英法帝国主义的罪恶，这种教学方法也是举一反三教学原则的正确运用。】

师：请大家浏览第一自然段。

师：文中有两个“不可估量”，说明了什么？

生：说明圆明园被毁灭损失巨大、无法弥补。

师：这个损失确实是无法弥补的。如今，一百多年的风风雨雨已经过去，圆明园的废墟始终伫立在那里，它记载着帝国主义侵略者在中国犯下的滔天罪行，也记载着我们中华民族那段饱受屈辱的苦难历史。忘记过去就是背叛。为了让火烧圆明园的悲剧永远不再重演，让我们时刻记住：勿忘国耻——（生齐）振兴中华！

【“勿忘国耻，振兴中华”这八个字既是教师的画龙点睛之笔，又是她精彩教学的必然之果。】

（二）高段阅读教学“田忌赛马”

1. 玩纸牌，初涉文本视界

师：今天老师带来了两副纸牌（教师出示纸牌）一副是红牌（10、8、5）另一副是黑牌（9、6、3）怎么玩呢？比大小，三局两胜就算赢。谁想和我比，请到前面来。（学生争相举手，教师指最后一桌的同学）最后那桌的女同学，尽管你的座位离得最远，但我们的心贴得很近。红牌、黑牌任你选，你选哪副牌？

生：我选黑牌。

师：能告诉大家你为什么选黑牌吗？

生：我喜欢黑色。

师：除了喜欢黑色还有别的原因吗？

生：没有。

师：现在你持黑牌，我持红牌。你先出。

生：我出6。

师：我出8，比你大。

生：我出9。

师：那我出10，还是比你大。看你还出什么？

生：（摸摸脑袋）我，我输了。

师：呦！声低了，输了吧？还有愿意到前面来比的吗？（又一生上前持黑牌）你能赢我吗？

生：能。

师：真有这样的把握？你先出什么？

生：我先出3。

师：你出3，我出5。

生：我再出9。

师：我出10。

生：啊？（自言自语）比不下去了。

师：有要持红牌和我比的吗？（学生争先恐后，指一学生）你要持红牌和我比吗？你想输还是想赢。

生：想赢。

师：正常心理。请到前面来。

生：我出5。

师：我出6。

生：我出10。

师：我出3，让你赢一回。

生：我出8。

师：我出9，赢了你。

（更多的学生举手）

师：比三次了，都是你们输。同学们，你们有没有办法赢我？（有一个学生举手）你有办法？

生：我持黑牌，可是我有一个要求。

师：什么要求？

生：你先出。

师：为什么让我先出？

生：因为红牌每一张都比黑牌大，黑牌要想赢，就得让你先出。

师：这回让我先出，主动权不在我这儿了。那，我先出个5吧。

生：我出6。

师：你赢了，我再出8。

生：我出9。

师：我只剩下10了。

生：我出3。

师：2比1，这回我输了。看来输赢和牌大、牌小没有什么关系，是吗？（学生点头）在比赛中、在战争中，要想以弱胜强、以少胜多，关键看弱的一方能否抢占先机。"田忌赛马"这课讲的就是这样一个故事。（板书课题）

2. 练配音，进入文本视界

师：课前同学们读过这篇课文吗，读过几遍？

生：我读过五遍。

师：读得真不少。今天我带来了《田忌赛马》的动画片，你们想不想看一看？

生：想。

师：但是，很可惜，这段动画片只有画面没有解说词，不知道你们能不能看懂？（放映动画片）看懂了吗？

生：懂了。

师：你懂了，不见得在座的所有人都能看懂，有什么好办法吗？

生：我给它配上音。

师：好主意。在正式配音之前，老师建议大家先读读书，然后练习着用自己的话把这段故事讲给你的伙伴听。用你喜欢的方式读，开始。（学生自由读书，练习配音）

师：刚才我看到有一个同学练得特别投入，我们请他先来配音。

生：（看大屏幕配音）从前，齐国有一个大将叫田忌（学生把田忌读成了田 yì，师纠正）田忌很喜欢赛马，一次同齐威王约定来一次骑马比赛（师：是骑马比赛吗？）赛马比赛。他们把各自的马分成上、中、下三等，一声锣响，比赛开始了，齐威王用上等马对田忌的上等马，田忌输了；第二局比赛田忌用中等马对齐威王的中等马，田忌输了；第三局比赛田忌用下等马对齐威王的下等马，又输了。（学生说完后摸着自己的头，不太好意思）

师：为什么摸着自己的头，认为自己说得不太理想？你刚才是不是紧张了？

生：是，有一点紧张。

师：难怪，田忌的"忌"读成了"yì"，而且读错了好几次。

生：我平时很少出错，没想到今天一紧张就读错了。

师：没关系，现在能改过来吗？看着黑板，大声读。

生：田忌。（读得很正确）

师：好极了，真棒的小伙子！其他同学，你们能评评他的配音吗？

生：我认为他的配音还不错，只是由于紧张读错了音。

师：和他平时比怎么样？

生：我认为比他平时好，今天他能站出来，还是不错的。（众笑）

生：他今天没有平时好，他紧张了，他退步了。

师：同一种表现，得出了两种不同的评价。你们的评价都很中肯。（指后一个发言的学生）刚才你说他配得不够好，那你说说看，怎样能配得更好些？

生：我想，首先把比赛的过程说清楚，再把当时的场面说具体，最后说田忌输后的心理活动。

师：你说得这么好，一定能配好。

（学生配音略）

3. 辩论赛，深入文本视界

师：看了刚才的这场比赛，你们说田忌到底该输还是不该输？

生：该输。

生：不该输。

师：认为该输的同学，请到课文中找一找输的理由；认为不该输的，也到课文中找一找能赢的方法和道理。待会儿，我们分正、反双方，开个小辩论赛，看看到

底谁能说服谁?(学生自愿分组讨论)

师:让我们听听双方的意见。请正方同学陈述理由。

生:老师,书上说了(师:别忘了,你是在和人家辩论,想好你第一句话该怎么说?)我方认为,这场比赛田忌应该输。书上说齐威王每个等级的马都比田忌的马强。

师:(出示大屏幕)这句话能把它分成三句话吗?

生:齐威王的上等马比田忌的上等马强,齐威王的中等马比田忌的中等马强,齐威王的下等马比田忌的下等马强。所以,这场比赛田忌应该输。

师:正方理由充分,说得很清楚。(学生喊:"反对、反对!")让我们再听听反方的意见。

生:我方认为田忌不应该输,因为书上是这样说的:"还是原来的马,只调换了一下出场顺序,就可以转败为胜。"

师:(出示大屏幕)能说说你的理解吗?

生:正方同学只说了文章的前半部分,而后半部分进行了第二场赛马比赛。(师:你能联系上下文说,真了不起。)第二场比赛田忌用他的下等马对齐威王的上等马,(教师把黑板上的 3 和 10 用线连起来。师:用田忌的下等马 3 对齐威王的上等马 10,实力相差这么多,这不是拿鸡蛋碰石头吗?)

生:这句话可以理解为 3 局 2 胜。首先,用田忌的下等马对齐威王的上等马,这样田忌先输了。然后,用田忌的上等马对齐威王的中等马,用田忌的中等马对齐威王的下等马,连胜两场,这样就可以转败为胜了。

师:原来用田忌最弱的马淘汰掉齐威王最强的马,不是拿鸡蛋碰石头,而是战略战术呀。(出示大屏幕:齐威王每个等级的马都比田忌的马强,还是原来的马,只调换了出场顺序,就可以转败为胜。)能在这两句话间,加上关联词语吗?

生:我加"因为……所以"。(生读句子)

生:我加"虽然……但是"。(生读句子)

师:不管加什么关联词语,关键看能不能读通。我们再来看一副牌。(教师出示红牌 10、8、5 和黑牌 7、4、3)这两副牌能否代表田忌与齐威王的马。

生:可以。

师:用孙膑的方法对对阵,看看结果会怎样。

生：我用 3 对 10，淘汰掉对方最强的马，7 对 5 赢一场，4 对 8 输一场。

师：最后的结果呢？

生：黑牌输。

生：我用 10 对 7，8 对 4，5 对 3，黑牌输。

师：不是调换一下马的出场顺序，就可以转败为胜吗？孙膑的办法怎么不管用了？看书上怎么说的。

生：（纷纷举手，争相发言）书上说："齐威王的马比你的快不了多少呀。"（出示在大屏幕上）现在黑牌最大的是 7，比红牌 10、8 都小，最多只能赢一场，所以怎么比都是输。

师：你能从课文里众多的语言信息中提取最关键的信息，什么是水平？这就是阅读水平。老师给这三个句话加上了关联词语，（虽然……但是……所以）请你们读读看这回通吗？（生自由练读）看来，齐威王的马比田忌的马快不了多少是调换马出场顺序就可以转败为胜的重要条件。

4. 给齐威王写信，拓展文本视界

师：田忌是转败为胜了，可齐威王心里却不平衡起来。他想，明明是我的马比田忌的强，怎么会输？再说我是大王，输给田忌，多没面子。同学们，你们有什么想法和对策，来帮帮齐威王吗？

生：我想对齐威王说，上等马对上等马，中等马对中等马，下等马对下等马，不调换顺序，这样齐威王就能赢了。

生：我想对齐威王说，你自己必须占据主动权，不能让对方占据主动权，否则必输无疑。（学生踊跃发言）

师：同学们，你们有很多话想对齐威王说，对吗？

生：对。

师：咱们不妨给齐威王写一封信，把你们的想法一股脑告诉他，想想你准备以什么样的身份写这封信呢？

生：我想以儿子的身份写。

师：谁的儿子？

生：齐威王的儿子。

师：儿子给父亲写信，该以怎样的口吻称呼？

生：尊敬的父王。（众笑）

生：我想当齐威王的朋友。

师：朋友，以平等的身份来写。（指另一生）你呢？

生：我想以田忌的身份来给齐威王写信。

师：还有不一样的吗？

生：我以周朝皇帝的身份写这封信。

师：哟！官这么大（众笑）。你是周天子，你给齐威王写信，说话的时候，想好你的口吻。你该怎么称呼？

生：齐侯。

师：挺好。你以什么身份？

生：我以齐国大臣的身份来写，我称呼他为尊敬的齐王陛下。

师：真有礼貌。

生：我以齐王孙女的身份来写。

师：齐王又多了一个孙女，你怎么称呼他呀？

生：尊敬的齐王爷爷。

师：行，现在咱们不说了，开始动笔写吧，想写什么就写什么。

（学生开始动笔写信）

师：谁写完了，就可以站起来先念，时间有限，谁想先念？

生：齐王，你好！我是一个普通的平民，啥都不懂。今日看到你与田大将的比赛，我觉得你一定要得到孙膑，不仅江山可保，将来当上春秋的霸主也容易。希望你把握住这次机会，祝你健康长寿。

师：你向齐王推荐孙膑。告诉你呀，齐威王还真用了孙膑，看来你的推荐几千年前就管用。谁再来念念？

生：尊敬的齐威王，臣孙膑特向大王请罪（师：你是孙膑？）臣用调换顺序之计，打败了大王，使大王有失体面，万望包涵。臣平时观察，大王虽然连连出兵作战，但由于军纪不严，所以屡战不胜。臣愿用臣愚智使大王富强，使大王成为春秋的霸主。

师：你说齐威王军纪不严，看样子你挺了解他的，你怎么知道的？

生：我在一些书上看到的。

师：所以你在信中委婉地提一下这个建议，真棒！有谁想再念念？

生：我是以他女儿的身份写的。尊敬的父王，最近齐国怎样？父王身体怎样？女儿远离他乡，耳闻田忌与父王赛马。（师：这女儿干什么去了？生：到外地旅游去了。众笑）其实田忌略施小计使自己转败为胜，希望父王今后做事谨慎一些，这样许多小人就不会从中得益了，祝父王身体健康。（众笑）

师：你认为谁是小人？

生：我把“小人”改成“这些人”。

师：他是站在他父王的角度，认为能赢他父王的人就是小人，这个立场很不客观。不过他知错就改，把“小人”改成“这些人”，还是好同志！（众笑）（指一要发言的学生）

生：我以齐威王儿子的身份写。父王，你好！儿臣暗地里偷看了这次比赛。

师：为什么是偷看呢？跟大家说说。

生：因为当时是在跟大臣比赛，我怕父王输就躲在一旁偷看。

师：怕父王出丑，所以躲在一旁偷看，我们且听下去。

生：父王输，是因为孙膑在幕后给田忌指点，才转败为胜。儿臣斗胆向父王推举此人，此人乃孙武的后代，当年父王重用孙武，父王得半壁江山，如今父王重用孙膑必将成霸王也。

师：满口的之乎者也。还有要念的吗？

生：老师，我斗胆骂了他。

师：你胆子可真不小，这在当时可是要杀头的呀，你不怕吗？

生：不怕。

师：听听你骂得有没有道理。

生：尊敬的大王，我是观察你和田忌赛马的一个普通百姓，虽然你每一个等级的马都比田忌的马强，你应该赢了他，可是你太笨了，让田忌那个小子赢了。我不管你看了这封信生气与否，我还是要对你说，首先你可以规定出场顺序，用上等马对上等马，中等马对中等马，下等马对下等马，田忌就不会赢了。

我后面还没写完呢，可是我可以想象一下。（想了一会儿）

师：别急，别急，你千万别急。

生：你还可以采用孙膑的办法，也调换马的出场顺序。只要让孙膑先出，怎么比你都能赢。

师：别说，你虽然骂了齐大王，可是话糙理不糙。

生：我是以齐威王孙女的身份来写的。

师：孙女？来吧。

生：尊敬的齐威王爷爷，我是您的孙女潘士博。（众笑）听说你跟田忌赛马输了，很没面子。你要想挽回面子，我为您献上两计。第一，可以保密马的出场顺序，这样田忌就无从下手了。第二，可以派人去探听田忌的马的出场顺序，然后调整一下自己马的出场顺序，这样就必胜无疑了。

师：也是说知己知彼才能百战百胜，此计甚妙。同学们，看来，你们还有那么多的话想对齐威王说，可是由于时间的关系，我们就说到这儿。不过老师建议大家课后可以开一个田忌赛马赛后会，把你们的经验好好地总结总结。这堂课我们就上到这儿。同学们，再见。

生：老师，再见。

（三）高段阅读教学“记金华的双龙洞”

1. 场景一：复原导游图

厘清作者的游览路线是本课的教学目标之一。为此，我利用多媒体网络技术制作了一份残缺不全的游览路线图。首先，我利用媒体演示，出示这份残缺不全的双龙洞游览路线图，并讲述：这是去双龙洞游览的路线图，可惜上面有些字迹被我不小心抹掉了，哪位聪明的导游能结合叶圣陶老先生写的《记金华的双龙洞》这篇课文，帮它恢复原貌。然后，我和学生一起在电脑上完成游览路线图的复原工作。

在这样一个生活化的问题情境的驱动下，学生与文本的距离被无限缩短，学生动脑、动手，轻松地厘清了文章的脉络。

2. 场景二：设计一份“游客须知”

引导学生设计“游客须知”是一次运用语言的实践活动。为达成这一教学目标，我有意识地把学生引入多媒体创设的直观情境中。我从网上精心截取了一段游人卧舟过孔隙的实况录像，录像中有上方、左右山石紧贴游客面部的特写镜头，辅之以《命运交响曲》，营造了一种扣人心弦的紧张气氛，学生仿佛置身其中。看过录像之后，学生纷纷谈论自己的感受。有的说：“过孔隙时我好紧张啊！感觉鼻子马上就要被岩石擦破了。”有的说：“游人躺在小船里，上面的山石好像要向游人额头压下来，游人是一动也不能动的，否则很危险！”……听着学生的讨论，我不失时机地点拨道：“是呀，旅游中体验与风险并存。哪位富有爱心的导游能通过你设计的‘游客须知’提醒游人注意安全呢？”在多媒体网络的引导下，学生兴致勃勃地进入了运用语言的实践活动中，很快就完成了任务。

3. 场景三：创编一个动人的故事

创设一个交互式的、有利于学生发挥想象，进而促进学生语言发展的任务情境，是本课的又一个教学场景。我从网络中收集到双龙洞内洞奇景图上百幅，配上悠扬的音乐，制成精美的双龙电子图景循环播放，那千姿百态、异彩纷呈的钟乳石，吸引了学生的目光，学生被深深地陶醉了。我指着其中一幅画面问：“你们认为这石头像什么？”一学生脱口而出：“仙女下凡。”另一学生说：“像五彩缤纷的花瓣。”又一学生说：“我看像一个大人领着一个小孩儿。我想给这个景观起个名字——母与子。”在他的启发下，学生想象思维的大门打开了。一学生说：“我觉得这还像一个仙女在吃蟠桃。”一学生说：“我觉得这些石头亮晶晶的像宝石一样，应该叫‘礼花绽放’！”“我觉得这里好像是两条龙睡觉的地方，所以叫它‘神龙宝殿’。”“我觉得这里很像一个世外桃源，有一个小姑娘背着一个宝珠。”我插话道：“呦，那小姑娘是谁？宝珠又是哪里来的？你能顺着这个思路继续创编故事吗？”那学生想了想说：“我觉得应该是七仙女中的一个小仙女，她私自下凡，偷了东海龙宫的宝珠，然后躲到这里来过下半辈子。”（众笑）我由衷地赞叹道：“是啊！多么精彩的故事！各位聪明的导游，双龙洞的美景一定也激发了你创造的灵感，请把你创编的精彩故事，留在‘网络留言板’中。”在音乐影像营造的情境氛围中，学生以文字录入的方式直抒胸臆，把想象、倾听、欣赏、评改融为一体，顺利完成了创编故事的活动，实现了情感与语言上的共鸣。

现代信息技术的发展为整合课程资源、创设教学情境提供了便利的条件。多媒体网络能提供文本、图像、声音等多种媒体集成的大容量信息，又具有形式灵活、资源共享、超媒体、可交互等显著特征，为教师创设更接近实际的整合性情境提供了可能，为学生带来了一种全新的学习环境和认知方式，为语文课堂带来了活力与精彩。

（四）高段阅读教学“将相和”

1. 理解教材

《将相和》是根据司马迁的《史记·廉颇蔺相如列传》改写而成的。本文讲了一个被世人传为佳话的历史故事，讲的是战国时期赵国的武将廉颇和文臣蔺相如之间由和到不和到最后和好的一段佳话。本文训练的重点是厘清事情的前因后果。

对于这样一篇以故事性见长，主要情节和人物可谓家喻户晓的传统长篇课文，该怎样去处理呢？我认为，通过反复研读，读懂三个小故事的大意并初步认识将相两人的个性品质，在此基础上，把三个故事联系起来认识事情发展的前因后果是教学的重点。因此，在教材的处理上，我摒弃了对课文内容的分析，淡化了情节教学，将阅读重点放在引导学生把握全文、认识三个故事的内在联系上，向学生渗透联系看问题的逻辑观。这是我的一个教学目标。

我的另一个教学目标也是根据学生学习的实际情况定的。初读课文时，学生很容易把握蔺相如机智勇敢和廉颇知错能改的个性品质，但对两人之所以能化干戈为玉帛的内在思想品质——都能看到大敌当前的严峻现实、都能以国事为重、都有一颗爱国心往往知之不深，认识模糊，因此将其确立为第二教学目标。

2. 教学设计及主要特点

（1）突出训练重点，摒弃烦琐分析

本课教学要摒弃烦琐的内容分析，淡化故事情节教学，将有限的教学时间用在突破教学的重难点上。这一节课的教学过程可分为两步。第一步，先从回顾初读情况入手，引导学生厘清三个故事各自的因果联系；然后在此基础上进一步领会全文及三个故事之间的因果联系。这一环节侧重读的训练，以读懂为基础，向读深、读透、会读过渡，以学生学会读书为目的，解决传授知识与培养阅读能力之间的关系。第二步，是以写为重点，在教师的引导下，学生练笔，以写促读，给学生写真话、抒真情的实践机会，加深学生对课文的理解，并检验读的效果。

（2）强调务本求实，深刻理解创新

小学语文教学以培养学生的听说读写能力为目的，它的工具性决定了要以学习语言、正确理解运用语言文字、丰富语言积累为目的。在小学语文教学中搞创新教育就是在深刻认识小学语文学科目的、性质、任务的基础上，在务本求实的训练过程中，做到不唯教材、不唯教参、不唯教案，分解教材，重组教学内容，做到心中有“纲”、目中有人，重学情、重学法，突出针对性和实效性。在这节课中，我把写的训练挤进了课堂，它既是读的深化和检验，又能激发学生创新意识，培养“以我手写我心”的创新精神，可谓一举多得。

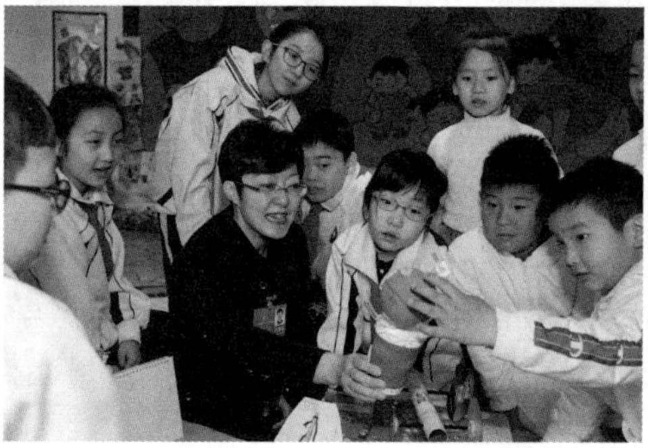

与学生倾心对话交流

本课教学的主导思想是尽量把有限的课堂时间让给学生，做的过程放给学生，读的时间还给学生。比如，某节课的板书设计，就是由师生共同完成的，尽管学生的书写还不尽如人意，但有一点可以肯定：学生在这节课中又多了一次实践的机会，这样做比教师自己写更有意义。

（3）创设问题情境，引发创新思维

创新思维具有新颖性、求异性、批判性、直觉性四大特征。良好的问题情境的创设，可以在瞬间点燃学生的思维火花。比如，在理解“渑池之会”的结局时，我发现学生的认识趋同，于是我引导他们讨论：“渑池会上，秦王与赵王是打成平局，还是分出了胜负？”在热烈的讨论中，学生的思维由发散到辐合，由浅入深，同时他们也悟出了读书的方法——读细想深。

又如，在写的训练设计中，我给学生的提示是开放性的：“×××，我真（　）你”，这个题目既让学生有话可写，又能以对话方式写出亲切感来，使所有学生能够很快地产生写作的动机，这本身就是对学生创新意识的培养。

（五）低段阅读教学“动物”

师：刚才老师听你们背诗了，你们想继续背诗给大家听吗？

生：想。

师：谁能背一首跟动物有关的诗。

生："枯藤老树昏鸦，小桥流水人家……"

师：你背了一首词，这首词里有好几种动物，不错。谁还想背一首给大家听听？好，你来背一首。

生："鹅，鹅，鹅，曲项向天歌……"

师：是"曲（qū）项向天歌"，你把这句再重背一遍，好吗？

生：曲项向天歌。

师：真好，我听到下面有的同学都想和他一起背。可以的，如果他背的有关动物的诗你也会背，你就可以和他一起背。

生：《画鸡》。

师：这首诗都会，是不是，还有没有？（生齐背《绝句》）

师：好的，刚才几乎所有的同学都站起来背诗了。

师：接下来我有一个小小的请求，不知道行不行？

生：行。

师：我还没说呢，就行呀！让不让我说？

生：让。

师：那好，一会儿再向大家介绍你喜欢的动物的时候，不许提这个动物的名字，但是还得让人知道你喜欢的动物是什么？有办法吗？

生：曹老师，我想说一个谜语。

师：给大家猜一个谜语，是吗？说说看。

生：年纪不太大，胡子一大把。最爱吃青草，开口叫妈妈。

师：猜出来了吗？

生：绵羊。

生：胡子翘翘，尾巴摇摇，生来脾气很凶猛，别把它当成猫。

生：老虎。

师：他猜得对吗？

生：对。

生：一条绳子弯弯曲曲，走起路来弯弯曲曲。

生：蚯蚓。

生：蛇。

师；我听有人说是蛇，有人说是蚯蚓。正确答案是什么？

生：蛇。

师：我说是蚯蚓也行。

生：行。

生：不行。

师：你有不同意见吗，我喜欢听不同意见。

生：不应该是蚯蚓，应该是蛇。因为蛇的肚子底下有鳞片，蚯蚓肚子底下是小圆盘；蚯蚓是爬着走的，蛇是蹭着走。

师：你知道得真多。他是说蛇和蚯蚓虽然长得像，但是不一样。（生跃跃欲试）还有不同意见吗？

生：我和陈敬意说得一样，因为蚯蚓是在土里钻的，蛇是在地上爬的；蛇是蹭着走的，蚯蚓是爬着走的。可是李会超少了一句话，弯弯曲曲应该是蹭着走的，哪来的弯弯曲曲爬着走的。

生：不应该是蚯蚓，因为蚯蚓不像绳子，蚯蚓是短的，蛇是长的。

生：也可以是蚯蚓，因为有的蚯蚓还有两米长的呢！

师：刚才在猜谜的时候发生了点争执，不过老师很喜欢听你们争执。关于蚯蚓和蛇的问题同学们的兴趣特别高，这样吧，咱们再找一个时间继续研究蚯蚓和蛇的问题，行吗？

生：行。

师：你们回去查一些资料，准备好了，什么时候讲你们说了算，好不好？

生：好。

师：同学们，刚才你们用一些谜语让大家猜了动物，今天这节课咱们继续关于“动物”主题单元的学习。（板书：动物）曹老师也准备了一些和动物有关的资料，想请你们先看一看。（放录像）

师：同学们，刚才你们看了一段有关动物的录像，看出来你们非常高兴，也很喜欢这些动物，是吗？

生：是。

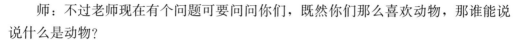

师：不过老师现在有个问题可要问问你们，既然你们那么喜欢动物，那谁能说说什么是动物？

生：鲸鱼。

生：跟人长得不一样的就是动物。

师：黑板和人长得也不一样，是动物吗？

生：我认为生活在大森林里的是动物。

生：动物会说话，但是说的不是咱们人类的话。

师：是的，动物也有动物的语言。

生：能走的，不用人帮忙，也会说话，但和人说得不一样。

师：这就是动物，是吗？你说得挺全面。

生：除了鲸鱼。

师：你说鲸鱼不是动物，为什么呢？

生：因为我查过资料。

师：那你说鲸鱼不是动物，它是什么？

生：它是海里面的一种，但不是动物。

师：生活在海里，是不是动物呢？同学们说。

生：是。

生：不是。

生：鲸鱼也是动物，但它不会说话，不像小猫、小狗那样。

生：应该会说话，我看过《十万个为什么》。

生：鲸鱼有时候跟人说得不一样。

师：当然，肯定和人说得不一样，鲸鱼说的话可能只有鲸鱼才能听懂，但有一点可以肯定，鲸鱼是动物。你回去再看一看，只不过它不是鱼，它是一种哺乳动物。

生：我认为生活在动物园、大自然还有海里的全是动物。

师：天上有没有？

生：天上也有动物。

师：地上有没有？

生：地上也有动物。

师：实际上大自然中的动物种类特别多，不仅分种分类、还分纲、分目，同学们要想真正知道什么是动物，到底都有哪些动物，还得继续学，知道吗，孩子们？

生：知道！

师：告诉大家一个好消息，花园小学校的电视台正准备拍摄一部和动物有关的电视剧。电视台的台长委托我在咱们班热爱动物、喜欢动物的同学中挑选几位参加他们的演出，你们想不想去试试呀？

生：想。

师：都谁想去，我看看，都想去，是不是？那我采访一个人，要参加演出，我们得先做些什么准备呀？

生：要买点化妆品和新衣服。

师：还要做什么准备？

生：还得需要道具。

生：还得背单词。

师：背什么词？

生：背要准备的词。

师：那叫台词。咱们今天要熟悉的台词就在我们语文书的三十三页，请你打开书，快快找到它。（出示大屏幕：谁来了）这就是我们今天要用的剧本，如果你喜欢它，现在你可以出声地读、自由地读、尽情地读。不过遇到不认识的字，你要自己想办法解决它。开始吧！（生自由读书）

师：喜欢这个剧本的同学请站起来，拿好你们的书，我们一起读读看。预备——读。

师：刚才老师仔细地看了，所有的小朋友都站起来了，表明你们都喜欢这个小剧本。谁敢说自己在班级里是读课文最棒的？这么多最棒的，这样，我先选一个，行吗？

生：行。

师：方圆，你来试试。

（生读）

师：读得不错。有的人不服气，是不是？你是她的同桌，你能超过她吗？

生：能。

师：试试。

（生读）

师：你们说她俩谁更棒？（生争论）

师：我倒是觉得她俩都挺棒的。因为敢说自己是最棒的，就意味着离成功已经很近了。谁想读课文的第一自然段，你就站起来，然后你在心里默默地想一个人，请她来跟你比赛。一会儿等你读完了，就说出那个同学的名字，那个同学就读第二自然段，你们听明白了吗？（生读，出现错误，自己改正）

师：知错就改，这就是好孩子。你找谁和你比赛呀？

生：我想请尹冠红来。

师：（问尹冠红）你能不能比过她？

生：能！（生读）

师：谁还想找同学和自己比。李派，你想请谁和你比？

生：焦博。

师：你选焦博和你比，这回让他读第一自然段，你读第二自然段，行不行？（生读）

师：到目前为止，焦博"哗"字读得最与众不同。你能超过他吗？

生：能。

师："嘿，把果子收走了。"这个小刺猬果子收得挺轻松，它收得那么轻松，你怎么收？（又一生读）

师：这是一只有点儿胆小的刺猬。（又一生读）

师：这小刺猬实在太累了，到后面都没劲了。我再找一只能干的小刺猬，谁是能干的小刺猬？刘新惠。（生读）

师：你们觉得这只小刺猬能干吗？

生：不能干。

师：但我觉得它刚才真的挺能干的。好，谁认为自己读得好，谁认为自己能读出你心目中的小刺猬、小象，你就站起来，用你的方式读。（生齐读）

师：刚才听你们读得这样动情，老师想送你们一份礼物。不过这礼物很特殊，用眼睛看不着，只能用心看。闭上眼睛，谁用心谁就看见了。（师配乐读课文，生情不自禁地鼓掌）

师：谢谢同学们。刚才你们看见了吗？说说你们看见了什么？

生：我看见一群动物轮班浇花。

生：我看见一帮动物在摘果子。

生：我看见一只小刺猬。

师：很可爱，是吗？同学们，你们看见了很多很美的画面，让我们加上自己的动作把它演出来，行不行？我们的演出就要正式开始了，有请大象上场。

师：（问扮演大象的同学）大象，现在站在前面你紧张吗？

生：不紧张，因为我一定会比我的对手强。

师：你还挺有竞争意识。大象，你的鼻子呢？

生：我的鼻子就是我的胳膊。

师：伸出来让我们看看大象的鼻子会不会甩。左右甩，上下甩，向后甩，用力甩。（生做各种“甩”的动作）我们的大象很卖力气。这只大象不仅四肢发达，头脑还很灵活。有大象了，那我们的花呢？

（学生纷纷举手）

师：花儿们，让老师和同学们看看，谁是最美的那朵小花？（“花儿”们做各种动作）

师：这哪里是教室，分明是一座美丽的花园！好，我们的演出马上开始。倒计时 5、4、3、2、1 开拍。

（师读文，生表演）

师：花都笑出声来了。刚才我们这一遍的彩排很成功，不过我们演的这集电视剧还没名字呢？

生：“大象来了”。

师：别着急说，想一想，我们表演的是谁和谁的故事？

生：花和大象。

（师板书：大象和小花）

师：时间的关系，连续剧的第二集我们不往下进行彩排了，但你们能不能把第二集跟我一起复述一下，第二集谁来了？

生：刺猬来了。

师：它为什么来呀？

生：它来吃果子了。

生：它来收果子了。

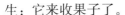

生：每年秋天丰收时，刺猬就想拿点吃的冬天吃。

生：刺猬想用果子回去做水果沙拉。

生：它来收果子是为了喂小宝宝。

师：刺猬收完果子做什么，那是刺猬收果的续集。它收果子有一个特别独特的地方，你们发现了吗？

生：它的后背有刺，可以用后背滚来滚去，扎住果子，然后把这些果子搬回家。

师：（播放课件）又来了一种动物，你们看看它来干什么来了？

生：蜜蜂来采蜜。

师：黑板上有道填空题，能把你们刚才看到的，用上这样的句子把它说完整吗？

生：花儿里面有蜜，蜜蜂来了，把蜜吸走了。

生：花儿里面脏了，蜜蜂给花儿做美容，花儿漂亮了。

生：花儿着火了，蜜蜂消防队员来了，拿消火栓把火扑灭了。

生：花儿抬头笑了，更美了。蜜蜂来了，后面的大针像吸管，把蜜吸走了。

生：花儿开了，张着嘴。蜜蜂来了，长长的吸管把蜜吸走了。

师：（播放动画）又来了一个动物。看看它来做什么？这里讲了鸟和谁的事？

生：老树生病了，啄木鸟来了。啄木鸟把树干里的虫子吃掉了，老树病好了，结出了许多新果子。

生：老树生病了，啄木鸟来给它治病，把树干里的虫子都吃光了。

生：大树生病了，叶子变黄了。啄木鸟飞过来，长长的嘴像一把手术刀，几下子就把大树的病治好了。

生：大树生病了，啄木鸟来了，它的嘴像一个吸管，把虫子都吸走了。

师：现在我们不说蜜蜂，也不说啄木鸟了，你们能换种动物说说吗？先在小组内说，研究好了，一会代表你们小组说。（小组合作）

师：大家商量得怎么样？能不能把你们商量的结果说一说。每组选一个代表说，可以说你自己的，也可以说你听来的。

生：老鼠看见了一袋大米，把米袋咬了一个洞，偷吃完了米袋里的大米。猫来了，尖尖的爪子像锋利的刀，一下子就掐住了老鼠的命脉。

生：老树身上有土了，蜘蛛来了，它的爪子像笤帚，把土扫干净了。

生：鱼儿被水草缠住了，螃蟹来了，大大的钳子像剪刀，“咔嚓”一声，把水草剪断了。

生：鱼跳出水面，小鸭子来了。扁扁的嘴巴像夹子，“咔嚓咔嚓”把鱼吃掉了。

生：小狗看见一根骨头，水里也有一根骨头，水里的骨头比岸上的骨头大，它跳到水里，被淹死了，也没有抢到骨头。

师：你说的不是儿歌，但可以编成故事了，回去把故事编完整，好吗？

生：恐龙生病了，水蛭来了，它像一根吸管，把病毒吸走了。

师：水蛭这种动物很罕见，你了解这种动物吗？

生：水蛭钻进人的身体里会吸血，如果你的血是干净的，你得把它拽出来；如果你的血脏，水蛭能给你治病。

师：有时候还能以毒攻毒。但水蛭能不能降服病毒，这事还得研究研究，不过你敢这么想，老师就觉得你挺了不起的。

生：不光水蛭能治病，医生鱼也能治病，医生鱼进入生病小鱼的肚子里，把毒吸走，在鱼尾排出去，小鱼的病就好了。

师：好，同学们今天的儿歌还想不想往下编吗？

生：想。

师：继续编下去，咱们的电视剧就成连续剧了。如果说大象和花是第一集的话，你们刚才又编了刺猬收果，第三集是蜜蜂的故事，还编了啄木鸟。（板书：……）看来这个故事永远也编不完。这样吧，如果你们今天回去还有兴趣编的话，咱们可以往花园电视台投稿，如果台长相中了，说不定还能把咱们编的儿歌拍成电视剧，行不行呀？

生：行。

师：这节课咱们就上到这。如果你们还没说够，咱们另找时间。下课！

（六）低段阅读教学“我们知道”

1. 忆风、颂风，调动经验，积累语言

（1）谜语中的风：花儿见它点头，树儿见它招手，水儿见它皱眉，云儿见它逃走。

（2）成语中的风：风风雨雨、风雨交加、风驰电掣、狂风暴雨……

（3）古诗中的风：

天苍苍，野茫茫，风吹草低见牛羊。

随风潜入夜，润物细无声。

野火烧不尽，春风吹又生。

……

师：听了、读了这么多诗，我产生了一个想法——我们也尝试当一回小诗人，怎么样？同意的同学举手。（有一个不同意的，问：你没有举手，能告诉我为什么吗？要相信自己，生活中不是缺少美，只是缺少发现。用你的眼睛去观察，用心去感受，你一定会有自己的发现）其实，这位同学的担心不是多余的。要想当回小诗人，首先要过读诗这一关。今天老师给大家带来了两首小诗，一首是《我们知道》，另一首是《风在哪儿》。（板书：《我们知道》《风在哪儿》）

2. 读风、悟风，再造想象，感受语言

（1）学生自读两首诗。

师：老师告诉你们一个秘密，诗是有味道的。我先请同学们自己来读这两首小诗，你想怎么读就怎么读。照着书读、看着大屏幕读、一边做动作一边读、请同学和你配合着读，都行。总而言之，要想办法读出诗里面的味道。要多长时间？5 分钟，开始吧。（学生自由读）

（2）师生同读《我们知道》。

自主选择读。

师：在叶圣陶爷爷的诗里，你们找到风了吗？（学生读三个自然段，教师在学生读完后进行提问）你是第一个在树叶上找到风的，能说说你的心情吗？读完第三节，你找到了一个什么样的风？（调皮、淘气、贪玩）

（补充阅读《冬天的风》）

学生竞赛读。

师：刚才同学们都能把诗读正确、读流利。谁敢说自己是读书读得最有味道的一个，我选几个人代表你们的小组到前面赛一赛。

（每生一个自然段，自选读的方式）

借助图画背诵。

学生齐背。想背、会背的同学请起立，让我们把这首小诗的味道美美地表现出来吧。

3. 找风、创风，提升体验，运用语言

（1）课前老师给大家布置了一项作业，到生活中去找一找风。你们找到了吗？

（学生自由说、师生对话，教师引导学生用各自的方式表达自己的发现）

（2）一个同学在一首小诗中找到了风，就是我课前发给你们的《风在哪儿》，请大家齐声读一读。

（3）给你们布置的作业，我也做了。我制作的是一个课件，允许交流吗？

（4）作业自选超市：续写《我们知道》；把《风》改写成《风在哪儿》的语言格式；自由创作一首有关风的小诗。

［简评］

曹永鸣老师执教的“我们知道”这节课，是运用她自创的对话式板块教学原理设计的。这是一节符合新课程理念、带有前瞻性思考、很有研究价值的一节课。她的设计以教材文本为依托，以主题式学习为牵动，用板块整合了学习内容，用对话活化了课堂生活。大体体现了以下几个特点。

第一，课程资源的整合。

曹永鸣老师的语文课以学生语文素养的发展为终极目标，以发展学生的语言为主要目标，以教材中《我们知道》这一篇文章为主，引导学生学习积累多篇和风有关的文章，以主题式学习实现了课内外的结合。另外，整堂课在“忆风、颂风，读风、悟风，找风、创风”的实践活动中，既内化了文本自身的经验，又融进了学生各自的生活经验和教师个人的生活体验，实现了课程资源的整合。

第二，教学板块的组合。

她以“风”为探究主题，以读诗、写诗为落实双基的载体，构建了“忆风、颂风，读风、悟风，找风、创风”三大教学板块，实现了对教材的重组和对课程资源的整合，使三维课程目标的落实成为可能。

第三，对话互动的融合。

在曹老师的课堂上，我们欣喜地发现，教师、学生、文本三者倾心对话，互动生成了新的课堂格局，使课堂生活发生了实质性的变化。在这里，没有命令、没有强制，有的只是民主平等、对话互动，这是体现沟通和交往的现代课堂、文化课堂、生态课堂。

——哈尔滨市教育研究院研究员　果乃玉

（七）低段阅读教学“爷爷和小树”

【教材分析】

1. 教学目标

（1）认识10个字，会写“不、开、四、五”四个字。认识1种笔画和5个偏旁。

（2）正确、流利地朗读课文，了解课文大意。

（3）懂得树木是人类的朋友，人人都要爱护它。

2. 教学重、难点

结合课文内容认识10个生字，正确书写4个汉字。

【学情分析】

小学一年级学生对学习汉字不陌生，但是运用随文识字的方法容易冲淡学生对汉字的记忆，如果复现次数不够的话，识记效果就会受到影响。因此，本设计力求无意记忆与有意记忆交替进行，增长课堂中学生听和说的语言实践活动时间，从而帮助学生达到识字目的。

【教学策略】

小学低年级以识字教学为重点，但识字不是低年级语文教学的全部。本设计遵循小学生学习记忆的规律，不把学汉字与学语言割裂开来，以听读为主线，注重开发无意记忆在识字上的潜力，让学生在听读实践中反复、多次地和汉字“见面”，最终“化生为熟”。

【教学过程】

1. 导读板块

（1）师生谈话：同学们，你们见过穿着衣服的小树吗？

（预设谈话范围：在哪里见过，什么样子的？）

教师小结并播放收集到的小树“穿衣”的图片或录像资料。

（2）揭示课题、板书课题：今天，我们就来学习《爷爷和小树》这篇课文。

认识生字：爷（指导学生识记）

［设计意图］充分调动学生已有的生活经验，在学生熟悉的问题情境中导入课文，可以引发学生的阅读期待。

2. 初读板块

（1）识读课文，学生听读识字

学生自由读课文，用笔圈出自己不认识的字。

教师范读课文，学生听读识字，把已经认识的字擦掉。

（2）检查识字情况，师生交流

出示第一自然段，请学生认读，重点指导生字“棵”的读音。

出示第二自然段，指导学生认读，重点指导“到、给、穿、暖、冷”的读音。

出示第三自然段，指导学生认读，重点指导“开、伞、热”的读音。

（3）请小老师带领大家读课件出示生词

爷爷　一棵　到了　给小树穿上　暖和　不冷　撑开　小伞　不热

（指导学生读准平翘舌音和前后鼻音）

（4）巩固识字

找一找：请你到生字表中找一找，下面的偏旁藏在哪些生字中？

利用课件出示几个新偏旁：灬、冫、亻、人、刂、父。

配一配：出示几个偏旁和部件，看看哪些偏旁和部件能够组成新字。

（偏旁、部件略）

猜一猜：看图猜字。

“棵”（左边画棵树，右边画个果子）

“穿”（上面一个洞口，下面一排牙齿）

“伞”（画一把带把的花雨伞）

［设计意图］听读识字法是一种以无意记忆为主的识字方法，力求学生与生字的反复、多次“见面”，来达到识记生字的目的。本教学板块的设计，力求无意记忆与有意记忆的结合，以此增强识记效果。

（5）再读课文，整体感知

同桌轮读，互相评价。

学生选读自己喜欢的段落，然后开展朗读比赛。教师相机指导学生把课文读通顺、读熟练。

说说自己读懂了什么？

3. 精读板块

（1）质疑问难，梳理问题

读了课文，你有什么不懂的地方吗？

学生小组讨论，教师鼓励学生提问题。

全体交流提出的问题，梳理学生的提问。

预设学生问题："暖和的衣裳"是什么，"绿色的小伞"指什么，爷爷为什么要给小树穿上暖和的衣裳？

（2）再读课文，引导探究

带有感情地朗读第二、第三节，理解"暖和的衣裳""绿色的小伞""暖和"。（引导学生充分发散思维，调动生活体验，丰富学生感受）课文中"暖和的衣裳"是指什么呢？出示课文插图，引导学生观察，描述画面内容，体悟"绿色的小伞"。

（3）再造想象，丰富体验

出示课件（一），观察爷爷在做什么？想象爷爷和"我"在谈论些什么呢？小组内交流，爷爷和"我"对话的内容。理解"爷爷为什么要给小树穿上暖和的衣裳"，引导学生体会爷爷对小树的关心和疼爱。

出示课件（二），观察小树在做什么？想象小树可能会对爷爷说什么？班级交流小树和爷爷对话的内容。

教师小结：因为爷爷爱护小树，所以小树回报给爷爷一份荫凉，我们从小就要爱护树木，保护大自然。我们爱大自然，大自然也同样会爱我们。

［设计意图］初读课文，在读通、读顺的基础上，让学生找出不明白的地方，并以此为问题情境，营造探究的氛围，是本课精读部分的设计主线；在对问题的探究中，以再造想象为基本策略，以学生的生活经验为设问、交流的起点，降低了学生对问题的探究难度，有利于学生自主性发展。

4. 拓展板块

（1）课件出示两幅插图

让学生在这两幅插图中选择一幅，结合课文和自己的想象，练习说一说。

（2）戴头饰，表演

给学生戴上头饰，让学生自己找伙伴演一演，一个做爷爷，一个做小树。

（3）分组进行表演

（4）引导学生进行评价

引导学生对各组表演进行评价，把小树和爷爷的语言说得丰富一些。

（5）教师点拨

教师适当点拨，让学生认识到在人际交往时态度要诚恳、语言要亲切、动作要得体。

［设计意图］依据画面，再造想象，丰富了学生的生活体验。在此基础上的表演活动，把文本内涵又拓展到了一个新的层面，即在交往中运用语言的实践。学生把自己当成文本中的人物去思、去想，在交往实践中练习用活化的语言去应对，对语言和思维的发展大有裨益。

5. 书写板块

（1）识记字形

大屏幕出示本课要写的生字，并让同学们看一看，想办法记住它。

小组内自主记字，研究记字的方法，总结记字的经验。例如，结构记字法、谜语记字法等。

（2）指导书写

指导书写独体字：不、开、四、五。

指导学生读帖，看清生字每一笔在田字格中的位置。

（3）出示生字的笔顺，把每个生字描写一遍

重点指导写好“乚”。

独立仿写一遍。

自评：给自己写得最满意的字或笔画画上一张小笑脸。

（4）教师巡回指导，实物投影展评

［设计意图］读帖、描红、仿写、评价是学生自主写字的四个环节。在四个环节的教学中，要充分利用学生的前学习经验，发展并完善学生各自的认知方式和学习风格，所有的策略均以学生自己学习为主，旨在培养学生的自主意识和自学能力。

【总评】

本设计紧紧抓住了教材内部的段落结构特点，以爷爷和小树为线索，用关键词“暖和的衣裳”和“绿色的小伞”做内容提示，用箭头来贯通从冬天到夏天的整个流程，揭示了人与树的关系，显示了人与自然的和谐共处，突出了识字教学在低年级

尤其是一年级教学中的地位。与此同时，重视识字方法的科学多样，培养学生的识字能力。例如，用笔圈出自己不认识的字，听读识字，把已经认识的字擦掉，看图猜字，请小老师带领大家读等方法，激励学生主动识字、独立识字、合作识字，激发学生的识字兴趣，培养学生的识字能力。

【点评】

1. 本设计重点体现“新课标”中“多认少写”的原则，但并没有弱化对汉字书写的指导，如让学生观察字形、尝试书写、重点提示、独立自评、合作互评等，意在提醒执教教师重视引导学生掌握基本的书写技能。

2. 个性化的想象，促进学生多角度、有创意、深层次的阅读，改变教师以学科知识本位而非以人的发展为本位的教学观。本设计在阅读教学中，安排了大量引发学生再造想象的环节，有利于发展学生阅读行为的自主性。教学中把握住这一设计意图，能保证表演等体验性活动的扎实有效，防止走过场。

（八）识字教学“外面的世界”

1. 第一板块：创设生活情境，在社区中识字

师：同学们，今天我给你们带来一位小伙伴，想知道他是谁吗？（演示课件）

生：（异口同声地）是丁丁。

师：听听丁丁在说什么？

丁丁：告诉大家一个好消息，我被评上“识字小能手”了。为了继续争当“识字大王”，我想到你们学校附近的社区去看看，你们愿意当我的向导吗？

生：愿意。

［评：教师创设生活情境，把学生带到他们熟悉的社区中。］

师：（板书课题：外面的世界）到外面的世界走一走、看一看，我们这就出发。（多媒体课件演示，学生情不自禁地说出自己的观察和发现）

师：能把你看到的、想到的说给丁丁听吗？

生：我看到了“肯德基”（众笑）。

师：伸出小手指认一认这三个字。

生：我看到了“秋林”，妈妈带我去那里买过东西。

生：我看到了“邮电局”，我去那里邮过信。

生："狗不理"，那的包子可好吃了。

生：我刚才看到了"哈尔滨市花园小学校"几个字。

师：外面的世界真精彩。（板书：真精彩）小朋友们，如果刚才你们认的那些字都从大屏幕里跳出来，你们还能认出来吗？（师事先将这些字打在一张纸上，下面附"查字表"）

（生自己认字）

师：有不认识的字吗？你是怎样解决的？

生：我是在"查字表"中查出来的。

师：（板书：查）读书时，遇到不认识的字，可以到"查字表"中查找。老师这里有枚书签，能读出上面的字吗？

生：好方法是打开知识宝库的金钥匙。

师：送给你了。

［评：小书签设计巧妙，将识字方法巧妙地提示给了学生。］

2. 第二板块：创设问题情境，在购物中问字

师：明天、后天是双休日，老师想交给你们一个任务——请你们的爸爸、妈妈带你们到你家附近的社区走一走、看一看，能不能有更多的发现，能不能认更多的字。为了让我们走出家门的收获更大一些，我们先来演一演，行吗？

生：行！

师：我当妈妈，你们当孩子。星期天，我们来到了一个地方（大屏幕出示：食品超市）这是什么地方？

生：食品超市。

师：我想请你帮我给奶奶选一样补品，谁愿意来？

生：妈妈，这些字我不认识。

师：（向大家）不认识，怎么办？

生：可以问。

生：问妈妈。

师：多聪明的孩子。怎么问，咱们两个试一试？

生：妈妈，这几个字念什么？

师：中老年奶粉。

生：（自言自语）中老年奶粉。

师：（课件演示）瞧，我们又来到了什么地方？

生：（异口同声）新华书店。

师：妈妈有些累了，想请你自己去挑一本书，愿意吗？

（一生上前，点击鼠标，大屏幕上出现《水浒传》，生面露难色）

师：有不认识的字，是吗？

生：第二个字，我不认识。

师：（面向大家）有愿意帮助他认识这个字的吗？

生：这个字念“浒”。

师：真了不起，这么难的字都能认得。老师送你一枚小书签，也把这句话送给全班同学。

生：帮助别人是快乐的、是幸福的。

师：还有谁愿意到前边来选书？

（一生上前点击鼠标，大屏幕上出现《安徒生童话选》。“安——”学生认不出来了）

生：妈妈，这里的字我不认识。

师：对不起，妈妈已经到旁边休息去了，不在你的身边。书店里，只有一个小姐姐还有一位老爷爷，你想问谁？

生：我想问小姐姐。

师：好呀！下面坐着那么多小姐姐，你想问谁，去问吧。

生：（生走到一位同学身旁）请问小姐姐，这些字念什么？（生很不自然）

生：安徒生童话选。

生：谢谢小姐姐。

生：不客气。

师：刚才同学在问字的时候，你们发现什么了吗？

生：他的声音很洪亮。

生：他有点紧张。

师：你是怎么发现的？

生：（学同学的样子）他缩脖子了。

师：（向同学）你明白了吗？（生点头）咱们让同学再来一次怎么样？（学生的表情、动作自然了）

（又一生上前点击鼠标，大屏幕上出现《桥梁是怎样架设的》。“桥——”学生认不出来了）

师：你准备问谁？

生：老爷爷，这本书叫什么？

师：（装成老爷爷的样子）你说啥，俺没听见。

生：（提高了音量）老爷爷，请问这本书是什么？

师：多有礼貌的孩子。让俺看看（下面的同学纷纷举手，师面向全班）呦，这第二个字俺也不认识。

（一生站起来，这个字念“梁”）

师：谢谢你，小朋友，爷爷又向你学了一个字。这枚小书签上的话送给你，请你把它读给大家听。

生：会问也是一门学问。（师板书：问）

3. 第三板块：创设生活情境，看电视猜字

师：逛街、购书结束了。晚上回到家，妈妈奖励你看段动画片，愿意吗？

生：愿意。

（师播放《东方儿童》片头，生异口同声地念“东方儿童”）

师：第四个字念什么？

生：童。

师：这个字我们没学过，你是怎么认得的？

生：我看电视时，爸爸告诉我的。

生：我是猜出来的。“东方儿——”，最后的字一定是儿童的“童”。（师板书：猜）

（又一段电视片头出现在大屏幕上，生异口同声地念出“天气预报”）

师：你们是怎么知道“天气预报”的？

生：我看见前边出现的春天、夏天、秋天、冬天，猜出来这是“天气预报”。

师：你是根据画面猜的。

生：我们家天天晚上看“天气预报”，我一听前边的音乐就知道是“天气预报”。

师：你是根据主题音乐猜的。

生：我是看上面的时钟猜的，中央一台 7：30 播放的节目就是《天气预报》节目。

师：你真有办法。

（又一个电视片头出现在大屏幕上，学生异口同声说“焦点访谈”）

师：我要考考你们，哪个字念“焦”？

生：第一个字。

师：怎么不是第二个字？

生：“焦点访谈”，“焦”在第一个，放在第二个上，那不就成了“点焦访谈”了？（众笑）

生：这个“焦”字，就是我们班焦博同学的姓。

（又一个电视片头出现在大屏幕上，学生情不自禁地全体起立，跟唱国歌。异口同声地念“新闻联播”）

师：“闻”是第几个字？

生：第二个。

师：第几个字念“联”？

生：第三个字念“联”。

师：看来你们真的会猜了。

师：下节课，把你们在教室外面的世界里认识的新字带到课堂中来，我们交流一下，看哪些同学、哪个小组的收获大。这节课我们就上到这里，下课！

[评：从课内走向课外，从课外迁移到课内，课内、课外双向互通，曹老师深谙此法。]

（九）作文教学“看不等于观察”

教学目标

1. 组织学生进行有目的的观察活动，指导学生准确使用书面语言进行完整、连贯的表达。

2. 通过游戏活动，让学生体验感悟“观察”不完全等同于“看”，需要动脑筋思考，才会取得准确的观察结果。

教学流程

1. 观察小游戏：比眼力

今天，我们要上一节观察课。（板书：观察）什么是观察呢？有人说是看。（板书：看）让我们来看两幅图。

（1）感悟观察需要多角度

右边这幅图从不同的角度看有不同的发现：是少女还是老妇？

（2）感悟观察与动脑的关系

下面这幅图中有辆公共汽车，有 A 和 B 两个汽车站。这是一道观察力测试题，许多成人对此不知从何入手，而一些聪明的少年却轻而易举地解开了难题。你是不是这个聪明的少年呢？

问：公共汽车现在是要驶往 A 车站，还是驶往 B 车站？

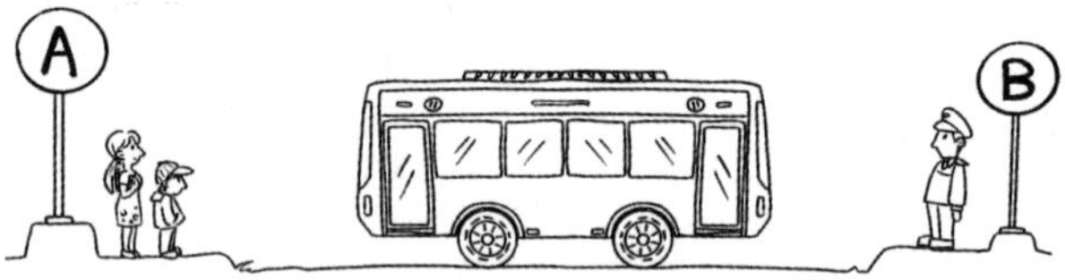

2. 观察小实验：杯子里面是什么？

（1）猜一猜

教师将一个内装不明液体的杯子让学生观察猜测，相机指导训练学生完整、连贯的表达。

（2）尝一尝

教师尝：

a. 教师将食指和中指同时伸向液体中，中指触到液体后迅速离开，然后将食指放到舌头上舔一舔，脸上做出微笑的表情，并请学生描述老师的动作和表情。相机对学生进行准确用词的语言训练。

b. 请学生根据老师的表现再次猜测杯子里的液体到底是什么？

学生尝：

a. 请一名男同学到前面品尝，让学生观察他的表情和动作。交流：他的表情和动作是什么样的？相机对学生进行准确表达和生动表达的语言训练，然后让学生再次判断杯子里的液体是什么？

b. 请一名女同学到前面品尝，让学生观察她的表情和动作。交流：女同学的表情和动作是什么样的？相机对学生进行准确表达、生动表达和具体表达的语言训练，然后让学生猜杯子里是什么？

（3）悟一悟

a. 问题：刚才，我和两位同学分别品尝了同一杯液体，为什么我和他们的表现不一样呢？引导学生说出他们的观察与发现。如果学生未能发现老师的“障眼法”，就将最开始的演示再回放一遍。

b. 说感受：帮助学生表达自己的独特感受，形成作文题目和提纲。

3. 观察小练笔

（1）出示作文要求

请围绕下面的中心意思，写一个小片段。

a. 该同学们品尝了。瞧，一个男同学上场了……

b. 那个女同学更逗！

c. 今天的课堂，让我感受到……

（2）学生当堂完成

（3）师生共同点评交流

（十）口语交际教学“代人购物”

师：曹老师有一件事想麻烦大家。（出大屏幕）这位是哈尔滨市花园小学校的李老师。她听说我到太原出差，就托我给她即将上小学的女儿买样东西。昨天一到太原，我就去了商城，想为她女儿买个文具盒，可是挑来选去就是拿不定主意。我听说你们特别会买东西，所以就想请你们帮这个忙。你们愿意吗？

生：（异口同声）愿意！

师：待选的文具盒样品都在这，请大家看看。（出大屏幕）

这些文具盒怎么样？请你说说看。

生：这些文具盒图案新颖，美观实用。

生：这些文具盒种类繁多，色彩鲜艳，功能齐全。

师：像这样说就叫作概括说。的确，这些文具盒都有各自的特点。能说得稍微具体些吗？

生：这些文具盒图案各异，有聪明的小一休、有可爱的米老鼠、有勇猛善战的拳皇，还有造型精美的照相机、小汽车。

师：这些文具盒各具特色。那你建议我买哪一个呢？

生：我建议您买米老鼠申奥的那一款文具盒。

师：为什么？

生：因为北京申奥成功是一件值得纪念的大事，所以我建议您买这个。

师：还有理由吗？（生不语）要想让别人采纳你的建议，必须把推荐的理由说充分、说具体，特别是文具盒上的图案要说得详细些、生动些。该怎样介绍呢？老师先说给大家听。（手指大屏幕）我比较喜欢小奶牛图案的文具盒。在蓝蓝的天空上飘浮着朵朵白云，下面是一望无际的碧绿的草地，有一头快乐的小奶牛手里提着一个小奶桶，正悠闲地散着步。看它那高兴的样子，仿佛在说："草原牛奶味道好极了！"好了，请大家仔细观察你最喜欢的文具盒，该怎样介绍，自己先练习一遍。（生自由练习）

师：刚才同学们练得都很认真，谁能站起来说给大家听？

生：我选择米老鼠申奥的那款文具盒。

师：是选择吗？

生：是推荐。

师：向谁推荐？

生：曹老师，我向您推荐米老鼠申奥的那款文具盒。

师：说好推荐的第一句话，这很关键。请继续说。

生：在文具盒左半部，有一个五彩的北京申奥中国结的图标；右半部分是一只米老鼠，它身穿中国的民族服装，头上戴着个小礼帽，双手拱拳，好像正在为北京申奥成功喝彩。

师：说得很好！还有理由吗？

生：（想一想）这个文具盒是单层的，看起来简单，却很实用。

生：这个文具盒价钱也不贵，才 5 元钱，可以说是物美价廉。

（说明：每个文具盒上都标有价格）

师：别忘了，推荐的最后一句话该怎么说？

生：曹老师，您把这款文具盒买给李老师的女儿，她一定会喜欢的。

生：希望您能采纳我的建议。

师：把刚才几个同学的建议结合起来就是一份比较完好的推荐词。俗话说："三个臭皮匠，赛过诸葛亮。"下面我们分组合作，继续准备。现在你可以离开座位，到你喜欢的文具盒那里，和你的伙伴们进行交流。（学生离开座位，自由组合，继续练习）

师：刚才同学们练习得都很投入，现在请你们向我正式推荐。

生：我希望曹老师买照相机造型的文具盒。它是天蓝色的，就像一架照相机。盒盖中间是一个大大的镜头，上面有小快门和时间表；左边有两只小猫，正在追逐嬉戏。打开盒盖，是双层的，每一层都能放很多文具。小女孩儿一定会喜欢！

师：讲得好！还有推荐的吗？

生：我建议曹老师买装有一休图案的文具盒。（师：是"装有"吗？）印有。（师点头）它外形美观，色彩鲜艳，上面印有两个小一休，活泼可爱。一休是小朋友们都很熟悉的卡通人物，他拥有聪明的智慧，（师："聪明"和"智慧"只能用一个。）他拥有非凡的智慧。（师："非凡"用得太好了！）瞧，他坐在智慧迷宫的门口，伸开双手，好像在说："欢迎小朋友们进入智慧迷宫！"

生：李老师的女儿有了这个文具盒，学习一定会更好！

生：这个文具盒价钱也很合理，双层的，才 6 元钱。单层的还要 5 元钱呢！

师：你还别说，听了你们的建议，我还真动心了。这样吧，我们现在就去买！行吗？

生：行！

生：不行！

师：是的。别忘了，我们是替李老师选文具盒。在买之前，我们最好要征求一下她的意见。否则，买回去，人家不喜欢，无法物尽其用，岂不是遗憾？可是李老师远在哈尔滨，该怎样和她联系，把我们挑选的情况告诉她呢？

生：写信。

生：打电话。

生：可以发电子邮件。

师：你们的办法都很好。可惜，我们教室里今天没有网络了。我带来两部玩具

手机，我们练习给李老师打电话。谁愿意给李老师打征询意见的电话？（教师把一部玩具手机放在一个同学的桌子上）

生：（拨号）喂，请问是花园小学校吗？

师：是的，你是谁呀？

生：我是太原××小学四（一）班的学生，我叫××。我帮曹老师为您女儿挑了一个文具盒：绿颜色，像个小汽车；里面共有三层，最上层是个小书架，特别实用。不知道您是否喜欢？

师：我很满意，谢谢你。

生：不用谢，再见。

师：再见。这个同学电话打得怎么样？

生：他很有礼貌。只是文具盒介绍得不够详细。

师：（指打电话的同学）你为什么这样介绍，能说说理由吗？

生：因为这是长途电话，说话不能太多，要浪费钱的。（众笑）

师：（指发问的同学）他的想法你同意吗？

（生点头）

师：看来同学们都有经济头脑。的确，能节约的就不要浪费。还有谁愿意打电话？

生：（拨号，拿起话筒）请找一下花园小学校的李老师。

师：对不起，她不在。（众笑）

生：她去哪了？

师：不知道。（众笑）

生：（一时不知该怎么办）那请您给她捎个信儿，就说太原的小朋友替她挑好了文具盒。

师：多少钱？

生：三层的，15元。

师：有点贵，能不能10元钱买下来？

生：让我去讲讲价，试试吧！

师：再见。

生：再见。

师：刚才，这个同学已经答应了要去讲价，争取 10 元钱买下来。你们有把握吗？

生：有！

师：讲价打的是心理战，都有哪些策略呢？请各小组讨论。（讨论后）要想真正学会砍价，还得实战演练。现在我就是售货员，请一个同学到前边购买。

生：这个文具盒多少钱？

师：没听见。（众笑）

生：阿姨，请问这个文具盒多少钱？

师：你挺有礼貌的！不贵，15 元。

生：15 元，太贵了！

师：那你想多少钱买？

生：10 元。

师：你们认为他还价还得合适吗？

生：他还高了，应该再低一点儿，7 元。

师：（点头）7 元不卖。

生：阿姨，就给点儿面子吧！（众笑）

师：哀求是没有用的，还要动动脑子，想办法找找商品的毛病。

生：（拿起文具盒看看）阿姨，这个文具盒折页松动了，便宜点吧！

师：12 元，怎么样？

生：这纯属伪劣商品，还卖这么贵，我要去告你！（众大笑）

师：会保护自己的合法权益，值得表扬！

生：我只有 10 元钱，不卖我就到别人那里去买了。（众赞叹）

师：成交。看来，太原的小朋友们还真会讲价。（出大屏幕）今天，你们帮李老师买到了称心如意的商品，瞧，她正冲你们挥手致谢呢！下次有机会，见到她的面，再把我们今天砍价的情景说给她听。（下课）

三、花园“云课堂”在线教育纪实

1. 对“云学校 云课程 云课堂”建设的思考

(1) 对学校开展在线教育的思考

技术带来了可能性，危机制造了必要性。2020年年初，新型冠状病毒肺炎在全球肆虐，病毒给人类的生活带来了极大的不便。面对突如其来的停课情况，教育部倡导“停课不停学”，各级教育行政主管部门、各级各类学校进入了一种战时状态，纷纷利用互联网开展在线学习，并迅速找到了匹配的教育模式，以变应变，未来学校的当下创建就此开始。按正常的思路来讲，未来学校的建设有两种方式：一是实体学校，学校建设各种体验场馆，加上在线学习的条件，成为未来学校；二是在现实的各种体验场馆中，配置互联网学习的各种要素，举办未来学校。突如其来的疫情，使建设未来学校的两种模式如今只能通过家庭来实现，家庭作为未来学校的另外一种形态登上了教育舞台的中央。教育的本质是什么？是个体的社会化。远离了社会，也就偏离了教育的本质。所以，准确地说，疫情催生的“未来学校形态”是学生利用家庭智慧学习终端，与爸爸妈妈或其他家庭成员，形成一个学习共同体，在教师在线指导下，进行共读、共写、共同生活。

教育不是信息单向传递的过程，它是人与人之间的相互影响。关起门来，只面对屏幕，是不可能完成一个个体“社会化”的。我们借助于网络、多媒体的手段，省略了知识发生的过程，用最简单的方式直接告诉学生结果。这让教育看起来变简单了，但由于它没有了过程，就偏离了教育本质。学生的智慧没有增长，这就是教育的“低幼化”。教学中一个真正的体验活动，需要视觉、听觉、触觉、嗅觉、味觉、直觉一起上，那才是真正的多媒体。未来学校的变革有三个基本条件：解放学生、转变观念、提供制度保障。从“教为中心”“师为中心”“书为中心”到“学为中心”“生为中心”“问题为中心”“任务为中心”……教育即解放、教师即开发、课堂即学堂、天性即个性、成长即成功。

危机也是契机。在现行教育体系中，教育存在着两个重大缺失：其一是缺少最基本的生活教育、生存教育、健康教育；其二是缺乏学校和家庭教育、社区教育的密切联系。这两大缺失的危害在居家抗击疫情期间凸显了出来，也由此提供了弥补这两大缺陷的条件和时机。从家庭、社区、学校面临的现实生活、现实难题入手来进行学习，这样的学习才充满了生命活力，也才能推动学习型家庭、社区、班级、学校的一体化建设，并由此筑起一套独特的对抗病毒传播的强有力的防御体系。为什么很多人对“停课不停学”的理解总是囿于传统课堂教学的那些内容、形式？在疫情面前，迫切需要学习的知识、技能、行为习惯、社会公德、健康人格等，不能只停留在空洞、抽象的口号上，也不能缺少具体的内容和实质性的推动深化，要做深入的研究。未来学校要率先从学校、教材、教师狭隘的“三中心”局限中走出来，拓展关于学习、教学、教育的视野。

“动荡时代最大的危险，不是动荡本身，而是延续过去的逻辑做事。”这是彼得·德鲁克《动荡时代的管理》一书中的一句话。跳出旧的“三中心”，怎么办教育？怎样建设学校？教育内、外技术的深度融合会成为未来的方向，最好的抓手是“产品”。只有大家用相同的平台，沟通起来才方便。当所有教师用的平台越来越趋于同质化的时候，沟通、交流和分享就会越来越方便，未来学校的建设也会越来越容易。居家学习虽然面临着严峻的挑战，但是却给现行教育体系的完善创造了机会。将生活教育、生存教育、健康教育作为主线，精准推送线上课程，有利于打破学校与家庭教育壁垒，实现无缝对接。把学习放到“云上”，让师生一起在“云上”行走，这是一次“被迫的教育大移民”，更是促进学校整体改革的新契机。

当教育场景变化后，我们关注“教”和“育”并重的本质变了吗？教是否在习以为常的技术手段中，找到了线上育人的新突破？在这段看似“脱轨”的时间里，学生把在校养成的自我管理能力带回家了吗，有持续学习的动力和能力吗，还能坚持完成自己独特的“成长目标”吗，还在持续浇灌兴趣的种子、滋养梦想的小火苗吗，抑或是否怀着利他之心付诸了力所能及的行动？技术开发团队和一线教师在线下合作的经验，拿到线上还起作用吗？教师提出痛点和问题，技术迅速迭代和解决，这种不断复盘迭代的良性循环是否在保持？学校日常所培育的组织文化，如“办法总比困难多”“把方便留给别人”，是否在突如其来的困难面前发挥了作用？扁平的组织架构有没有促进信息的快速传递，既定目标有没有在高效的合作中达成？时刻自我检视，主动突破天花板，拓宽教育的长宽高，正当其时。我们要系统地规划和建设线上教育资源平台以及相应的教学评价机制，从而形成更加立体、更高质量的教育体系。

（2）对混合式学习生态与教师角色变革的思考

居家学习催生和发展了混合式学习生态。翻转课堂、慕课、微课堂已经从行政推动转变成了教师的自主实践；学生主播、网上合作、展示交流已经成为学生的自主行动；教师组织的跨越地域局限的空中课堂，冲破了时空界限、跨越了文化沟壑。居家学习让学习的方式、平台、边界更加多元和无限，提升了教师和学生的责任、独立与合作意识。教师为每一位学生设计个性化的学习路径，制定个性化的学习契约，实施个性化的学习评价。学生自主规划学习任务，主动预约教师交流，及时提交学习资料。居家学习让教师做到了因材施教，让学生做到了知行合一。教师线上育人，学生自我管理，技术持续赋能，文化驱动管理。在不断反思初心、调整策略的路上，教师和学生创造了很多惊喜。

线上学习有利有弊，也有不少争议，但在特殊时期，遵循“线上线下结合、线下为主”原则，尤其是小学低年级，更多的是线下学习形式，如阅读、写作、家庭活动等。线上学习时，教师通过精心制作的微视频（8 分钟内）设计教学活动，加强任务单的推送，确保教学效果。线下学习是学生的自主学习，教师根据不同学段特点，采取“纸质任务，拍照上交”或其他便捷方式，使其得以落实。在线辅导学习是在教师指导下，成立学习小组，开展分层学习或互助学习，集体同频在线，互相交流、互相帮助、互相监督，共同提高。

线上教学能让学生更好地体验到一个好教师的好，也能更直观地体验到一个差教师的差。线上教学，如果没有学生个性选择、学生参与建构、学生自主分享、学生深度互动、学生社群建设……有效学习和教育就很难发生。大面积线上教学的开展对教师来说是一种解放，但也可能是一种淘汰：封闭保守当个体户，加班加点干体力活，挪移知识做背诵人，再不转型就来不及了。在未来学校的形态中，大概率会形成网红教师上课其他教师辅导的局面。能者为师、愿者为师的时代已经来临。

线上、线下混合式学习生态必将催生“双师”型教学。“双师”型教学是教学的一种重大变革，教师的角色由此也会产生巨大变化。向学生传授知识不再是所有教师的工作，“双师”型教学可以实现名师授课的全方位覆盖，使更多的学生能听到名师的课，也更能充分发挥名师的作用，解决困扰教育均衡发展的优质教师紧缺问题，也能减轻教师的工作负担，减少教师的数量，促进公平教育的发展。教师的角色由现在的学生学习的引导者转变为学生思想的引领者、家庭教育的指导者，教师的工作重心、工作方法将发生前所未有的重大变革。教育学生，做好学生的思想工作，开展“立德树人”教育，组织学生开展形式多样的活动，做学生的朋友，当好学生成长的引路人，通过与学生交心、与学生一起活动，帮助学生增强自信心，引领学生努力进取，天天向上，这一点是人工智能无法替代的，也是教师工作中的重中之重。进入名师网络授课时代，教师将不再是教学的主要承担者，而是转变为对学生学习的评价者，负责评价学生的学习状态和学习效果，同时，对学生进行必要的学习辅导，将教学中的问题及时反馈给授课的名师，以便名师在授课中进行适时调整，提高授课效率。帮助家长提高家庭教育的水平也将是未来教师工作的一大任务。

（3）与在线教育教师共读

非常时期，教育者上网课前应仔细思考一下自己所学的教育理论，不要为完成课时而上课。学习的主体是学生不是家长，只有你设计的教育有足够的吸引力，学生才愿意放弃在家打游戏的机会，主动参与。如果大部分学生要在成人监督的情况下才能坐下来看直播，只能说明教师的教育设计出现了问题。直播授课是很好的工具，但是它应该是学习的“点心”而不是“主菜”。把线下的教学模式，披一件“外套”直接搬到线上是懒惰的做法，好的教育需要教育者思考如何把目前的环境利用到极致。

在线教育有什么优势？我大概罗列了三点。连贯的时间：这些时间不会因为每一节课而割裂开。更方便地获取资讯：在学校的时候学生会被限制使用网络获取资源，在家里则不会。家庭环境的独特资源：在教室环境里只有书桌、讲台，但是在家里有厨房、餐厅，还有其他家庭成员。再思考一下，在线教育的最大劣势是什么？缺乏监视与专业指导：父母要上班，没空整天监控孩子学习，家长辅导专业度也没有教师好。再来思考一下你想使用的教育学理论。理论一：同伴激励机制。学习科学研究表明，其实最好的监督并不是来自教师的而是来自同伴的。比如，大部分人都不希望因为自己动作慢拖累了整个小组。理论二：积极性理论。要让人积极主动地做事情需要满足三大条件，即这件事情是本人提出的、这件事情是他能力范围内能够做的、这件事情对他周围环境中的人能产生影响。接下来要做的只有一件事情，就是如何利用好学习理论框架，把目前环境中的优势最大化，劣势最小化。

假设我是班主任，我会这么做。首先，我会想尽一切办法把学生需要的核心教学资源都给到学生（包括教材、课本、练习等）。其次，召开几次在线讨论，根据学生的兴趣，与学生讨论和确定有意思的挑战。例如，挑战 A——制作短视频，用小组形式解读语文课本中所有的诗词；挑战 B——通过自学，给全班出一份数学期末考试试卷；挑战 C——小组合作写一部英语剧本，并覆盖本学期英语课本中的新单词。根据积极性理论，这些挑战需要满足以下三种条件。自主性：所有的任务或者挑战最好是学生参与提出的。能力范围内：考虑小组搭配时，需要考量小组的整体能力，保证他们稍微努力一点是能够做到的，不要因难度过高而放弃。对他人产生影响：这是教育设计的核心，就是让这件事情能产生公开的价值。例如，录制完短视频，父母可以发一个朋友圈；编写完英语儿童剧，等疫情过去了还能公开演出，这种动力足够支撑学生进行自我监督。

假如我是项目式学习指导教师，我会在课程的设置上保证与教材内容、现实生活很贴近，同时周期性也足够长，为学生提供大量的自主学习时间。同时，在小组成员的分配上也很讲究，根据同伴激励理论和之前的观察，在每个小组中安排能力不同的学生，分配完任务之后，学生自己想办法与小组成员沟通。教师每天有 1 个小时在线答疑的时间，有问题的学生可以主动找教师；每个小组的组长定期在班级群中公开自己小组的进度，利用同伴压力，让学生不再偷懒。好的学习体验永远不只是以学生为中心的，教师自己的兴趣也很重要。找到那个共同的兴趣点，利用好疫情在家学习的机会，做一次全新的教育探索。“停课不停学”是好事，但是千万不要偷懒。如果你还是那个“敢不同”的教育者，在开启下一次直播前，希望能够多一分思考而不是盲从。

2. 解读“居家成长总动员”课程理念

“生态花园云学校 幸福种子云课堂”居家成长课程设计理念有以下十个方面。

（1）居家成长

居家成长是花园小学校提出的在线教育总体目标，也是“生态花园云学校 幸福种子云课堂”课程的核心理念。居家学习不同于传统意义上的在校学习。它通过合理的线上、线下相结合的教育方式，整合各种优质资源，最大限度地还原、再现和学校生活相似的学习场景，唤醒学生对学校生活的向往。它是接受在线教育的一种新型教育教学组织方式，为学生提供了更大的空间去提升自主学习能力。线上为辅、线下为主的学习方式实现了全课程育人的理念。

（2）生态花园云学校

生态花园云学校链接了各种优质教育资源，整合了各学科教师优势资源。在学校的精心策划下，在家长的用心陪伴下，生态花园云学校助力种子的习惯养成，实现了居家成长和全时空育人。

（3）幸福种子云课堂

幸福种子云课堂源于花园小学校“种子教育”课程理念。它以生命化、跨学科、个性化、网络化方式，以抗击疫情、健康生活、关注成长为主线，以周课程、日主题精准推送，高度统整。注重学法指导、问题导学、项目式学习、成果分享、习惯养成、心理疏导、有效陪伴，帮助学生实现德、智、体、美、劳的全面发展。

（4）周计划

居家成长以周为单位整体规划学生每周的学习与生活，分为选修课和必修课，学生可以参考学校的周计划合理选择课程，规划设计属于自己的居家成长计划书和时间表。

（5）日主题

幸福种子云课堂每日一主题，整月共20个。基于培育学生“核心素养”，以德、智、体、美、劳五育并举，以培养全面发展的人为目标，聚焦成长关键时间节点，根据国家省市教育行政部门提供的正规途径，教师精心筛选重组整合资源，以微视频形式每日精准推送。

（6）“师生面对面”与“亲子共时空”

每日固定时间的“师生面对面”与“亲子共时空”将最大限度地还原班级授课制、班集体育人、家校共育的组织方式和育人功能。以微视频指导，以微信群交流，以自主分享、集体展示等学习方式，实现同伴助学，增进亲子互动，打造家校无缝链接全时空教育场域。

（7）关于教师

“幸福种子云课程”由荣获“省级基础教育优秀教学成果一等奖”的花园小学校

教师团队研发，五大教研团队资源重组，采用“1＋N”导师制（1是指班主任教师，N指综合、信科、艺体、英语教师团队，还有我们的家长朋友们），将研、备、教、学、展、评一体化集体研究、分组攻坚。导师是学生居家学习和健康生活的组织者、参与者、指导者，负责研发、精选学习资源，推进、落实课程计划，策划、开展分组活动，建立、管理在线平台，组织、协调家校互动，整理、发布在线教育成果等。根据具体班情，对医务人员子女等需特别关注的家庭学生，制订“一生一案”的指导计划。

（8）关于学生

生态花园云学校倡导“我的时间我规划、我的学习我做主”，要求花园“小种子”能够在导师的指导下，自主做规划，专心听网课，思考做项目，勇探索、乐展示，同伴互助促友情，防疫家务样样行，帮助学生做一个“我的成长我负责”的花园好孩子。

（9）关于家长

在居家成长中，家长是学生居家接受在线教育的主要导师。“生态花园云学校”用微课形式为家长提供具体操作指导，帮助家长有效组织“亲子共时空”，让家长在亲子陪伴中影响孩子，增进亲子关系，共筑良好的家校育人体系。

（10）关于评价

居家成长评价理念基于“种子教育评价体系”，指向对学生内动力的激发和综合素质的评价，提倡班级建立个人“集赞”袋。一至三年级可借助“乐学卡素养果”进行“集赞”累积评价，四至五年级可借助乐教、乐学“集赞”累积评价，除了自我评价、同伴互评、教师评价之外，还要利用“亲子共时空”引入家长的评价。帮助学生在多元评价中认识自我、欣赏同伴、激发内动力。学校专门成立线上教学技术保障组和课程资源组，制定了“校领导—校区主管—年级主管”三级巡课制度，公开年级主管联系方式，及时收集、梳理、反馈师生遇到的各种问题，及时总结、提炼、分享教师在实践中摸索出来的实用小妙招、小技巧。

3.“居家成长总动员”课程设计解读

云学校是花园小学校按照国家、省、市、区教育行政部门的指导和要求，自主创建的一个模拟在线教育一日生活场景的学校。在生态花园的这所云学校里，有丰富的学习资源、个性的成长空间，有慈祥的校长、亲切的老师、可爱的同学们，还有爸爸妈妈陪伴学生一起学习、游戏，快乐成长。在生态花园的云学校里，同学们每天的生活都有一个主题。

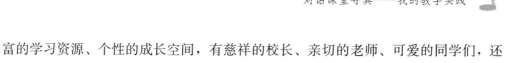

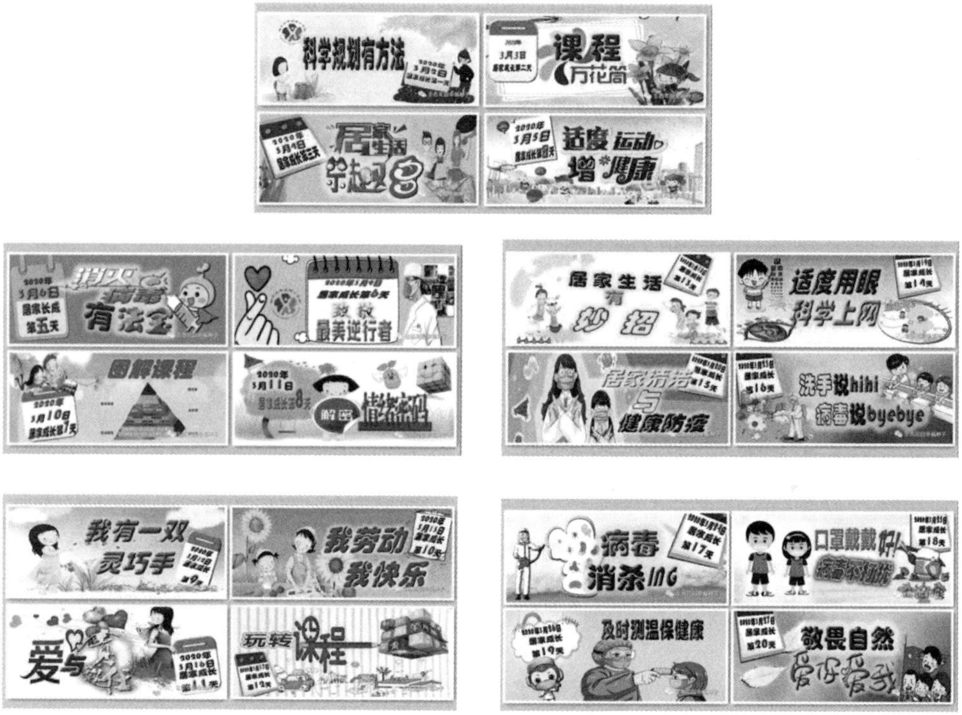

“居家成长总动员”课程

看！这是学校着眼于“德、智、体、美、劳”五育并举，为促进学生全面发展，为大家提供的20个课程主题。每天通过“规律生活动起来”“丰富知识学起来”“各门才艺练起来”“亲子活动做起来”四个课程板块带领大家合理规划时间、线上线下互动，陪伴学生居家学习成长，帮助学生养成良好的学习习惯和生活习惯，为返校学习做好衔接准备。

幸福种子的云课堂都有哪些内容呢？这是学校为低年级和中高年级学生设计的符合各自学段特点，适合不同年段学生发展的课程计划。

低年级学生上网的时间不宜过长，云课堂每周两节线上课，分别是“数学好玩儿”和“悦读语文”，其他均为线下教育时间。这里既有必修内容“眼操活力操定时规范做”，也有选修内容“我和家长选课程”“整理书桌我能行”等，带领学生每天进步一点点儿，循序渐进养成好习惯。

高年级学生的必修课程有每周各两次的“数学好玩儿”、项目式学习探究性优才课程。在居家成长选修课程中，通过“解锁家务新技能”“体验亲子小游戏”等体验式课程对大家的劳动能力、审美情趣、各门才艺等进行全方位指导。幸福种子云课堂为充分尊重学生的个性发展，整合了国家、省、市、区优质教育资源和各学科教师优势资源，为学生提供定制型育人营养配餐。大家可以根据自己的特长和爱好，自主选择适宜的课程，从而形成各自独特的成长规划和个性课表，进而形成一班一生一课表、一班一生一节奏的在线育人模式，让成长真实发生。

学生每天晚上会在固定时间收到一份来自云端的课程计划书。那是“生态花园云学校”通过微信平台向学生发出的课程邀请，学习内容用二维码的形式呈现给学生，只要点击识别二维码，就可以进入云课程里，很有意思！

为了最大限度地还原在校教育的优势，“生态花园云学校”每天为全校师生、家长安排了“师生面对面”和“亲子共时空”的固定时间。学生每天会通过班级微信群或其他平台与老师、同学交流，同伴互助、亲子互动，协同共育助力大家健康成长。在开展“师生面对面”“亲子共时空”这两个活动前，需要大家先观看学校录制的微课，结合日主题内容有针对性地进行。

家长，作为居家成长在线教育的育人主体和主力军，在幸福种子居家成长的过程中，承担着不可或缺的角色。他们和学生一起商议，在固定时间走进亲子时空，和学生一起参与居家成长课堂。每周最后一次的“亲子共时空”，家长与学生一起把一周的成果整理出来，在班级搭建的交流平台上晒一晒，集赞兑换“种子成长储值卡”。

停课不停教，停课不停学，居家不停成长。生态花园里的幸福种子们，在科学成长套餐的引导下，在“匠心农人”的帮助下，在家校的共同努力下，直面新型冠状病毒带来的挑战，居家健康快乐成长！

表 3-5 “生态花园云学校 幸福种子云课堂”居家成长总动员
第五周计划（一一二年级）教师版

<table>
<tr><td colspan="3">时间</td><td>3月30日
（周一）</td><td>3月31日
（周二）</td><td>4月1日
（周三）</td><td>4月2日
（周四）</td><td>4月3日
（周五）</td><td>4月4日
（周六）</td></tr>
<tr><td colspan="3">日主题</td><td>暖心隔离
安全转运</td><td>给自己定个
闹钟</td><td>舒缓心理
有妙招</td><td>请量一量
自己的体重</td><td>公共生活
靠大家</td><td rowspan="14">教师、学生、家长小结回顾，并在班级分享，上传到学校网络平台上</td></tr>
<tr><td rowspan="13">居家成长第二周</td><td rowspan="5">上午</td><td>7：50</td><td colspan="5">钉钉签到上班</td></tr>
<tr><td>8：00—8：30</td><td colspan="5">教师微课：师生面对面</td></tr>
<tr><td rowspan="3">9：00—11：00</td><td colspan="5">教师微课：1. 数学好玩儿；2. 空中课堂
微视视频：眼保健操、七彩阳光广播体操、健身活动
教师微课：1. 悦读课文；2. 空中课堂</td></tr>
<tr><td colspan="3">微课：科学小实验</td><td colspan="2">微课：健康小课堂</td></tr>
<tr><td colspan="5">项目式学习（综合）</td></tr>
<tr><td colspan="2"></td><td colspan="5">午休、午餐时间 家务劳动我来帮</td></tr>
<tr><td rowspan="7">下午</td><td>13：30—14：30</td><td colspan="5">班主任：练习反馈＋分组辅导（分组建群）</td></tr>
<tr><td>14：30—15：00</td><td colspan="5">微视频：眼保健操、七彩阳光广播体操、健身活动</td></tr>
<tr><td>15：00—15：20</td><td>微课：
体育健康</td><td>微课：
美术创作</td><td>微课：
书法临摹</td><td colspan="2">微课：音乐欣赏</td></tr>
<tr><td>15：30—16：00</td><td colspan="5">科任团队：课程辅导跟进
（一年级每周二，二年级每周四入群入班组）</td></tr>
<tr><td rowspan="3">19：00—20：00</td><td colspan="5">微课：亲子共时空</td></tr>
<tr><td>居家生活
小智慧</td><td>居家陪伴
有方法</td><td>居家劳动
快乐多</td><td>快乐运动
ABC</td><td>文明公筷
我先行</td></tr>
<tr><td colspan="5">微课：阅读共时光（悦读手册＋整本书阅读）</td></tr>
</table>

续表

居家成长第二周	其他平台课程资源推荐	1. 国家中小学网络云课堂 2. 中国教育电视台空中课堂［由中国教育电视台 4 频道（CETV4）推出大型《同上一堂课》“课表式电视课堂”］ 3. 出口成章（教育部备案审核，CCTV2 推荐教育类 App） 4. 公众号：人教数字教育 5. 在家上学·中小学课堂（学习强国） 6. 洋葱学院［光合新知（北京）科技有限公司］ 7. 空中课堂：元申广电、哈尔滨教育云平台资源链接（路径自选） 8. “在家云游博物馆”在线文化服务项目 9. 500＋节科学小实验免费在家学！（公众号：爆炸实验室） 10. 100 部经典有声书	

表 3-6　“生态花园云学校　幸福种子云课堂”居家成长总动员
第五周计划（三—六年级）教师版

时间			3 月 30 日（周一）	3 月 31 日（周二）	4 月 1 日（周三）	4 月 2 日（周四）	4 月 3 日（周五）	4 月 4 日（周六）
日主题			暖心隔离安全转运	给自己定个闹钟	舒缓心理有妙招	请量一量自己的体重	公共生活靠大家	
居家成长第二周	上午	7：50	钉钉签到上班					
		8：00—8：30	教师微课：师生面对面					
		8：30—11：00	教师微课：1. 数学好玩儿；2. 空中课堂	教师微课：1. 悦读语文；2. 空中课堂	微课：项目式学习（综合）	教师微课：1. 快乐英语；2. 空中课堂	微课：项目式学习（信科）	
	上午	11：00—11：30	微视频：眼保健操、七彩阳光广播体操、健身活动					

续表

<table>
<tr><td rowspan="9">居家成长第二周</td><td colspan="2"></td><td colspan="5">午休</td><td rowspan="9">教师、学生、家长小结回顾，并在班级分享，上传到学校网络平台上</td></tr>
<tr><td rowspan="7">下午</td><td>13：30—14：30</td><td colspan="5">班主任：练习反馈＋分组辅导（分组建群）</td></tr>
<tr><td>14：30—15：00</td><td colspan="5">微视频：眼保健操、七彩阳光广播体操、健身活动</td></tr>
<tr><td>15：00—15：30</td><td>微课：
体育健康</td><td>微课：
美术创作</td><td>微课：
书法临摹</td><td colspan="2">微课：音乐欣赏</td></tr>
<tr><td>15：30—16：00</td><td colspan="5">科任团队：课程辅导跟进</td></tr>
<tr><td rowspan="3">19：00—20：00</td><td colspan="5">微课：亲子共时空</td></tr>
<tr><td>居家生活
小智慧</td><td>居家陪伴
有方法</td><td>居家劳动
快乐多</td><td>快乐运动
ABC</td><td>文明公筷
我先行</td></tr>
<tr><td colspan="5">微课：阅读共时光（悦读手册＋整本书阅读）</td></tr>
<tr><td colspan="2">其他平台
课程资源
推荐</td><td colspan="5">1. 国家中小学网络云课堂
2. 中国教育电视台空中课堂［由中国教育电视台 4 频道（CETV4）推出大型《同上一堂课》“课表式电视课堂”］
3. 出口成章（教育部备案审核，CCTV2 推荐教育类 App）
4. 公众号：人教数字教育
5. 在家上学·中小学课堂（学习强国）
6. 洋葱学院［光合新知（北京）科技有限公司］
7. 空中课堂：元申广电、哈尔滨教育云平台资源链接（路径自选）
8. “在家云游博物馆”在线文化服务项目
9.500＋节科学小实验免费在家学！（公众号：爆炸实验室）
10.100 部经典有声书</td></tr>
</table>

社会反响

一、花园小学校的“种子教育”

黑龙江省教育学会会长　孟凡杰

花园小学校的“种子教育的理论与实践”这一课题具有非常重要的时代价值和科学意义。花园小学校五年的实践探索，遵循教育的基本规律，解决了学生发展中的一些基本且关键的问题，引领和深化了学校和区域的教育改革，理念先进、效果明显、影响深远。

1. “种子教育”的价值点

“种子教育”的办学思想，体现了立德树人、适性发展的教育目标，走出了一条促进学生全面而有个性发展的办学新路，其引领示范的作用非常大。特别值得肯定的是学校着眼于时代发展，着眼于人的需求，着眼于教育的基本规律，来思考办学的路子，其难能可贵之处就是既在理念上提出了科学鲜明的思想观点，又在实践当中扎扎实实去探索，和那些喊着口号走另外一条路，表面上说素质教育、着眼学生全面发展但实质上却着眼于分数和升学率的教育相比，“种子教育”在当下的社会情境中有效地克服了文化及价值取向的弊端，以改革的勇气和魄力，在实践中踏踏实实走出了一条新路子。

2. “种子教育”的切入点

“种子教育”的成功除了理念和实践上的超越外，还有一点就是它的切入点抓得很好：从全面育人、培育完整的人的角度去思考，而不是局限在课堂模式、教学方法、学生分数这些技术层面上来研究问题。“种子教育”确定了以人为本、立德树人这一目标后，抓住了“课程改革”这一要素，做到了纲举目张。课程不能只为课程而课程。曾有一段时间，我们搞素质教育，各个学校开设各种各样的课程，今天做手工、明天做游戏、后天演出，但实际上，它不是着眼于学生发展的需求，而是学校主观设计出来的、烹调好了的东西，你吃也得吃，不吃也得吃，我就做的这个菜，而且不管这些菜合不合学生胃口都当成成绩去炫耀。这些行为都没有去思考这些课程用在学生身上是什么目的，哪些方面对学生成长有用，哪些能为学生一生打下基础，我们大多数人不去追问这些问题。花园小学校的“种子课程”是基于种子的成长，即种子生根、发芽、开花、结果这样一个目标来设计的，它把国家课程和地方课程整合成更适合学生的课程，即基础课程、配方课程。并且它在课程实施方面所采取的策略和方式，也是很对的，包括学科的学习、对话式的学习、探究性的学习，都强调自主合作。这些课程与学习方式就是基于每个学生的发展，为每个学生提供真正有效的教育，确保教育供给侧改革的针对性、有效性和科学性，这才是课程改革的实质。有了这样的课程，就真正照顾了学生这一主体，激发了学生的活力、求知欲望和学习兴趣，使学生的学习呈现自主、自愿、自觉的状态，这才是真正的立德树人。

3. “种子教育”的资源整合与配置

“种子教育”育人目标明确，它在育人资源和育人视野上是着眼于学生成长的整个过程中所需要的人力环境去构建的。为了促进学生的全面发展，花园小学校资源配置的方式，是一般学校做不到的。就家校合作来说，有些学校就是学校出试题，家长的任务就是看着孩子刷题，这是较低层次的家校合作。花园小学校的家校合作统整了各方面教育的潜质和价值，不仅包括家庭，还包括社区、社会实践等，作用在学生发展过程当中的环境就有了塑造人的功能，营造了一个种子全面生根、发芽、开花、结果的环境，使种子健康、快乐、积极、自主地发展，这是很难得的。尤其在小学阶段，各方面力量促使学生在做人做事、理想志向、学习习惯、学习能力、待人接物、包括价值观等方面都在这些实践当中实现了。这种基于服务于种子的需要，优化社会资源环境，为学生创设健康成长条件，并与家长在共同理念和思想共识的前提下，携起手来扬长避短，各自发挥优势，帮助学生健康发展的做法是不可复制、不可替代的，这才是高效的学校教育！

4. “种子教育”的组织运营样态

学校的领导层面具有强大的领导组织力。曹永鸣校长及领导班子，在学校思想理念层面上的顶层设计是前瞻的、科学的，实现了思想理念上的领导。没有思想的领导，教师就找不到方向，学校的定位就不会准确，学生也不会受益，学校也就没了凝聚力和方向感，学校整体就形成不了共识，也就不会有统一步调，更不会激活大家的创造性。花园小学校的组织管理运营模式，已经跨越了扁平化组织机构样态，学校基于智能化社会的特点，基于学校的办学育人要求，架构了一种“平台型”的组织结构。校长基于每个人的资源、职责和学校办学目标的要求，给团队里的每一个人搭建了不同的平台，让他尽其所能，贡献自己的智慧，在学校工作和学生的发展需求上做出贡献。有人说，花园的教师不知疲惫，花园的教师创新意识强，这与花园“平台型”组织结构管理有着密不可分的关系。花园小学校激活每一位教师的创造力，使全部智慧聚焦在“种子”的身上，留心“种子”的变化，满足“种子”本身的需求，精心呵护“种子”生根、发芽、生长……教师是呵护“种子”的“农人”，在这里教师能够实现自己的价值，竞相奋进，各用其长，成就学生的同时也成就了自己。这就是管理的新境界！

二、做教育就是做环境

《中国教师报》周刊主编　褚清源

做教育就是做环境，这是我观察花园小学校三年后得出的一个结论。人是环境的孩子，有什么样的环境就会有什么样的人。花园小学校将种子视为确保学生受教育主体地位的隐喻。这里的学生都有一个诗意的名字——“幸福种子”，这里的教育者主张“教向未来，育向幸福”。他们相信种子的力量，相信每一粒种子都是一种独特而珍贵的存在，相信每一粒种子都有生长的愿望。他们倡导以种子为中心来展开教育，教育的所有努力就是为种子的生长提供条件和环境支持。当种子遇到了适合的环境，自然会生根、发芽、开花、结果。

花园小学校给学生营造了良好的校园环境、教室环境、课堂环境、课程环境，以及爱学生、懂学生的成人环境。花园小学校的校园环境是“浸润式”的，教室环境是有温度的，学生都能以不同方式参与校园环境和教室环境的创设；他们的课程样态是“配方式”的，是因需而设的，除了师资团队开发的课程外，还有来自学生研究兴趣产生的学习项目；他们的课堂文化是“生态型”的对话课堂，师生、生生之间充分对话，互为资源；他们又通过“雁阵群”教师队伍建设、“同盟军”家校共育建设为学生的成长营造了良好的成人环境。客观地说，成人环境是影响学生成长的最重要的环境。成人环境包括教师和家长两个环境。成人环境的营造在很大程度上建立在懂孩子的基础上，而懂孩子又衍生出了相信孩子的教育价值观。

花园教育人在教育实践中体现了相信的力量。因为懂学生、相信学生，所以教师不会以爱的名义过度干预或干扰学生的学习生活。花园小学校的家长也一样，他们通过花园小学校“家长大学”的课程学习，更加懂得孩子的真实诉求，因为更加懂得，所以能爱到孩子的需要处。

保卫童年是花园教育人的使命。当学校提供了适合学生成长的环境，学生便会在这个环境中度过一个幸福完整的童年生活。

教育的立场首先是儿童立场。花园小学校基于对儿童立场的坚守，让花园学子有了不一样的童年体验。

如果说花园小学校的教育是一种创新实践的话，那么，这创新一定是建立在系统创新、综合创新上的。

小学教育是为学生终身发展奠基的教育。过度重视课程建设或课堂改革都是一种狭隘的改革观。很多时候过度关注教育中的 A 点，那么，B 点就可能成为一个盲区。花园小学校的教育实践不是单向创新，不是在做某一项或某几项特色项目，而是围绕种子需要的环境在顶层设计上做到了系统性和完整性的设计。他们所建设的校园环境、课堂环境、课程环境、成人环境为学生营造了一方池塘，这方池塘是服务学生自然成长、完整成长的池塘。不仅如此，花园小学校的教育实践还打破了学校、家庭、社区教育之间的壁垒，实现了各方教育力量的协同与整合。

如果说种子需要适合成长的环境，那么这个环境首先应该是自由的。花园小学校的幸福种子就拥有自由的成长环境。教育学者潘光旦说，人的教育是自由的教育，以自我为对象。自由的教育不是“受”的，也不应当有人“施”。自由的教育是自求的，自求者必能自得。不自由则不自主，给学生自由的前提是去教师主导化，所以花园小学校教师的核心工作是给学生自由，进而协助学生建立自主学习的生态系统，让学生自然成长。花园小学校的学生在规则之下享受最大的自由。在自由的环境里，学生学会了自主选择，学会了相互交往、相互欣赏，最终形成了一种让种子影响种子的教育生态。

花园小学校的种子教育实践是一个诱人的全新的领域，是一个有待开发的充满无数秘密的基地，是教育研究的一个富矿，值得跟踪与关注！

三、走近曹永鸣

——记哈尔滨市花园小学校教师曹永鸣

《黑龙江教育》记者　李伟晗

“在如潮的掌声中，当我接过一束束鲜花的时候，我的脑海中总会浮现一条曲折的线——原来那是我用汗水、泪水与血水铺就的所谓成功之路。”

1990年，曹永鸣毕业于哈尔滨师范学校，之后被分配到哈尔滨市花园小学校工作。花园小学校是一所百年老校，这里的教师大多是教学能手。在这样的工作环境中，刚走上工作岗位的曹永鸣，不敢有一丝懈怠，她渴望干出一番不平凡的事业。然而，在通向成功彼岸的漫漫征程上，她也走过很多坎坷路。

初任班主任时，她认为只要严一点儿就不怕管不住学生。其实不然，很快，这种幼稚的想法带来的一系列问题出现了：几个后进生依旧劣习不改，我行我素；班级工作事倍功半，成效不佳。

曹永鸣一度陷入了困惑。然而，性格倔强、乐观豁达的曹永鸣是不会退却的。她调整心态，振作精神，主动向校领导和同事“取经”。至今她还清楚地记得校长当时对她说的话：“管学生光严不行，要严中有爱，爱中有严，要严爱结合!”在校领导的不断启发和同事的帮助下，曹永鸣渐渐地认识到：教育学生要讲究方法和艺术。经过一番深思，曹永鸣找准契机，用爱心去温暖、感化那些后进生，并以此来带动班级各项工作的开展。

当时，她的班里有个学生叫张小龙，绰号“拼命三郎”，是班级的“刺头”。有一次，小龙竟把一根钉子放在同桌的坐垫下，险些酿成严重后果。小龙的父母离异，因其难以管教，父母谁都不肯要他，他就像被踢来踢去的皮球一样，经常是妈家住三天，爸家住两天。

那是秋季的一个黄昏，曹老师还在学校焦灼地等待小龙。那天他没钱吃午饭，曹老师得知后便塞给他几元钱，让他去买点儿吃的，可他一去就没了踪影，一下午都没回来。就在曹老师心急如焚的时候，电话铃响了，曹老师赶紧抓起电话，只听一个男人用生硬的口气说："你校的学生被扣在儿童公园这儿，请你们马上过来一趟!"曹老师一听，脑袋"嗡"地一下，这孩子又惹什么祸了?

曹老师风风火火地赶到那里，只见小龙满身脏土，一脸血痕。原来他偷越围墙时，摔破了脸，一怒之下损坏了树木。公园保卫人员发现后，把他训了整整一个下午，好不容易才让他说出学校和老师的名字。曹老师没有当面批评他，而是抱歉地对保卫人员说："真是对不起了，都怪我这个班主任没当好，罚款我给。"说着把小龙搂在怀里，拿手帕擦干净了他的小脸儿。

回去的路上，曹老师没有训斥他一句。不健全的家庭给小龙带来的是痛苦的记忆和受伤的心灵。这时候，也许任何语言都是苍白无力的。曹老师牵着小龙的手，顺路给他买了面包、香肠、汽水。回到办公室，曹老师给小龙洗干净了手，又给他倒上一杯水。当曹老师叫小龙吃饭的时候，小龙"哇"一声哭了起来。他一下子扑进曹老师的怀里，动情地呼唤着："妈妈，妈妈，妈——妈——"听着这声声发自肺腑的呼唤，曹老师的心灵被震撼了，眼眶一下子湿润了。尽管曹老师当时还是一个19岁的姑娘，对"妈妈"这一称呼还感觉那么遥远，但是她的心早已被这炙热的呼唤融化了。

曹老师接受了这一真挚的呼唤，也接受了这份沉甸甸的责任。从那以后，曹老师常常对小龙进行家访，多次为他缝补衣扣，经常给他补课。渐渐地，这个昔日屡教不改、桀骜不驯的小家伙变了，变得懂事了，再也不是从前的那个小龙了。

2005年，曹老师的班中有个叫王洋的男孩儿。父母长年在外地工作，他和姥姥一起生活。老年人的生活单调刻板，使这个原本聪明活泼的少年性格变得孤僻，寡言少语，再加上个人卫生有点儿差，全班同学没有一个愿意接近他的。在集体中，他就像一只离群的孤雁，孤苦伶仃，郁郁寡欢。

那年冬天，王洋过马路时不慎滑倒摔伤了，姥姥一时上火，竟卧床不起。知道消息后，曹老师赶紧跑到了医院。当时王洋需要马上动手术，但他的身边没有一个亲人，在医生焦灼的目光下，曹老师在手术单上签了字。

在王洋住院期间，曹老师觉得这正是帮助这个孩子、教育全班学生的好时机。于是，她就发动同学向王洋献爱心，这一建议得到了大家的响应。刚下课，班级的"爱心小分队"就开始了行动。他们每天都轮流去看望王洋，给他打水、喂饭、补课、陪他聊天……这种来自每个学生发自心底的热心像火山一样融化了王洋冰封已久的童真。他的性格变了，变得活泼开朗了，爱说爱笑了。出院后的王洋，终于带着幸福的笑容回到了集体的怀抱中。

后来，王洋以曹老师为生活原型，写了一篇作文《老师——妈妈》，该文还获得了全国小学生作文大赛金奖。在一次课堂上，王洋满怀深情地朗读了这篇作文，那些动人故事，一字一句地融入了学生的血液里，在他们的心海里掀起了狂风巨浪，学生为曹老师感动，为王洋感动，也为自己感动……当王洋把那枚金灿灿的奖牌挂到曹老师胸前时，教室里响起了经久不息的掌声……

20年来，无论曹老师教哪个班级，她都不忘记把素质教育思想巧妙地渗透进去。每当学生在学习上遇到困难时，她都会以知识为动力去驱动他们前进；每当学生在思想上陷入困惑时，她都会以母亲般的关爱拂去他们心头的阴云；每当学生在生活上受挫时，她都会以自己并不坚实的臂膀为他们撑起一方亮丽的天空……那些感人至深的故事，真的太多太多了，它们就像一道道绚丽的风景永远印在了一届又一届学生心灵的底片上，温暖、鼓舞着他们走向美好的人生。

“作为人类文明的传播者——教师，要具有过硬的基本功与精湛的教艺。这是我始终不渝的追求。”

这是曹永鸣初踏讲台时立下的誓言。当年毕业的时候，有的同学改行致富了，这引来了许多人羡慕的目光。其实，凭曹永鸣当时的情况并不是没有这个机会，但她实在是太喜欢教师这个职业了，她甘愿当“孩子王”。这些年来，她一直无怨无悔、孜孜以求、一丝不苟地实现着自己的诺言。

曹永鸣在教学起步时也曾有过失败。她永远忘不了第一次参加观摩课比赛时，她讲砸的那节作文课。下课后，校领导和区教研员指出了她的不足。她含着眼泪，没让泪水流下来。就是这次挫折使她清醒地认识到，要想把课讲好，必须钻研教材，苦练教学基本功。

此后，曹永鸣憋足了劲儿，一有空便找一些教育理论书籍或名家的课堂教学实录来研究、琢磨。她还找来省内外名师的课堂录像，反复观看，汲取营养。短短几年，她的教学心得记满了厚厚的四大本子。

“作者胸有境，入境始与亲。”为了上好每一节课，曹永鸣总是不厌其烦地反复琢磨，修改教案，推敲教学语言，有时完全沉浸其中，连走路都自言自语。在为黑龙江省九年义务教育新教材培训会做观摩课时，因培训会所用的新教材未在全省发行，她只好与出版社联系，借来大样一字一句地抄下来，并把手抄稿带在身边，一有感觉就随时记下来。夜晚，她便在台灯下专心致志地整理、研究。近一个月间，她八易其稿，终于为一篇读起来仅花费两分半钟时间的课文，设计出了针对学生集语言训练和思想教育于一体的优秀教案。对此，人民教育出版社教材组的专家听课后也给予了曹永鸣很高的评价。

“台上一分钟，台下十年功。”曹永鸣平时很少逛街、上商场，为了节约时间，一向喜欢长发的她忍痛割爱，一直留着短发，她把有限的时间都用在苦练教学基本功上了。几年来，她的板书、板画、朗读、下水文等都有不小的收获。她曾获哈尔滨市南岗区朗读比赛一等奖、板书比赛一等奖、演讲比赛一等奖。1994 年，她获得南岗区教师基本功“五项全能”大赛第一名。她的朗读、板书曾被省内语文专家称为“两绝”。她还被聘为哈尔滨市有线电视台“作文技巧讲座”的主持人，并担任全国重点科研项目课题组实验员、省语文教育研究会会员。

如果你有机会听听曹老师的语文课，或是观看她的教学录像，你就会被她创设的课堂情境深深吸引，仿佛自己也变成了学生，同曹老师一起遨游于知识的海洋里。曹老师的教学语言准确、生动，像磁石一样吸引着学生。每节课她都根据不同的课型精心设计教学用语，使导语、过渡语、讲解语、描述语、总结语都力争准确、明晰、优美、富有启发性和感情。使学生受到启迪，受到美的熏陶、感染，唤起学生的激情。是的，曹永鸣自从踏上语文教苑，就深深地爱上了这块芳草地。她辛勤耕耘，不断探索，终于形成了自己“以学定教·讨论点拨·自读自悟”的教学特色。

“学生一旦丧失了自信，就不再释放他的潜能。只有体验成功，才能令他们去追求成功。”

2001 年 7 月的一天，在花园小学校的一间教室里，正进行着一次不同寻常的毕业生家长会。家长会结束时，教室里爆发出热烈的掌声。77 名学生家长不约而同地排好队，一个一个与曹老师握手道别，说不尽感激的话，道不完感谢的情。

这个班是两年前曹永鸣老师接的一个后进集体，无论是学习成绩还是行为习惯都和平行班差距较大。接班后学校组织的第一次月考，就暴露出学生在学习方面的严重不足。看着一张张低分试卷，望着那一双双充满企盼的眼睛，曹老师的心里沉甸甸的。在课堂上，她用清亮的嗓音说：“这次考试，我们班考得最好的是杨小飞……”随着这个名字的脱口而出，全班同学惊异的目光一起投向了一个男生，似乎每个人都在怀疑自己听错了，因为小飞的成绩一向是全班最低的。为了证实大家没听错，她一字一句地重复道：“这次考试，小飞第一。因为他的成绩提高幅度是全班最大的。成功，并不在于是否超过了别人，而在于不断地超越自己。我不关注你们过去的成绩，只看你们今天的努力。孩子们，当你们离开学校的时候，带走的不仅仅是分数，更重要的是对未来理想的追求。”学生眼中的不解、疑虑一扫而光，兴奋地鼓起掌来。

为了尽快缩小与平行班的差距，她一方面抓紧课上 40 分钟，精心设计好一堂课；另一方面开始改革评价方式，变纵向比较为横向比较，把爱的阳光撒向班级中的弱势群体。课堂上面对心理素质较差、因紧张而语无伦次的学生，她会说：“你刚才经历了一个很艰难的时刻，我们都经历过这样的时刻。你做得很好！”转眼半年过去了，这个从一年级到五年级从未尝过“第一”是什么滋味的班级，竟在最后一个学期里，包揽了学校拔河比赛、知识竞赛、中队会比赛等多个“第一”。那个被曹老师用“放大镜”找出长处的杨小飞，学习成绩也在稳步上升，毕业考试还得了双“A”。

曹永鸣以她理性而细腻的爱赢得了家长、社会的认可，许多家长纷纷向她表示“谢意”，都被她婉言谢绝了。她说：“我所做的都是一名教师和共产党员应该做的，家长的心情可以理解，但礼物绝不能收，不然，我没脸面对我的学生！”

曹永鸣能在一次又一次的诱惑面前，丝毫不为其所动，这是多么难能可贵！她还把这些年得来的奖金，慷慨地捐献给贫困地区和灾区的学生，她要把她的爱献给更多的孩子。

曹永鸣出名了，很多地方都出重金聘请她，但她始终没有动心。要知道这样的机会，许多人可能一辈子也碰不上！

朋友们都说她太痴。她说：“是花园小学校培养了我、成就了我，可以说，没有花园小学校就没有我的今天。再说，省、市、区各级领导对我的成长也付出了很多努力。我岂能一走了之？”

“教育是一项接力的事业，当我把接力棒传到下一位手中时，我一定要跑在最前面。”

2008 年，曹永鸣成为副校长，在教学管理中她发现有很多语文教师对于一篇课文该教什么，不该教什么，并不十分清楚。为了解决语文教师对于“教什么”的普遍困惑，2009 年她带领语文工作室成员开始梳理小学语文教材。他们用了一年的时间将 262 篇课文进行了“点式教材解析”，即语文知识点、阅读切入点、能力训练点、朗读指导点、资源整合点。2010 年确定了“高效课堂”的实践研究，2011 年确定“学情分析”为高效课堂的突破口。为了提高教师的专业水平，曹永鸣老师整天“泡”在课堂里，每当在课中遇到教师不能明辨的时候，她就会“挺身而出”，现场指导示范操作，这种现场植入式的培训受到教师和学生的热烈欢迎。曹永鸣老师率领的“曹永鸣语文名师工作室”，现已成为学校团队学习的常设机构，在校本研修中发挥着积极的引领作用。名师工作室团队先后参加了“哈尔滨市新课标学习与实践”“黑龙江省督导与评估”“哈尔滨市学习型团队评选”等多次现场展示活动。翻看那一本本散发着墨香的研修成果：《与新课程共同成长》《足音》《逾越，从困惑中走出》《花园教育智慧的 99 个怎么办》《小学语文点式教材解析》，她和团队所有参与创造的教师共同分享成功的喜悦。工作室现有 8 名成员，均已被评定为省市骨干教师，其中工作室成员张安龙执教国家级课题大赛课荣获一等奖。工作室帮助过的兄弟学校及较弱学校教师近百人。

这就是曹永鸣。她重事业、轻名利，她爱学生、爱课堂、爱学校。也许正是因为有这般品质和爱心，年轻的她才会创造出如此令人瞩目的成绩。我们坚信曹永鸣定能一如既往，在平凡的工作岗位上谱写出更加辉煌的人生乐章。

四、以学为本　对话互动　全面提高学生语文素养

——曹永鸣语文课堂教学风格

哈尔滨市教育研究院研究员　果乃玉

基础教育的基本任务是为每个学生的发展奠定坚实的基础，学生语言的发展是其一切发展的基础。语言文字不仅是一个符号系统、一种交际工具，还是民族精神的积淀。学生学习语文、运用语文的言语实践过程，也是增长知识、培养能力、提高认识、丰富情感、陶冶情操、启发想象、展开联想，进行创造性思维，促进人际

沟通、社会交往，培养合作精神、健康个性和良好习惯的过程。小学语文因其独特的学科属性和功能，在基础教育阶段乃至人的终身发展中占据着非常重要的地位。

哈尔滨市花园小学校曹永鸣历经20余年的探索，在语文教学实践和教学研究方面取得了令人瞩目的成绩，形成了独特的教学风格。

1. 不断更新的教学理念——在实践与反思的过程中嬗变与建构

语文教育，历来受到人们的关注。如何真正提高语文教育的质量，语文教育工作者一直从理论和实践上不断进行探索。语文教育活动是由语文教师来实施的，因此语文教师的素质在很大程度上决定着语文教育的质量。在语文教师众多素质中，理论素养是其中最重要的素质，而先进的教学理念又处于核心地位。纵观曹永鸣语文教学风格的形成过程，我们会发现，她教学中的每一次飞跃都是以先进的理念为前导和支撑的，其间又始终伴随着深刻的反思。

第一阶段：以教为主——精讲、美读、巧练。

20世纪90年代初，当时小学语文教学界盛行讲读教学，课堂上教师的方法大多是串讲串问、教师问学生答。曹永鸣第一次教学“田忌赛马”“风”等课时，就非常重视教师的“讲”，当时她的教学具有“精讲、美读、巧练”的教学特点，主要从教师自身素质出发（曹永鸣具有深厚的文学修养、高超的朗读水平和灵活的教学机智），着重点是“教师”，展示的是教师素质、教师教学能力，亦即关注的是教师如何“教”，在很大程度上忽视了“学”的作用。

第二阶段：以学定教——讨论点拨、自读自悟。

促使曹永鸣重新审视教学中“教”与“学”关系的是皮连生的《学与教的心理学》中教与学相互作用的论述等现代教学理论。理论学习使曹永鸣深刻地认识到，课堂教学是一个动态的过程，是教与学相互作用、同步协调的过程。巴班斯基的“教学过程最优化”，追求低耗、高效、整体结构优化的现代教学理论，使她更深刻地认识到“课文无非是个例子”，教学设计应从整体着眼，精选语言训练点，优化课堂结构。1995年前后，曹永鸣的阅读教学开始“变讲为导”，探索总结了“变讲为导”“以问促读”“导练结合”等阅读教学策略和方法。她在每课的教学中都要落实“五个一”：嚼透一个词、引发一次争论、美读一段话、教会一个法、写一点儿文章。比较有代表性的课例有“詹天佑”“记金华的双龙洞”等。

1998年前后，通过学习和思考，曹永鸣认识到，语文教学是学校整体育人功能中的一个方面，这决定了语文教学要由单纯地理解课文内容向以学会学习、发展语言、塑造健全人格为方向进行转变，这注定了语文教学要以人为本、以学生的发展为本。她认为，由教师制定的教学目标，是教师带着知识走向学生；而由师生共同制定的教学目标，是教师带着学生走向知识。这一阶段，曹永鸣从自觉构建新的阅读教学模式的高度使其语言文字训练由单一型向整体型、综合型方向转变。在课堂教学中，她重视对教材做适当地重组、拓展，变教师提问为学生质疑，变教师完成既定的教学设计为师生共同梳理疑难问题，然后围绕几个重点的、关键性问题展开学习活动。曹永鸣探索总结了“以学定教”“以读导读”“练中悟法”等阅读教学策略和方法。此时，曹永鸣教学的重心已经明显地从重视教师如何“教”转向了重视学生如何“学”。教学“圆明园的毁灭”，学生先读书质疑，然后师生梳理疑问，共同确定教学目标。以疑问的产生为开端，以疑问的解决为结束，学生的主体作用得到了充分发挥，收到了良好的教学效果。全国小学语文教学研究会副秘书长丁培忠在评价曹永鸣 1998 年第二次执教的“田忌赛马”时说：“一方面，教师的教学重点就是根据学生提出的问题确定的，教师引导学生参与了整个教学的全过程，比较充分地发挥了学生的主动性、积极性；另一方面，教师在指导学生理解语言文字的过程中，精心设计，匠心独运，前后联系，浑然一体，使学生在自主学习的基础上提高到了一个新的水平。”

第三阶段：以学为本——对话板块、动态生成。

2001 年开始实施的新课程的基本价值取向是为了每一个学生的发展。新课程的价值追求在小学语文学科方面的落实，必然要求我们拥有新的视野，采取新的策略，从而促进语文课程与教学的全面转型。教师角色要由“传授型”向“研究型”转变，教学方式要由“讲授型”向“师生互动型”转变。曹永鸣敏锐而深刻地认识到了这一趋势，尤其可贵的是她不仅善于吸纳先进的教育教学理论，还善于主动、自觉用先进的理念审视、引领和升华自己的教学。曹永鸣对自己追求的课堂教学做了这样的概括：关注学生，开放时空，让课堂焕发生命的活力；关注过程，变革方式，让课堂彰显知识的魅力；关注个性，尊重独特，让课堂成为萌生智慧的摇篮；关注差异，延时评价，让课堂充满人性的色彩。

在深入学习、领会新课标的基础上，曹永鸣的语文教学有了一个质的飞跃。她认为，新课标倡导的“全面提高学生的语文素养”中的“全面提高”不是每堂课零打碎敲的训练和内容的简单相加，而是每堂课综合言语实践活动的整体推进。她改变了原有的课堂结构，实施“综合性学习情境板块教学”。2002 年，曹永鸣第三次执教的“田忌赛马”“外面的世界”等代表性的课例突出体现了语文知识和语文能力、语文学习的态度和情感、语文学习过程和方法的整合；体现了语言文字应用能力培养与“奠定学生精神根底”的统一；体现了听、说、读、写言语实践与学生喜闻乐见的各种实践活动的统一；体现了学生独立、自主的语文实践与有效合作学习的统一；体现了语文教学情感性、体验性、创造性的统一；体现了语文学科与相关学科、课内语文教材与课外语文学习资源、语文课堂教学与“大语文”学习的统一。

2. 独具特色的教学模式——在理论与实践交汇点上的成功探索

作为教学理论与教学实践的中介和桥梁，新的教学模式的构建可以使已有的教学经验得到概括、升华，同时可以使整个教学系统得到优化，进而从整体上突破原有的教学模式，发挥教学模式对教学的系统改进功能。曹永鸣语文教学研究的突出特色，在于她始终在先进理念的指导下关注并致力于新的语文教学模式的构建。经过不断探索，她创立了以对话为教学内涵、以板块为教学结构的对话式板块教学模式。

（1）对话式板块教学模式的界定

对话式板块教学模式揭示了语文教学方式的内涵，即对话。阅读教学，是学生、教师、文本之间对话的过程。语文教学，是教师与学生人格对等的精神交流、师生之间民主平等的对话；是学生对文本的理解、欣赏与批判，以及学生与作者之间跨越时空的心灵对话；是学生与学生的合作、交流，以及学生之间张扬个性、超越自我的对话。

对话，强调了教师、学生、文本之间对等交流的关系，界定了学生在学习中的主体地位。

板块，构筑了语文教学结构的框架。就教学结构而言，板块是相对独立而又相互联系的结构体。就教学内容而言，板块教学备课时，以块为单位，便于对教材的重组和加工；板块教学中，每个板块都有一个相对集中的问题情境，有较大的覆盖面，便于学生凭借具体可感知的语言材料进行自主实践。就教学流程而言，块状阅读从“块”入手，框架推进，减少头绪，便于学生直接面对文本、亲近文本，与文本及其蕴含其间的情理接触，从整体上把握整篇课文。

对话式板块教学的基本模式是由四个板块组成的，即导读板块、初读板块、精读板块和拓展板块。各板块的目标体系和操作策略如表 4-1 所示。

表 4-1 对话式板块教学各板块的目标体系和操作策略

教学板块	目标体系	操作策略
导读板块	激情存疑	问题驱动
初读板块	整体感知	自主选择
精读板块	感悟积累	合作探究
拓展板块	迁移运用	多元解读

（2）对话式板块教学模式的特点

导读板块，重在“情”上。创设情境化的课堂，创设学生学习活动的环境，营造民主和谐的学习氛围。曹永鸣在教学中，以生活展现情境，以图画再现情境，以音乐渲染情境，以游戏引入情境，以语言描绘情境，唤起了学生的情感活力，激发了学生学习语文的情趣。

初读板块，重在“知”上。初读，侧重于认知性学习。从读入手，引导学生在情境中读、在竞赛中读。通过自由读，整体感知文本的内容，与文本创设零距离的接触。初读，使学生对文本有了整体的把握。这样就为学生进入下一个板块的学习搭起了一个认知的背景，找到了联系整体的底座。

精读板块，重在“悟”上。教学时，曹永鸣引领学生在朗读中悟，将课文中的语言内化为学生自己的语言；在议论中悟，引导学生探究、领悟语言的内涵；在操作中悟，引领学生在语文实践中学习语文；在辩论中悟，引导学生在对阅读文本的批判、欣赏、比较、品味中学习语文。在引导学生品读感悟、自读自悟中，培养学生自主独创的精神。在个性化的学习中，加大课堂教学学生个体活动量，提高学生参与的广度和深度，激活学生的思维。

拓展板块，重在“拓”上。曹永鸣以文本的整体为依托，引导学生在发散思维中拓展、在课文的补白中拓展、在续编故事中拓展、在言语交际中拓展。通过对阅读文本的拓展和延伸，书本知识和生活实践融合，课内知识与课外知识交汇，语文学科与其他学科综合，培养了学生的创新意识和实践能力。教师为学生个性化学习提供了支持和帮助，课堂焕发了生命的活力和智慧，学生获得了成功的情感体验。

从课程目标上看，对话式板块教学体现了语文的知识与能力，语文学习的情感、态度和价值观，语文学习方法与过程的整合。从课程的实施看，对话式板块教学体现了大语文观。课堂不局限于教室，突破了以课堂为中心，倡导多方面的尝试；教材不局限于课本，突破了以教材为本，引导学生进行多渠道积累；知识不局限于语文，突破了学科界限，鼓励学生多角度求知。从教学的类型看，对话式板块教学打破了原有语文课堂教学的类型，实现了识字、阅读、写话、口语交际的整合。以“块”为教学单位，实现了语文教学的整体优化和整体推进。从教学环节看，对话式板块教学将教学环节整合为几个具有连带关系的板块，每个板块都可以构筑张力点，有较强的对外辐射力，改变了传统的“线”形教学中教学目标、教学内容、教学方式都比较单一的教学思路。

（3）对话式板块教学模式的操作

对话式板块教学模式适用于小学语文各种课型的教学。以曹永鸣成功的教学课例为例：“外面的世界”是识字教学；“代人购物”是口语交际；“田忌赛马”是阅读教学。这种教学模式也可适用于习作训练，如作文讲评，可从欣赏、评改、交流、反馈这四个板块来操作。

对话式板块教学模式也适用于小学语文各个学段的教学。比如，低年级的阅读课教学，可从创设情境、初读识字、指导读书、引领创新四个板块进行操作。中、高年级的阅读教学，操作起来就更得心应手了。以“田忌赛马”一课为例，曹永鸣设计了这样四个板块：第一个板块，从玩牌入手，激发情趣；第二个板块，创设情境，引导配音（读说结合）；第三个板块，捕捉重要信息，引发争论（读议结合）；第四个板块，给齐威王写信，引导想象（读写结合）。

从学生的学情出发、从教学的目标出发、从教材的特点出发，教学中有许多不确定因素。曹永鸣从教学中这些不确定的因素出发，对对话式板块教学的模式进行了深入的研究，在教学实践中，又创建了基本模式的变式，即读悟型、问题型、活动型、专题型、综合型。

3. 充满活力的生态课堂——在师生交往、互动、共同发展中彰显语文教学真谛

如果说从行为主义到认知主义乃至建构主义，是曹永鸣认识论的飞跃，那么，努力建构具有活力的生态课堂，实现师生之间、学生与文本间的生命对话，就成了曹永鸣语文课堂教学所追求的理想境界。何谓生态课堂？曹永鸣认为，生态课堂是还生命真实状态的课堂、是还生活本真面目的课堂、是还生存交往要义的课堂、是让学生找回失落的精神家园的课堂，一言以蔽之，是迸发强烈生命活力的课堂！在这样的课堂上，教师权威的神话被打破了，教师权威的中心地位被动摇了，学生的个性得到了解放，学生的成长与发展真正成了语文教学追求的目标。

（1）深研文本，创新设计，让教材“活”起来

多年来，传统的语文教学过于强调教学过程的预设和对教材中字、词、句、篇等语文内容的关注。教师的教案编排得细致而周到，教师上课严格地按照教案设计的步骤，根本不考虑学生的需要，使课堂教学变得机械、沉闷、程序化，教学过程成为“演”教案剧的过程，缺乏教学生活应有的生气与乐趣。曹永鸣认为，学生才是教学设计的出发点和归宿点。要想让学生在课堂上活跃起来，首先就是让与学生对话的文本教材“活”起来。因此，在备课时，她既尊重教材，准确把握作者、编者意图，又创造性地使用教材。根据课程的要求以及学情，对教材内容做适当的重组、拓展、延伸，既考虑学生对已有知识的重组与再创造，又重视书本知识与学生社会实践的联系，使教材与教学过程更符合学生的认知规律与身心发展的特点，赋予教参、教材等固化的东西以流动感，对静态的文本予以个性化的解读，力求超越文本，使教材活起来。例如，教学“外面的世界”，将教材中看图识字的单一识字设计为让学生在逛街中识字、在购物中识字、在看电视中识字，以及在人际交往中识字等活动情境板块；将教材中的光明小学等识字内容重组扩展为花园小学校、新华书店、某某超市，使学生在感到熟悉、亲切的生活环境中，不知不觉地认识了许多汉字，把“外面的世界”上成了一节启发学生到生活中自主识字的方法指导课。识字完全成了学生的生活，成了学生自身成长和发展的需要。

即使像《田忌赛马》这类“老”课文，曹永鸣也努力通过它去实践新课标的新理念。教学设计时，她构建了四大板块的“综合性学习情境活动”：纸牌游戏——学生初涉文本视界；给动画故事配音——学生进入文本视界；小小辩论会——学生深入文本视界；给齐威王写信——学生拓展文本视界。这样的创新设计，以游戏为切入点，以复述、辩论为支撑点，以写信为生成点，打通了文本的语言符号世界与学生多姿多彩的生活世界，是知识与能力，过程与方法，情感、态度与价值观的整合。试想，当学生以大臣、平民、朋友、齐威王父亲、齐威王孩子等不同身份，站在各

自的立场，从不同的角度与文本展开对话时，对话实质上已经超越了教材、跨越了时空。这时，学生已不仅仅是和文本对话，也是在与历史交谈，谈话中道出了学生在阅读理解中的独特体验，显示了多元价值取向。需要特别指出的是，这样的设计从问题的提出、解决，到方法、答案都具有不确定性，无论是对学生还是对教师来说都具有挑战性。然而，正是这种带有挑战性的教学设计，不仅张扬了学生的个性，使学生在个性化体验中感受生命的成长，还使老教材焕发了青春的活力，完成了师生共同解读教材、重组教材、活化教材的流程。

（2）变革方式，再现生活，让学生“活”起来

传统语文教育偏重知识的传授，忽略知识和生活的联系，其实语文学习的外延与生活的外延相等，课程的范围就是生活的范围。语文源于生活、服务于生活，自然应该回归生活，语文课程走向学生的生活是一种必然。因此，打通书本世界与学生的生活世界成为曹永鸣对话式板块教学的基本主张。她认为，走向生活的“生活”，并非只是狭隘的某种生活圈子，而是包容了科学世界、文化世界的广阔而又丰富多彩的生活世界、精神世界、经验世界，这里有科学的、艺术的、道德的、个人的、自由交往的重要的课程资源。这是造就“完满的人”“自由的人”“幸福的人”必须经历的教育历程。她认为，走向生活的语文教育，要扩展学生的视野，不把学生封闭在传统意义的课堂和课本中，要善于在教学过程中营造学生生活环境的氛围，激发学生作为生活主体参与活动的强烈愿望，将教学目标转化为学生作为生活主体的内在需求。因此，在教学中，曹永鸣致力于创设真实或接近于真实、具有丰富资源的学习情境，把语文课堂变成了生活化的言语综合实践活动。

曹永鸣非常重视让学生在生活化的言语实践中学习语言，她善于通过情境的创设和生成把不同类型的静态文本转化为学生喜闻乐见的实践活动，让生活走进了学生的课堂。教学“记金华的双龙洞”，她引进了导游的言语生活实践，教师的身份变成了“双龙旅游公司副总经理”，在初读课文的基础上，引导学生生成导游词；教学“田忌赛马”，她精心选取了一段动画片，引导学生进行配音的言语实践，巧妙地完成了初读阶段了解课文内容的任务；教学口语交际“代人购物”，她利用学生已有的生活经验，引进了砍价的言语生活实践，使课堂不再局限于传统教室这一封闭、狭小的空间，而与时代生活紧密相连；教学“动物”，她指导学生进行了富有情趣的表演，使学生在言语生活实践中感悟课文语言、内化课文语言；教学“丑菊”时，她

引进了辩论的言语生活实践，引导学生全方位、多角度地感悟事理，形成个性化的阅读体验。

曹永鸣善于在教学过程中营造学生感兴趣的生活情境，把绘画、音乐、演唱、制作、实验、猜谜、玩牌等生活实践活动引进语文课堂，激发学生作为生活主体参与生活的强烈愿望，使智能类型各异的学生都能够得到发展；她善于创设、生成问题情境，使问题落在学生的“最近发展区”内，激活学生的思维，有效地培养了学生思维的深刻性、敏捷性、灵活性和创造性。教学“雨铃铛”“元宵节”，她整合了识读的教学环节，指导学生给韵文谱曲，或借助旧曲演唱韵文；教学“小山村”“长征”“圆明园的毁灭”，她帮助学生借助图画解悟词句内涵；教学“捞铁牛”，她让学生分组动手实验，引导学生在亲历实验成功或失败的过程中深悟怀丙和尚的出色和高明；教学“将相和”，她以“本文是讲了一个故事还是三个故事”“渑池会上秦王、赵王是打成了平局还是分出了胜负”的问题故意制造矛盾，引起学生的认知冲突，促使学生积极思维，使语文课堂成了情趣的课堂、实践的课堂、体验的课堂、创造的课堂。

(3) 动态生成，随机调控，让课堂“活”起来

曹永鸣认为，课堂每一个 40 分钟是教师和学生必须面对、无法逃避和躲藏的真实生活，是师生生命空间的重要组成部分，是教师与学生共度的生命历程。这里是使学生学会学习、学会生活、学会交往、学会审美、学会体验的场所，也是教师不断发展、专业化水平不断提高的必由之路。

曹永鸣的课堂教学有一个最大的特点，即充分重视师生生命活动的多样性和教学环境的复杂性。她把每节课都看作不可重复的智慧与激情的综合生成过程。她能够准确地把握学生的学习进程，根据课堂实际情况，做适时、适度的调控，在师生互动、生生互动、教材与学生的互动中，及时调整预设目标，使目标不断得到完善、发展、生成。

请看“动物”教学片段实录。

师：刚才听你们读得那么动情，曹老师想送你们一份礼物。不过这礼物很特别，用眼睛看不到，你得用心感受，用心去看。请闭上眼睛。（师配乐读文，生听后情不自禁地鼓掌）

师：谢谢同学们。刚才你们看到什么了？

生：我看见一头大象用鼻子当喷壶给花儿浇水。

生：一只小刺猬用身体当叉子收果子。

师：这些动物很可爱，是吗？让我们加上自己的动作，表演出来，好不好？（生异口同声：好）谁愿意演大象？

生：（上场）我来演大象。

师：迈着沉重脚步的大象，站在这你紧张吗？

[评：教师利用对话生成文本内涵，为角色扮演蓄势]

生：不紧张，我想我一定会比其他人强。

师：他不但有信心，还富有竞争意识。大象，你的鼻子呢？

[评：教师利用对话第二次生成文本内涵，旨在暗示学生利用形体语言]

生：我的胳膊就是我的鼻子。

师：伸出来让我们看看。（生伸胳膊）看我们的大象鼻子会不会甩。左右甩、上下甩、向后甩、用力甩。（生做出各种“甩”的动作）

[评：教师利用对话第三次生成文本内涵，促使学生利用形体语言感悟“甩”的力度和方向，不露解词的痕迹]

师：我们的大象很卖力气，那我们的花呢？（扮演花朵的学生纷纷举手）

师：花儿们，做个动作给大家看看，看谁是最美的小花。（指一名学生）×××你很美。（对全班）这哪里是教室呀，这分明是一座美丽的花园。

[评：以学定教，教师利用导向性激励评价，完成了文本内涵的生成]

师：可别忘了，我们的花是“渴了”的。哎，看×××他脑袋都钻到桌子底下了，看样子真渴了。呦，这朵花舌头伸这么长，是要水喝吗？（师读文，生表演，教室里师生的笑声不断）

[评：以学定教，教师利用矫正性激励评价，完成了文本内涵的生成。这是诗情流动的课堂]

在课堂上，曹永鸣不仅能够自如地驾驭评价语言，使评价发挥激励、导向、反馈、调节、矫正等功能，她还善于利用评价媒介，使评价不留斧凿，不露痕迹。“外面的世界”是一节启发学生到生活中自主识字的开放性识字课，查一查、问一问、猜一猜这些自主识字的方法不是教师能“教”的，该怎样通过教师的积极引导促使学生自悟，从而实现意义的建构呢？曹永鸣制作了几枚精巧的小书签作为评价媒介，有小松树形状的、有小蜡烛样子的，并在书签上写上“帮助别人是快乐的、是幸福的”“会问也是一门学问”“任何科学发现都是从猜想开始的”等句子。在学生喜欢的东西上写上富有哲理的、有暗示激励作用的话语，既巧妙渗透了自主识字的方法，又给学生提供了多次识字的机会，真是一举多得。

充满生命活力的课堂无处不彰显着师生的智慧，及时捕捉那些在教学进程中转瞬即逝的问题、错误，把它放大演变成话题，挑战学生的智慧，张扬学生的个性，是曹永鸣对话式板块教学模式的精髓。教学“田忌赛马”，她指导学生以不同的身份给齐威王写信，有一个学生提出要以皇叔的身份给齐威王写信，信中指出孙膑违反了比赛的规则。有的学生却说孙膑没有违规，一时间大家争论不下。教材是这样表述的：“他们把各自的马分成上、中、下三等。”这里可以有两种理解：一是像齐威王和田忌那样，按照马自身的快慢来分；二是像孙膑那样由个人来认定马的快慢。学生提出了这样的问题后，曹永鸣敏感地意识到这是培养学生阅读期待、阅读批判、阅读反思的好时机。于是，她又将问题抛给学生：“同学们说得都有道理，连我也说不清你们谁说得对。假如孙膑的做法不违规的话，教材该做怎样的改动呢?”一石激起千层浪，学生的研讨更激烈了，最后大家认为把教材改成“他们把马各自分成上、中、下三等”问题就解决了。随即，曹永鸣建议学生把修改建议写信寄给编辑同志，把教学又一次引向了深入，打开了学生与文本对话的另一扇窗。学生作为一种活生生的力量，带着自己的知识、经验、思考、灵感、兴致参与课堂活动，并成为课堂教学中不可分割的一部分，从而使课堂教学呈现丰富性、多变性和复杂性。曹永鸣面对学生自主学习中不断生成的新问题，从不轻易否定，更不会置之不理，她总能巧妙地利用学生的认知矛盾，站在学生的立场去“顺应”他们的认识，掌握其错误思想的运行轨迹，随机通达，导而弗牵，在不动声色中，完成了意义建构的全过程。问题、错误也能成为一种教学资源，语文课堂成了生成智慧的课堂。

纵观曹永鸣老师的语文课堂教学，用全国著名语文教育专家靳家彦先生概括的观点：一个基点——学生，一切为了学生的发展；两个层面——全新理念与创新设计层面、课堂设计与评价层面；三个维度——语文的知识与技能、过程与方法、情感态度与价值观。有了点、有了面即为度，这就是立体的语文教学、三维的语文教学。我们发现在她构建的生态课堂上，师生形成了一个学习共同体，弥漫、充盈于师生之间的是一种教育情境和精神氛围，并能始终使学生觉得老师的精神脉搏与他们一起欢跳，使学生在课堂上感受和谐的欢愉、发现和惊喜，却丝毫没有“教”的斧凿痕迹。这种浑然天成的教学意境显示了曹永鸣深厚的文化底蕴、自如驾驭语言的能力和高度的教学敏感，这来源于她高超的教学艺术和深厚的教学涵养，这正是曹永鸣多年来孜孜以求的境界。

苏霍姆林斯基说，如果你想让教师的劳动能够给教师带来乐趣，使天天上课不至于变成一种单调乏味的义务，那你就应当引导每一位教师走上从事研究这条幸福的道路上来。当前，基础教育新课程的实施迫切要求提高教师专业化水平。许多一线的语文教师在长期的教学实践中积累了丰富的经验，创造了很好的教学方法，但由于理论素养欠缺、反思意识不足、研究能力较低，致使这些好经验、好做法具有很大程度的盲目性和个别性，没有得到很好的总结、提升。作为一名小学语文教师，曹永鸣语文教学风格的形成和她构建的对话式板块教学模式，恰恰提供了一个值得借鉴的以先进理念引领教学行为，进而促进专业发展与成熟的成功范式。

五、花园的深度

哈尔滨市香坊区教师进修学校校长　李军

今天是我参加会议，严格地来说是参加得最累的一次。累在哪里？就是我的思维一直在不停地转，一直在思考，一直在深刻地理解花园小学校的课堂革命。其实，这种辛苦、这种累是身体上的，精神上却是愉悦的。我非常高兴在我们哈尔滨市，在我们花园小学校看到了课程教学变革的一种深度、一种成就。想必大家和我一样，经过两个多小时，几个环节的观察、思考，切切实实地感受到了花园的深度。如果把今天的这个感想起个题目的话，就是“花园的深度”。我想从四个方面来说“花园的深度”。

（一）校长的深度

深度学习，探寻课堂革命。校长的深度体现在她思考的前瞻性和深刻性方面。曹校长站在新时代视角上，根据信息化和人工智能时代的特征对人素养提出的挑战，以及当今学校课堂中存在的浅表性学习、伪学习的弊端进行了深刻的剖析，提出了课堂革命。

花园小学校在曹校长的带领下，以深度学习作为撬动课堂革命的杠杆，实现了由“精神本位”向“素养本位”的转变，落实了“立德树人”的根本任务。这足以看出，曹校长思考、理念的前瞻性和深刻性。这种前瞻性和深刻性不仅仅停留在思考和理念层面上，更体现在学校课程、教学队伍等方方面面。

（二）课程的深度

课程的深度是深度学习的产品保障。学校如果没有优质的课程产品，就没有学生美好的校园生活，深度学习就无异于天方夜谭。花园小学校课程的深度，我认为至少体现在以下四个方面。

一是课程结构的丰富性和系统性。花园小学校打破了传统的国家课程、地方课程和校本课程间的壁垒，把三级课程纳入了学校整体课程的架构中，构建了丰富而系统的学校课程体系，更难能可贵的是将国家学科课程进行了整合，将十一门学科课程整合为七个课程模块，并将节省下来的课时用于研发涵盖了十大专项的拓展性课程和研究性课程。除此之外，他们还有学校的班本课程、家本课程，真正使家校合作落到了实处。家庭教育助力学校教育不是停留在说教、理念的层面上，而是体现在实实在在的行动当中。所以，花园小学校课程的深度及课程结构的丰富性和系统性给我留下了非常深刻的印象。

二是课程内容的情境性与实践性。今天，我们切身感受到了花园课程的内容非常重视学生的体验性和实践性。无论是传统的学科课程，还是拓展性的课程，或是研修性的课程，都让我们感受到了花园小学校十分重视课程内容的真实情境，他们也十分重视在实践当中来传递、实施课程。这样的一种方式以及教学内容的呈现和那种单纯的说教式教育内容是不能同日而语的。

三是课程模式的多元性和动态性。传统的班级授课制早在 1632 年就产生于西方国家了。夸美纽斯在《大教学论》中详细论述了班级授课制。在花园小学校我们看到的课程实施模式已经不局限于传统的课堂模式，对各种课程模式中的内容与实际需要的部分进行整合，动态优化，形成了一种多元叠加、深度融合与灵活组合相结合的课程模式。从课程计划、课程内容、课程实施、课程评价到教师在授课活动中的言行方式、思维方式、精神风貌等，都呈现了共时动态和历时动态，有利于培养和发展学生的核心素养。

四是课程目标，或者说是课程价值取向的人本性和完整性。在曹校长的发言中，有这样的论述："培养身心和谐的人、德才并举的人、个性与社会性相融的人、根脉传承与国际视野共生的人，是花园课程建设追求的目标。"在这段表述中，很好地体现了我们国家对教育的追求，即立德树人、培养德智体美劳全面发展的人。课程的深度是花园小学校深度学习得以实现的保障。

另外，我们还欣喜地看到，花园小学校 STEAM 课程的开发。我在观察的过程中看到，学生用废旧的酸奶盒制造船模。制造这样一个模型，尺寸和外形用到了数学的知识；用什么材质、这个材质的硬度如何，用到了科学的知识；在制作的过程中，用到了技术；制造出这个产品，是工程。另外，他们又把艺术融入 STEAM 课程里面，如何来欣赏、设计这样一个模型，体现了花园小学校课程的这种深度。

（三）课堂的深度

课堂的深度是深度学习的生态保障。课堂可以理解为一个场所、一个空间，但它又不仅仅是一个物理的、机械的场所和空间，它是与课堂各个相关要素有机组合构成的生态场，是有生命、有生活的。纵向上将课前、课中、课后的每一个链条进行深度变革，注重综合、评价、创造等高阶思维能力的培养；横向上强调融合、跨界，如师生的融合、学科的融合、目标的整合、内外的结合等。此外，花园的课堂已不再局限于传统的课上四十分钟。在花园时时处处都有学习的机会和资源，真正实现了无边界的学习；花园小学校的学习方式也不再局限于传统的课堂，项目式学习、真实情境的学习已经成了他们的常态。

（四）教师的深度

教师的深度是深度学习的核心保障。上面所谈的那些，如果没有一支优秀的队伍是难以实现的。

帕克·帕尔默在《教学勇气》这本书里，谈到一个观点：好的教育教学不能停留在技术层面，好的教育教学源于教师的自身认同和自身完整。我理解的自身认同，是教师要有天职观念。为什么对教师这个行业有这么高的要求？因为这是教师的天职所在。天职是什么？是育人、是培养人。如何理解“自身完整”？我认为应该是素养和完整，包括专业素养、科研素养和文化素养。什么是文化？有众多解释，王亚庆教授引用了梁晓声的四句话来诠释文化，余秋雨先生也用他的表达诠释文化，说文化就是精神价值和生活方式组成的生态共同体，能经过积累、积淀、引导形成集体人格。文化对教育可能甚于其他任何一个行业。文化对于教师的塑造功能直接指向人格的完整、生命的完整。因此，培养教师不能只停留在技术层面，要重视塑造教师的人格。

其实还有第五个深度，即工作室的深度，或者说南岗教育的深度。因为它不仅是花园小学校的资源独享，这种资源还辐射到工作室，甚至辐射到我们整个南岗的教育。

总之，祝愿花园小学校能够成为师生生命成长的田园、学园、家园、乐园、美丽的花园！

六、种子的力量

——哈尔滨市花园小学校“种子教育”侧记

《中国教育报》2018 年 4 月 25 日

世界上力气最大的不是大象，不是狮子也不是金刚，而是植物的种子！它发出来的“力”能超越一切。其实，每一个孩子都是一颗独特的、有着无限发展可能性的种子，他们身上蕴藏着无限的力量！在哈尔滨市花园小学校校长曹永鸣看来，教育是农业，教师是农人，学生是种子。学校就要唤醒学生一生发展所需的六种力量：内生力、内动力、内驱力、内定力、内省力、内核力，让每个学生按照自身生命成长规律在丰富的课程样态中自主生长，培养出可以适应未来发展需要的关键能力和必备品格。

生态花园——为种子提供适宜的土壤

每一棵大树都源自一粒毫不起眼的种子，每一粒种子都有属于自己的独特生命力。每一粒种子的萌发，都需要适宜的土壤。学生的成长也一样。

在花园小学校里，“三馆四厅两台一吧”，即科技馆、校史馆、图书馆，蓝色宇宙大厅、金色音乐大厅、七彩美术大厅、绿色生态大厅，电视台、天文台，幸福种子书吧，是学生流连忘返的乐学天地。

在曹永鸣校长看来，大到一幅文化墙、一片绿地，小到一把椅子、一个指示牌的设计，无不彰显“儿童立场”“生态文化”的思考，学校就是要充分发挥隐性教育资源的作用，用文化之水无声浸润学生的心田。

为了给种子的成长提供更有营养的沃土，花园小学校还紧握家长“同盟军”的手。在“家长大学”第一讲中，曹永鸣校长就和所有家长分享：“执着地栽培自己是教育孩子的王道，为人父母是一场心胸与智慧的远行。”这句话深深感染着每一位家长。

在日常生活中，“曹永鸣校长与您的善提之约”微信公众号则是学校和家长沟通的桥梁。她为家长撰写、编撰的文章近百篇，直指家教误区，引领家长尊重学生成长规律，科学育人。

几年来，“种子教育”赢得了学生的喜欢、家长的认同、社会的尊重，这份信任换来了更多的理解与支持。在家长委员会的主持下，学校有了家长志愿者、家长讲师团、家长考官，网络空间、校内外的朝夕相处使家长更理解学校、更尊重教师了。家长们纷纷说：“花园小学校的领航者和园丁们无处不体现着敬业和奉献精神，有了你们花园才这般艳丽。”

种子课程——给予种子阳光和雨露

如果说每个孩子都是一颗种子，那么课程、课堂便是种子得以健康成长的阳光雨露。有了优质的土壤，只要我们给予它们合适的阳光、雨水，它们就可以迸发潜能，茁壮成长。

花园小学校把课程文化定义为营养餐文化，集聚教师、家长、社会资源，着眼核心素养培育，打造了以五个穿越、一部直通车和一个体系为标志的“511”工程。“五个穿越”即“穿越”教材边界、学科边界、学校边界、学区/区域边界、社会/生活边界；一部直通车就是“家校社”直通车；一个体系就是教育资源供给体系。

在这样的基础上，学校从课程的广度、深度、关联度进行了深度探索，形成了“金字塔”结构的“种子课程”，该课程分为基础课程和配方课程。

“金字塔”底座是基础课程，为必修课程，在尊重国家课程教材体系的基础上，采用合并策略，打通国家、地方课程壁垒，将原有的11门学科整合为德育课程、数学课程、阅读课程、体育健康、艺术课程、信息科技、综合课程7个课程模块。

配方课程是基础课程的拓展部分，分为选修课程和研修课程。选修课程在“金字塔”中部，肩负着学生后续发展的内生动力的激发。在课程“金字塔”尖的部分是配方课程中的研修课程，即项目式学习，它是学生综合能力和素养得以集中运用和体现的课程，是培养学生高阶思维能力的载体课程。

“金字塔”形课程结构用整合的思维、跨界的视角、融通的思想，带给学生头脑和心智的全面成长，为学生开启智慧学习之门创生了经验，也体现了“种子教育”“教育即生活，教育即生长，教育即影响”的核心价值。

花园小学校的课堂，是解放学生大脑、解放学生心灵、解放学生双手、解放学生思维的舞台。学校推行的“对话”课堂遵循“心中有标、胸中有材、脑中有法、目中有人”的十六字方针，各学科又能体现学科特点，如数学课上尝试的“对话课堂”，以“自主备学—小组热议—班级共鸣—反馈内省”四板块为流程，是一种以“思维生长”为外显的教学法；语文课堂上尝试的“对话课堂”，以“导读—初读—精读—展读”四板块为流程，每个板块都有一个集中的问题情境，有“牵一发而动全身”的功能。

“种子教育”把学生看作一颗颗种子，而不是一张张白纸，就是充分认识到每个学生的身体里都有一种力量，并且给予种子阳光和雨露，让每颗种子都能汲取养分，积蓄成长的力量。

匠心农人——静候每颗种子的花开

每个学生都是一颗种子，只不过每个人的花期不同。有的花，一开始就灿烂绽放；有的花，需要漫长的等待。教育的过程也是静待花开的过程，在核心素养时代，

"种子教育"摒弃甄别性的评价，采用发展性评价方式，引导学生积极践行社会主义核心价值观，努力做更好的自己。

对此，花园小学校针对不同学段构架"核心素养"下的评价系统，提出了"学养+学力"二合一式的质量评价体系，跳出了分数评价、等级评价，让每一颗种子都有机会长成参天大树或花朵满枝。

学校依托"种子课程"，实施"种子内力生长评价"，从个体的内定力储值、内生力储值、内省力储值、内动力储值，到班级的内驱力评价、内核力评价。将读、写、算、思、创、健作为评价监测内容，将"小笔头之星""小小主播""运动小健将"等活动融入其中。同时，学养积分制的实施，既能实现质量监测常态化，又能及时发现问题并实施改进策略，充分发挥了评价的功能。

花园小学校的教师也细心呵护着"种子"的成长。教育如农桑，学生如种子，教育者如农人，是按照四季的更迭次序育种的人。

在花园教育人眼中，教育者既要有放养的心态，又要有精养的智慧。放养是一种心态，其灵魂就是相信学生、解放学生、依靠学生、发展学生。精养是一种智慧，教育者懂得学生成长的规律，具备鉴别问题性质的能力，拥有教育的艺术和管理的智慧。

在这样的认识中，学校教师的角色和身份也在悄然转变：教育者不再是外在的施压者，而是阳光、雨露、空气、土壤，在师生心灵相遇和对话的过程中，发现并扶正学生心灵土壤中的每一株幼苗，让它的内力不断壮大，最后自己排挤掉有缺点的杂草。

辐射引领——打造优质教育联盟

历经五年打造的"种子教育"，让花园小学校已经花开满园。以"校园水文化、课程营养餐文化、课堂对话文化、家校牵手文化、教师农人文化、管理效能文化"六大板块为支撑的学校文化生态系统，让花园小学校成了哈尔滨市首批特色学校之一。

"一枝独秀不是春，百花齐放春满园。"如今，"种子教育"在促进区域教育均衡发展上发挥了重要的作用。作为集团制学校，"种子教育"的先进理念在集团化办学中为成员学校的发展提供了重要支撑。

花园小学校哈西校区前身是跃进小学校，是一所位于城乡接合部的师资力量薄弱的学校。2014 年，花园小学校实现同一法人一体化管理，实践“种子教育”理论，发生了巨大的变化：学生在国内外的各项比赛中脱颖而出，仅 2017 年获得国家级别奖项就达 40 人次，省市级奖项 56 人次；教师在全国、省、市、区级课堂教学大赛中均取得一等奖的好成绩。

哈尔滨医科大学附属逸夫小学在“种子教育”理念的引领下，走出了一条“阳光教育‘育’阳光少年”的特色办学之路。近两年，该学校先后被评为黑龙江省“全面贯彻教育方针、全面提高教育质量”先进学校、省义务教育标准化建设先进学校、市素质教育示范学校、市教育系统先进集体标兵学校等。

位于哈尔滨市西郊的王岗镇中心小学，在“种子教育”理论的指导下，结合地域文化、学生的成长和学校实际情况，将“自信教育”作为学校发展的特色。近两年来，该学校荣获全国“十一五”规划课题先进集体、全国“双有”教育先进集体、省级农村标准化示范学校、哈尔滨市文明单位、哈尔滨市教育系统先进集体、哈尔滨市课程改革先进学校等称号。

在传承自身优秀文化的基础上，花园小学校通过名校带弱校、老校带新校，打造了一座座优质教育花园。在教育均衡发展的新时代，花园小学校将继续发挥带动作用，用“种子教育”为更多学生的成长注入不竭的动力！

七、种子的信仰

——哈尔滨市花园小学校的种子教育经

《中国教师报》2015 年 8 月 5 日

把每一个学生当成种子，倡导教育以种子为中心，这所小学相信教育是农业，教师是农人，学生是种子。种子，从不抱怨出身，从不挑剔环境，无论顺境、逆境，都在积攒能量，只为破土，向阳而生。

“没有枯燥繁重的课业，没有填鸭式的学习，取而代之的是丰富多彩的校园活动、有教无类的教学方式。一次次古诗朗诵会、一次次团体舞蹈、联欢活动的一首首歌谣……”这是学生描述的毕业季时哈尔滨市花园小学校的样子。

在记者的眼中，花园小学校又是什么样的？似乎文字的表达是有限的，但有一点非常清晰，在这篇报道还没有开始动笔的时候，记者在内心深处已经写下了“种子的信仰”这个题目。

《种子的信仰》是美国学者梭罗的一本书的名字。梭罗诗意而写实地写下了对土地无限丰富性的赞美，他将土地比作谷仓和学校，他相信种子有强烈的信仰，相信每一粒种子都会有奇迹发生。在哈尔滨市花园小学校里，学校将种子视为确保学生受教育主体地位的隐喻。这里的学生都有一个诗意的名字——幸福种子，这里的教育者主张“为幸福而教”，他们相信种子的力量，相信每一粒种子都是奇迹，倡导教育以种子为中心，教育只是为种子的生长提供支持，而非以爱的名义进行干预。这一切被定义为花园小学校的“种子教育经”，又被一个个发生在花园小学校里的幸福故事所诠释。

相信学生有多难?

教育不可能按照教育者预设的方式发生，在真实的教育现场每天都可能面对不同的教学挫折，花园小学校的教师也一样。他们想给学生更多的自由，但并不是每一个学生都能真正在规则之内享受自由。教育正是在不断的冲突、妥协中进步的。

花园小学校一直流传着《蜻蜓飞回来了》的故事，讲述的是三楼绿色大厅里蜻蜓标本不见了，不知是哪个学生拿去玩了。于是，校长曹永鸣借一次升旗仪式，发出了“让蜻蜓自己飞回来吧”的呼唤。不久，早就不见的深绿色蜻蜓真的“飞”回来了，另一只黄色的、浅绿色的蜻蜓也“落”在了绿色大厅里……

“这就是相信学生的力量。”副校长王岩说。类似这样的故事在花园小学校还有许多，如关于开放阅读区的顾虑。花园小学校不大，但有两个面积较大的开放阅读区——“种子书吧”。在这里，学生可以静静地自由阅读。据说，起初开放阅读区时，教师担心书可能会少，但事实是，一年下来不仅一本书没少，反倒增加了不少，原来学生太喜爱“种子书吧”了，把自己家的书都捐到了书吧里，让所有的同学都能够读到。

白珊是花园小学校的教师。在接手过的一年级学生中，她曾经遇到了一对极其好动的双胞胎。他们在上课时很少听讲，不是影响左右的同学，就是自己玩各种小玩具。课下，教师会不断接到学生的告状，甚至有的家长也会提出抗议。

“这两个孩子着实让我很头疼!”白珊说。但“种子教育经”告诉她，要相信种子、欣赏种子。于是，她开始有意识地发现他们身上的闪光点。“后来我发现小哥俩很热心，谁有困难他们都能马上‘拔刀相助’”。白珊便适时创意了“选出班级之最”的主题班会活动。由此，原本不安分的小哥俩被选为“最爱助人为乐的人”和“最爱劳动的人”，班里的同学也开始给予他们更多的关注。时间一天天过去，小哥俩有了更多的朋友，同时也发生了脱胎换骨的变化，更重要的是，他们开始做自己喜欢的事情了……

“如果一个学生总是受到批评和指责，就会产生不快的内心体验，情绪越来越低，甚至会逐渐失去自信心、自尊心和上进心。因此，给学生更多的理解与宽容，才是打开他们心灵窗户的一把金钥匙。”白珊在自己的班级日志中这样写道。

“花园小学校的教师学会了真正相信学生、接纳学生，这一点真的不易。”曹永鸣说，“但更重要的是，还要让学生之间学会彼此欣赏，让种子影响种子。”

早些年，曹永鸣还在一年级做教师的时候，曾经碰到过一个叫小飞的学生。他与班上其他学生不同，没接受过学前教育的小飞，上语文课玩“开火车”识字游戏时，总是落后。同组的同学开始抱怨小飞“拖后腿”。凭经验，曹永鸣知道小飞若不能在群体中得到善待和关心，很容易被来自同伴的歧视泯灭求知的欲望和信心。于是，她每天利用课余时间提前辅导小飞认读第二天要学的生字，第二天“火车”开到他那里时自然顺利通过。第三天、第四天……终于有一天，同学们自发地给小飞鼓掌。曹永鸣清楚地记得，她曾送给全班同学的一句话：“老师真高兴，因为你们学会了欣赏自己的同伴。”

“学生来学校是为了成长，而不仅仅是来学习的。”这句话被写入了花园小学校的教育词典。在这一思想的指导下，曹永鸣提出了放养和精养的理念。放养，意味着教育是一片丰厚肥美的牧场，教师只需要把羊群带到牧场，羊群置身其中，自己就会寻找可供生命延续的绿草。放养不是不养，而是对教育本质和规律的遵循与把握。放养的灵魂是将学生作为生命体，充分地相信学生、解放学生、依靠学生、发展学生。

“教师不仅要有放养的心态，更要有精养的智慧。”曹永鸣说，“教师要尽量保护学生的向善之心，慎用批评这把双刃剑。”在花园小学校有“七个不批评”，即无意犯错不批评（不知者不怪）、早晨不批评（保持一天好心情）、办公室内不批评（留有余地）、反映情况不批评（发扬民主）、提出问题不批评（保护好奇心）、回答问题不批评（上进的火花从这里点燃）、当家长面不批评（促其自省）。

正是在这样的成长环境里，花园小学校实践了十年两个轮回的“花园好孩子教育”，成就了一批又一批的好孩子，具体有“花园孝亲好孩子”“花园善行好孩子”“花园礼仪好孩子”“花园节俭好孩子”“花园读书好孩子”“花园勤奋好孩子”“花园创意好孩子”“花园自律好孩子”“花园环保好孩子”。为了让每个学生都能找到成为“好孩子”的感觉，学校为每个学生都提供获奖的机会，每个月学生都可自行申报，根据表现兑换激励卡，学期末各班根据激励卡的积攒情况评选颁奖。班级推选出来的“花园好孩子”加入养成教育“好孩子示范岗”，让其成为全校学生学习的样板和榜样。学校在学生 5 年学习生涯结束的时候，送给学生的新年礼物是《花园好孩子》画册。

小学是一个怎样的地方?

小学应该是一个怎样的地方？从做校长的第一天起，曹永鸣就在思考这个命题。

在曹永鸣看来，学生走进学校并不意味着教育，只有学生喜欢上学校这个新的环境，与这个新的环境以及环境中的人产生了链接，真正的教育才可能发生。

于是，花园小学校有了“三馆四厅两台一吧”的建设，最大化地拓宽了学生的室内活动空间，使求学花园成为学生向往的“幸福之旅”。

“小学还应该是一个幸福花园。每一个学生都是一粒种子，花园就是为种子提供充足的阳光和水分、适宜的土壤的地方。”曹永鸣一直从学生成长的本质出发设计小学教育，描绘花园小学校的教育蓝图。

2015 年 7 月 14 日，在花园小学校期末总结大会上，花园小学校的“种子教育研究院”正式成立，同时成立的还有花园小学校的“家长大学”。

关于花园小学校的“种子教育经”，学校做了系统解读。按照文本的阐释：“种子追随阳光自由生长，天然地具备适于传播或抵抗不良条件的结构，它们所具有的内在生命力，足以破解最坚硬的物质。在种子成长的过程中，教育者就是协助种子自主驱除虫害、杂草，形成抵御各种自然灾害的本事，营造一个有利于种子健康成长的完整生态。”

“这一粒粒人类的种子与世间万物的种子一样，都蕴含着自己的发展计划。这个发展计划属于自然，有主动生长的能力，有多态生长的空间，有自我免疫、自我修复的功能，只要有适宜的外部环境和条件，哪怕在极端恶劣的环境中，种子也会以任何人都无法强行改变的发展模式，自然萌发，成长为自己。”

这些生动而深刻的描述，试图将学生的成长还原到本来状态，这也代表了花园教育人的愿景。

为了学生，为了保卫学生的童年，“幸福课程”应运而生，它包括两个部分。一是“幸福种子”的能力培养序列。花园小学校的教育者盘点了影响小学生后续发展的核心能力，将“读、写、算、思、合、创”六项确定为关乎学生后续发展的核心竞争力，并利用丰富多样的载体进行培养。同时将六项能力的形成与年级重点（一年级学会倾听、二年级学会表达、三年级学会思考、四年级学会表现、五年级学会自主）形成交集，从而确立幸福种子的能力培养序列。二是“幸福种子”的习惯养成序列。该序列遵循儿童身心发展规律，以四十个主题活动为载体，形成了十个模块、四大系列，分别是养成系列、美心系列、育德系列、健体系列。学生在课程化的实践中完成了知、情、意、行的自主建构。

不仅如此，在花园学子的成长序列中，课堂关注的顺序是兴趣第一，习惯第二，能力第三，知识第四。多年以来，花园小学校都在探索“对话型课堂”。“对话型课堂”追求的是在经历知识形成的过程中，学生充分、有效地表述自我思想，并且进行自我思维的完善。它充分彰显自主备学之真、合作探究之善、生命成长之美。“对话型课堂”追求“四个解放”：解放学生的大脑、解放学生的心灵、解放学生的双手、解放学生的思维，为学生营造心理的安全。因为课堂就是允许出错的地方，畏惧错误就是毁灭进步。

“课堂对话的开放度在某种意义上决定着师生的当下和未来。学生每天生活在专制下还是民主中，与课堂息息相关。”曹永鸣说。

家长，妥协还是共建？

曹永鸣每天都在微信公众号里为家长撰写、推荐文章，关于学习、关于健康、关于生活……不少家长成了铁杆“曹粉”。一位家长说：“我们每天都在关注微信公众号里的内容更新，它成了我们生活中的一部分。”

2015年圣诞节前夕，曹永鸣发起了“你传棒—我接棒，2015文明从我做起”的倡议，这则文明接棒帖在微信里被热转，家长的不断转发，使这则帖子成了冰城人指尖上刮起的新的文明承诺风，被家长称为“特别的圣诞礼物”。

这就是花园小学校的家长，他们参与学校的决策、参与学校的课程开发、参与许多活动的实施。按照曹永鸣的话说，花园小学校的家长是花园“教育理想的合伙人”。

在花园小学校里，所有的教师已经形成了一个重要共识：家长是重要的教育资源。例如，班本课程的开发，就是依托家长资源研发生成的。家长有讲医学常识的、有讲糕点制作的、有讲科技知识的，还有讲安全防范措施的……每年选出优秀的班本课程，以走班的方式在全校共享，受到学生的热捧。

五年级班主任耿老师最初并不支持让家长开发班本课程，但是在家长走进班级后，她改变了原来的认识：“有家长是做英语培训的，他给学生讲了许多英语学习的新方法，我从家长身上学到了许多东西，更重要的是，当家长走进班级的时候，孩子们从开始的羞涩，变得越来越自信。”

现在，花园小学校50个教学班均成立了家长委员会，建立了班级微信群，向家长传递教育新理念、新方法，对家庭教育进行指导，为特殊儿童、特殊家庭提供专业咨询。“家长不仅需要迎合，更需要引领，要逐步系统规划家长的成长，这是我们成立家长大学的初衷。”曹永鸣说，“每一个孩子背后不只有父母，还有一个庞大的亲友团，教育的重点不在孩子，而在家长，而教育家长比教育孩子更难。”

引领家长更要开发家长。在花园人看来，学生和家长才是学校的主人。因此，花园小学校的教师改变了对家长的角色定位：学校怎么办，需要家长参与进来，学校的任何改革，家长都有知情权、决策权和参与权，要把家长从对立面转变为同盟军。

“过去，家长是旁观者和挑毛病者，现在，家长是参与者和融入者。”副校长黄华说。学校开设了“古诗文经典诵读”课程，小学5年共分5段10级，每学期抽测一次，支持学校这样做的是一批信任学校的家长。每个学期，家长考官团的代表会入校进行现场抽测，学生也会非常踊跃地参加。这个原本可能成为压力的考试，因为家长的参与变成了有意思的游戏活动。还有“一根绳子、一个毽子，幸福一家人”的幸福体育活动，家长每天和学生一起跳绳或踢毽子15分钟，既达到了健身的目的，又促进了亲子交流、家校交流。

“种子的幸福是大地的陪伴，因为种子在大地的怀抱里。不用刻意施肥打理，只需携一抹阳光、抚些许雨露、施万般宽容，笑靥以对，静待花开。”曹永鸣用诗意的语言，描述着她对家庭教育、学校教育的理解。

八、从优质学校迈向理想学校

《教育家》2016 年第 10 期

民国时期是中外文化教育激烈碰撞、百家争鸣的关键时期，大批教育家积极投身教育事业，启迪百姓，唤醒雄狮。1925 年，秉持“诚敬勤朴、志同道合”校训的东省特别区公立第八小学带着这个时代的特殊印记和使命诞生了。岁月变迁，东省特别区公立第八小学延续校训、顺应时代，几经更迭成了今天的黑龙江省哈尔滨市花园小学校。历经 35 任校长，哈尔滨花园小学校在改革创新浪潮中一直挺立潮头，扮演着弄潮儿的角色，是一所历史悠久的优质小学。传承传统而不故步自封、改革创新而不跟风盲从。近年来，花园小学校校长曹永鸣凭借她的教育情怀和对花园小学校发自内心的挚爱，传承着“为学生一生幸福和发展打好基础”的办学理念，创新着“生态花园幸福种子”的办学特色，唤醒学生与生俱来的内生动力，打造生态花园，助力“种子”的生命成长，为这所百年老校的创新发展注入了活力，将学校带入了从优质学校迈向理想学校的快车道。

生态环境——孕育幸福种子

德国著名教育家第斯多惠说，教育的艺术不在于传授知识和本领，而在于激励、唤醒和鼓舞。纵观当下，多数教育单位将小学教育理解为外部的灌输和传导，从而忽视了对学生内在的认知和发现。学生就像一个等待填塞课本知识的容器，内生动力无法被激发出来，久而久之，他们的思维就会被禁锢，天性就会被束缚，这样必然会导致小学教育的悲哀。面对诸多此类教育现象，探寻适宜学生生命成长的生态校园成了曹永鸣校长孜孜以求的教育课题。在多年的改革实践中，花园小学校着眼于学生的生命成长，将学生比作幸福种子。种子作为生命的内核，孕育着无限的生机和能量，拥有着破土蓬勃的生命力，而这种自主的生长正是“种子”的幸福所在。好的教育生态，才能促进“种子”的生命成长，花园小学校生态花园的构建，为“种子”的生命成长提供了有利条件。学校摒弃了对学生的外部“击打”，转向了激励学生探索自我和发现自我，让学生自身迸发力量，绽放光彩，学校所做的就是充分挖掘学生在教育中的主体地位，始终以学生的身心发展规律为本，追求学生全面、和谐、个性化的发展，为“种子”提供优渥的生长环境。

老子曰：“水，善利万物而不争。”水，谦虚淡泊，它始终默默流淌，从不张扬；它随圆就方，谦虚安定，韧性十足，从容面对外界的打击；它目标清晰，勇往直前；它谦虚圆融，勤奋执着，随缘就势，利于万物；它容纳百川的深沉渊远，它立身处世的持平正衡，似乎至私而起无私，如天地之道，引人深思，值得所有人学习。花园小学校将水博大精深的文化内涵引入校园的文化建设当中，作为“种子”生命成长所需的浸润之水、能量之水和生命之水，水文化为学校提供了感染学生、教育学生的人文环境。鲁迅先生说，儿童的行为，出于天性，也因环境而改变，所以孔融会让梨。这也说明了环境育人的重要性。走进校园，让曹永鸣校长引以为豪的一砖一瓦处处彰显着花园小学校的文化底蕴。“一馆四厅两台一吧”让学生亲近自然、感受美好、向往真善美。除了为学生提供宽敞充足的室外活动空间外，学校还倾情助力为学生建设标准化教室、功能室，如学校图书馆、校史馆、科技馆、电视台、天文台、幸福种子书吧等，为学校的校本课程提供了平台，最大化地拓宽了学生的室内活动空间，让每一颗“种子”都能吸收充足的“水分”。曹永鸣校长微笑着说：“我们的教育要面向全体学生，要让每一个学生都有机会在每一个厅室里尽情学习、交流。”在这里，学生可以在科技大厅里仰望星空，在金色音乐大厅里演唱传统经典曲目，在美术大厅里创作琳琅满目的书画、剪纸、泥塑等作品，在花园电视台里排练、传递爱的希望，在“种子书吧”里自由地浏览阅读，在知识的海洋里尽情畅游。除了这些活动空间的创设，花园孩子还有自己的校园节日：四月“艺体节”、五月“读书节”、六月“民俗节”、九月“爱生节”、十月“科技节”、十一月“冬趣节”……这样的设计与规划倾注了花园人的智慧与汗水，使花园的“种子”能够浸润在浓厚的生态文化氛围中体验幸福、感受关怀，并在幸福中破土发芽、茁壮成长，让生态花园成为孕育幸福“小种子”的一方沃土。

管理文化——引领优质班底

一所学校独特的管理文化是学校内涵发展的生产力，花园小学校利用“动车组”文化形成领导班子文化，发挥骨干教师的引领带头作用，为培养一支优秀的班底奠定了根基。

要让火车高速运转，不仅要靠车头带，还要让每一个部件都如齿轮般高度吻合、带动互补，要立足于每节车厢的结点发力，这就是花园小学校的“动车组”文化。花园小学校领导班子分布在三个校区，采取扁平化管理策略，真正做到了信息及时互通、对接无缝隙、沟通无障碍。每周一的班子例会是花园小学校的传统，在例会上，领导班子分享管理案例和读书心得，统筹下周的工作，发挥引领作用。花园“动车组”班子还组建了微信群，让大家能够无时无刻、随时随地交流外出培训的学习收获、校际间的每日动向以及管理中遇到的困惑。基于管理需要，领导班子还研发了花园小学校《效能管理手册》，共享领导力，使班子成员形成了较高的执行力。一个以曹永鸣校长为首的锐意进取、朝气勃发、高效能管理的领导团队正异军突起。

骨干教师是学校的中流砥柱，决定着学校的师资力量和学校发展的高度，这部分教师经验丰富、教学有道，但对于新鲜事物的敏感度却不够高，容易满足现状，自我发展动力不足。为调动这部分教师的积极性，花园小学校以“为深度学习而研修”为主题，以“放权力、压担子、给保障”为策略，用项目制激活骨干教师的研究激情。另外，花园小学校青年训练营是专门为青年教师的发展提供培训与提升的研修平台。为把青年教师的工作热情转化为自我发展的强劲动力，促进青年教师由青涩到成熟的迅速转变，花园小学校采取了导师引路——以赛代培的培训策略，让花园小学校的青年教师把超越导师作为发展目标和职业追求。“雏凤清于老凤声”，在曹永鸣校长的带动下，骨干教师的引领作用被激发出来，带领出一批专业精湛的青年教师，也给骨干教师的发展注入了新鲜血液。

专业素养——助力教师成长

教师是“种子”成长所需的阳光，教师的专业水平在学生基础教育阶段尤为重要。专业是一种责任，也是一种态度。曹永鸣校长提出用“种子教育”的文化之水滋养教师的专业成长。“种子教育”在确保学生受教育主体地位的同时，不提倡教师做牺牲自己的蜡烛、春蚕，诲人不倦的园丁、工匠，而要做以逸待劳、科学施教的“现代农人”，用“种子教育文化”引导教师做有职业成就感的幸福农人。为搭建教师专业成长的舞台，学校在教师队伍建设中不遗余力：进行“小学对话式板块教学”研究，创设了“青年教育家沙龙”和“名师大讲堂”平台，定期组织教师交流学习，每年还会评选出“阳光教师”作为教师的楷模。曹永鸣校长总是这样告诉大家：“寻找最科学的路径，把每件小事做实，对学生来讲就是功德无量。”

在曹永鸣校长的带领下，学校从2003年至今进行的“小学对话式板块教学”研究受到了广泛好评。曹永鸣校长主持的“小学语文对话式板块教学实践研究”，在实践中锻炼和成长了一批骨干教师。在她的带领下，学校先后有三位教师的教学风格在哈尔滨市教育局和教育研究院得到了推广，使花园小学校成为哈尔滨市名师最多的学校，让“小学对话式板块教学”走得更广、更远。这种课堂由教师和学生共同商讨，以交往互动为主要方式确定教学思路，生成教学过程，达成教学目标，大大改进了教师的授课方式和学生的学习方式，情智共生、理趣交融，使学生的成长与成才并举，让教师的育人与化人并生，让学生真正体会到了课堂的乐趣，也让教师真正走进了学生的心灵。

作为教师学习交流的典型平台，“青年教育家沙龙”活动10余年间从未懈怠过，每一次活动学校都要精心策划和准备，涵盖了好书共读、名师导学、师德宣讲和中层以上干部定期讲座四大板块。活动中，教师联系工作实际，交流读书中的不同感悟，透过名师的课堂在思考中成长；轮流宣讲师德高尚的典型事迹，让每一位教师的心灵都受到了震撼，精神得到了洗礼；以曹永鸣校长为“首席培训师”进行专题讲座，每位教师不仅是学习者，还是培训者。借助“青年教育家沙龙”这个平台，教师全员参与岗位研修，团队学习力得到了整体提升。“曹永鸣语文名师工作室”“王岩数学名师工作室”“名优班主任工作室”是花园小学校教师定期进行教学研究的平台。每个工作室都是一个雁阵，助力教师充分发挥学科专业领头雁的作用，同频共振，集体攻坚，深度研究教学实践中的困惑和难题。最受教师欢迎的研修形式是“课例切片分析”。研修中，教师将一个个教学片段、一个个优秀课例、一个个热点问题，在工作室放大讨论。课中学情分析与反馈、微课的录制与使用、数学思想的有效应用、对话式板块教学的策略研究、班主任沟通能力等一系列教学热点问题在教师富有深度和广度的研究中逐渐清晰，并形成了实效的策略、方法。在雁阵文化的影响下，学校涌现了一批教育新星，部分教师在各级赛课中脱颖而出，花园小学校也被南岗区教师进修学校授牌“风雏基地”。

种子课程——彰显办学特色

课程是学校的灵魂，一所学校有什么样的课程观就决定了这所学校有什么样的人才观。“为学生一生幸福和发展打好基础”是曹永鸣校长一直坚持的办学理念。小学是养成习惯、培养能力，为明日薄发而厚积的一个人生阶段。打造花园独有的特色课程是学校多年来矢志不渝的探索和追求，也是曹永鸣校长一直以来坚守的一块阵地。“幸福种子”的核心内涵是挖掘学生的潜能，唤醒学生内生动力。学校的生态课程则为学生提供了生命成长不可或缺的养分。在曹永鸣校长的带领下，学校课程几经改革升级，如今迎来了崭新的校本课程3.0时代。

在课程建设中，曹永鸣校长发起了“教师在课程中发现学生，学生在课程中寻找自己，师生努力成为最好的自己”的课程宣言。在课程3.0版本的开发中，学校重构课程结构，将课程分为必修课、选修课和研究课3个层次，精简整合国家课程，将原有的11个学科整合为数学模块、阅读模块、德育模块、体育与健康、信息科技、艺术、STEAM模块共计七大模块。如今的课程多达60多种，课程种类的扩展让花园学子充分体验到了校园课程文化的魅力，同时也促进了学生的全面发展，引导学生向复合型人才的方向迈进。

同时，基于学生个性发展和核心素养的落实，学校打破班级、时间、学科的限制，打造了内含“十小序列”和“十大专项”的花园小学校配方课程，满足了学生自身发展的需要，让学生有能力为自己的未来选择自己感兴趣和有发展空间的课程。这样，学生的自主性在生态课程中就被充分挖掘出来。例如，基于“互联网＋”的理念研发的“O2O营销体验与数据分析”课程，学校不仅跨界让互联网世界连接生活，走进课堂，更打破常规，让学生从岗位竞聘到微商体验，从进货到营销，从收入报表到数据分析，从经营获利到公益捐助，在这个过程中体验不一样的学习模式。值得一提的是，O2O成员还把“造船之旅”课程中其他学生制作的3D成品作为商品进行拍卖。这样，学生的合作沟通能力和情商都在活动中得到了锻炼。“品茗之旅”课程以茶为媒介，是融合中国优秀传统文化的全课程学习。“研学体验”是课程的一部分，它的独特之处在于从课堂走向生活，拓展了学习空间，注重实践、体验和探究的学习方式。学生在教师的带领下去茶园、赴茶场体验采茶过程，参与制茶流程，到茶叶博物馆品茶、感悟、寻根溯源探寻茶文化的博大精深……

家校合力——成就种子未来

“我们主动把门打开，让家长成为同盟者，使他们成为助力学校发展的一支生力军。”曹永鸣校长信心满满地说。当今时代，办好一所学校，家长资源是一个不可或缺的要素。家庭和学校是个体从小到大经历的两个最重要的成长环境，只有当家庭融入学校，并承担起应有的责任，扮演所应扮演的角色，统一于一个以学生幸福生长为指向的终极追求之中，优质的教育才得以展开并最终实现其目的。2007 年，曹永鸣校长率先在微信平台开通了“曹永鸣校长与您的菩提之约”，把家校共育纳入学校管理范畴中，意在学校和家长在花园世界里共同成长。她以一位教育家的情怀为家长撰写、转发文章，指导家庭教育。在曹永鸣校长的带动下，花园小学校无论是领导班子成员，还是班科任教师，他们每天都参与和家长的网络互动活动，微信群让家校教育无缝对接，解答了家长在家庭教育中的困惑。于是在天文、医学、饮食、法律、摄影、烘焙等班本课程中出现了家长的身影，家长的参与进一步激发了学生的自信心，解放了学生的天性，给花园小学校增添了一道亮丽的风景。家长讲师精心备课，为学生的幸福成长助力点赞，为花园的发展出谋献策，为“种子”的成长注入了活力和关爱。

不久前，学校举办的新生入学典礼暨家长大学第一课在与会者的掌声和回味中落下帷幕。这次活动，无论是哈尔滨市花园小学校曹永鸣校长的教育情怀、教育思想，还是台湾生命教育学家、上海故事妈妈团队创始人黄欣的教育故事、教育理论，都给与会者和通过花园小学校全球直播收看的观众们留下了深刻的印象。曹永鸣校长深刻解读了家长在教育中不可或缺的重要地位，她恳切地说：“如果说好的学校教育是一种文化的浸润、精神的皈依，那么好的家庭教育就是平和的心态加上理智的陪伴。家庭在人的成长发展中排第一，社会排第二，学校排在第三的位置上……”家长这样感慨花园小学校的特色教育：“从孩子们活跃的课堂气氛中，我感受到花园的教育不是管束人，而是发展人；从孩子们愉快的基地体验活动中，我感受到花园的教育不是死守教师，而是走进生活；从科技活动中，我感受到花园的教育不是灌输知识，而是学会创造；从孩子的日记本中……”在家校互动中，花园小学校的家长从理解到支持，再到向外传递声音，切身体会到了学校的办学情怀和理念。

教育家雅斯贝尔斯说，真正的教育是用一棵树摇动另一棵树，一朵云推动另一朵云，一颗心灵唤醒另一颗心灵。家校共育不仅有利于学生的身心健康发展，还促进了上千个家庭的和谐，进而带动了一个生态圈的文化氛围，对一个区域的社会风气有着润物细无声的熏陶作用。

对现状永不满足、对未来不懈追求，是理想形成的动力和源泉。“路漫漫其修远兮”，曹永鸣校长始终坚信探索的路永远没有尽头。多年来，花园小学校从一所优质小学向着理想小学的目标不断迈进，凭的就是这种对教育不断探索、默默耕耘的执着和信念。在花园小学校九十年校庆上，曹永鸣校长向来自全国各地的教育同人和花园家长提到了两组关键词：无为—突围，生态—生长。这不仅阐释了花园小学校的教育实践，并将“种子教育”作为向理想学校迈进的基石和载体，努力实现把花园小学校办成一所学生幸福、教师阳光、家长称赞、社会满意、有国际视野、有口皆碑的现代化理想学校。

学校将以曹永鸣校长为首的班子及教师比作农人，农人们以东风化雨之情、春泥护花之意，精心培育着一颗颗幸福的“种子”，绘制着花园小学校的春天。曹永鸣校长说：“努力成为最好的自己。”这句话倾注了曹永鸣校长对所有花园人的期望。在曹永鸣校长的带领下，花园小学校在2013年成为哈尔滨市义务教育首批特色学校之一，2014年获黑龙江省教育系统先进集体，硕果累累，成绩喜人。以曹永鸣校长为首的领导班子，为“种子”的成长提供了水分、阳光和土壤，让每一个学生都能在阳光雨露下感受到充满人文关怀的教育氛围。幸福的“种子”在花园小学校这片沃土终将成为参天大树，回报祖国、感恩社会。我们相信并祝愿花园小学校在“生态花园，幸福种子”教育的办学特色中不断丰富内涵，锐意进取，向着理想学校的至高目标不断前进。

九、专家学者与同行教师眼中的曹永鸣

实践，创新，做小学语文教育改革的开拓者。

——袁瑢

“科学是求真的，人文是求善的。”曹老师把一个十分深刻的道理表述得多么浅显而又准确啊！生活即语文。她在整个教学过程中表现出来的对学生的关爱，使我们感受到了什么叫教书育人，什么叫真正的课堂教学。

——全国著名特级教师于永正

1999 年，我参加教育部组织的“于永正教学方法研讨会”，与于永正老师（右一）合影

师生在努力地体现着一种饱满的情绪，一种健康、真诚、细腻、深厚、持久的情感，一种高尚的情操。教师与学生是一种伙伴、同志的关系，是情感与情感在交流，是生命与生命在对话，是情操和情操在砥砺。教语文，说到底，是在教做人。教到了情操和志趣，是一个很高的境界，在今天这节课上，我找到了一个很好的答案。

——全国著名特级教师靳家彦

学生被教师那精湛的教学艺术激起的无拘无束的创新思维活动和踊跃发言的热烈学习场面，那动脑、动口又动笔的语文实践过程，怎能不引发我的思考：语文教学目标中的“三个维度”，不正是在这不贴标签、不留痕迹而又轻松愉悦的自主学习活动中体现的吗？我叹服了。

——全国著名特级教师张光璎

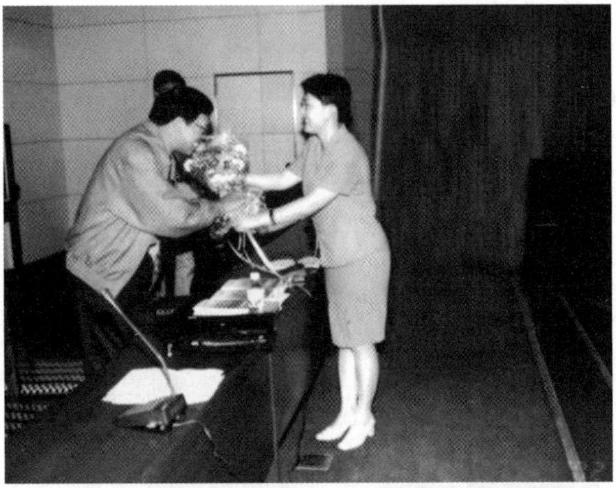

2003 年，我拜全国著名特级教师靳家彦老师为师

1999 年，我在全国第三届青年教师阅读观摩活动总结表彰会上代表获奖教师发言

“师父”是我对曹校长最喜欢的称呼，表达了我深植于内心的崇敬。我 25 年教龄，有 18 年在曹永鸣校长带领的团队中摸爬滚打、研习本领。我幸运，在青葱岁月我遇到了名师曹永鸣，那个时候我才知道还有一种人把教育视为生命；我珍惜，在艰难跋涉的成长期是曹校长以身示范、孜孜不倦的言传身教，让我知道成就“名师”之路没有捷径，是坚韧不拔的信念和孜孜以求的专业精神奠定了“名师”的底色；我感恩，当我走上管理岗位遭遇瓶颈期时，曹校长亦师亦友的深谈、一事一例的教

授和不时的鞭策，让逆境中的我自信地迎难而上，让顺境中的我谦卑地沉着思进。

我经常听到有人惊诧地问：“曹校长不知疲倦吗？是什么让您一直保持着激情来工作？”每每这时，曹校长总是一笑而过从不解释。我知道，她对教育有一份“执念”，那就是让每一个学生都有一个幸福的童年。她坚持“种子教育”，培养“幸福种子”。她极尽所能让“种子教育”在区域内、在校长发展共同体内、在全国领域内进行分享与传授。她把“幸福童年”当成她的使命，她对教育的执着精神和使命感，让她乐此不疲。

这是一种大爱，对花园她倾注心血，于教师她严爱相济，对学生她殚精竭虑。她经常说：“当我们老了，围炉夜话，谈起我们的教育，谈起我们的花园得有多少回忆啊……”无愧于初心、无愧于教育是她最本真的想法。

——王岩　哈尔滨市花园小学校副校长

在哈尔滨市花园小学校，在“幸福种子”茁壮成长的“生态花园”中，有这样一位深耕者：她发现着儿童，为儿童生命奠基；她成就着教师，让教育温暖而有力量；她更凝聚着一支素有“动车组”之称的管理团队。她就是曹永鸣校长。

曹校长具有卓越的领导力，其管理的团队中的18位成员分散在三个不同校区，服务着134个教学班、6000多名学生和近300位教师。他们既能分兵独立作战，又善于沟通合作共赢，每个人在自己的岗位上都是多面手。这样一支队伍的打造，源于曹校长带队伍的三大法宝：信任、唤醒、激发。

无论哪一个岗位，她都会给你最大化的空间和信任，让你时时产生被需要、被尊重的快乐，这样的工作状态给团队带来了蓬勃的朝气。信任是一切工作的前提，唤醒是打造团队的动力，她有敏锐的洞察力，总能发现每一个人潜在的特长，并及时为其搭建平台，在实践中唤醒每个人的潜能，给团队带来了勃勃的生机；激发创造是曹校长的独到之举，她是一位极具创造力的校长，她会将学校发展中所遇到的困难和挑战转化为机遇，并带领大家在一次次自我超越中实现创造力的激发，防疫特殊时期的“居家学习成长”课程体系就是最好的例子，这样的工作状态注定给团队带来蓬勃向上的生命力！

——王京　哈尔滨市花园小学校副校长

我与永鸣校长在花园小学校这片教育的沃土里共事已 28 年有余了。她在我的心中一直是一个有坚定教育信仰，有执着理想追求，有崇高思想境界，有深厚文化底蕴，有丰富教育经验，有深刻感悟力、强大感召力和深远影响力的教育家。

永鸣校长心中时刻装着学生，她时刻关注着学生的成长。她坚信种子的力量，相信每一粒种子都是奇迹。因此，在永鸣校长的眼中学生是孕育奇迹的种子，教育所要做的就是为种子的发展提供成长的环境和营养，让他们最终成长为最好的自己。她是这样想的也是这样做的。花园小学校的“幸福种子”十大配方课程，为学生全面发展提供了无限可能，让每个学生都能在丰富的课程样态中发现自己，自主生长。

在永鸣校长身边你会时刻感受到她教书育人时那激情澎湃的力量，你会被她精湛的教学艺术和丰厚的文化底蕴折服。因此，无论是花园小学校的“匠心农人”还是“曹永鸣校长学习发展共同体成员学校”都会在永鸣校长的感召和影响下，共学、共研，在成就学生的同时也成就自己。

这就是我印象中的永鸣校长，她似磁石吸引你如她一样追梦，她似明灯引领你前进的方向，你会不知不觉投入其中乐此不疲！

——黄华　哈尔滨市花园小学校副校长

熟悉曹永鸣校长的人都知道，她是语文教学的特级教师，她对小学语文教育有着痴迷的热爱，被誉为“北派语文教学的代表”。即使是当了校长以后，她仍然割舍不掉这份热爱与执着。“曹永鸣语文名师工作室”是花园小学校语文教师成长的摇篮，无论曹校长多忙，她都会挤出时间为语文教师的专业发展领航引路。虽然我不是其中的一员，可是每每有曹校长给“曹永鸣语文名师工作室”教师讲座时，我都会悄悄地躲在一边旁听，如沐春风，受益匪浅。

最让我感动的还是那次，有两位青年语文教师要参加南岗区“百花奖”的教学比赛，几次试教后效果都不理想。曹校长得知后，利用自己的休息时间，给这两位青年教师指导教学，研磨教学设计。第二天，曹校长要参加两个重要会议，但又特别牵挂这两位青年教师的试教，惦记那几处重要环节的修改效果。于是，她把两个会议中间的午休时间硬挤了出来，第一个会议一结束便匆匆赶回学校，直接奔向课堂听青年教师的试教，而后又匆匆赶往下一个会场。为了青年教师的成长，为了探寻符合规律的教学设计，为了坚守教育初心，曹校长不辞辛苦，一路奔走。

这就是我眼中的曹校长，一位对教育充满热爱和痴迷，对青年教师的专业成长倾注所有，勇往直前探寻对教育本真，永不停歇追求自己理想与信念的专家型校长。

——逄亚楠　哈尔滨市花园小学校教学主任

清晨，太阳还没有升起，她已沉浸在浓浓的书香中；校园里，铃声刚刚响起，她已与学生融为一体；教研中，面对实践探索，她的独特视角和专业高度为我们指点迷津；会议上，她高屋建瓴的顶层设计带领着花园人不断突破自我，走向新的高度。这就是我眼中的曹永鸣校长——一个迎着太阳奔跑，永远不知疲倦的教育人。

曹校长的专业高度是首屈一指的，她的专业性源于不停地学习。她经常说，学习是终身发展的需要。她就是这样做的，那种执着与坚定影响着身边的人，让人不自觉地跟随着她学习、行动和反思。她一直潜心研究语文教学，在统编教材刚刚使用的时候，老师们常常深感迷雾重重，曹校长身先士卒，带领老师们进行实践研究。从低年级的识字朗读，到高年级的阅读写作，她精准深透地解读教材、细致深入地研究学情、创新实效地设计活动、合理有效地反思刷新。有了校长的引路，经历了学习过程，老师们思路清晰了，紧锁的眉头打开了。这是专业的力量，她会帮助老师们快速成长！

在我的印象中，曹校长从不满足现状。发展，永远是她的人生信条。学校发展有长远规划，课程改革有领先意识，教师成长有阶梯培养，在她的领跑下，一群人跟随着、追赶着、进步着、变化着……

——张皓　哈尔滨市花园小学校教学主任

屈指算来我与曹校长共事已经有十六年的光阴，五千多个日夜，人生中的一撇，却牵动着我太多的思绪。

“岁月不居，时节如流。”细数过往，曹校长给予我知遇之恩、师徒之义，我眼中的她是“刀子嘴，豆腐心”。

陶行知说，一位好校长，就是一所好学校。“刀子嘴”的她心稳、气静，敢于坚守原则，总能一针见血地指出我工作中的不足，只要与工作相关，绝无情面可言。我敬畏她，不是因为她的校长之职，而是因为她渊博的学识和正义的言行。

无论何时她都把我们放在心里，急教师所急，想教师所想，并且对我们的生活关心备至，所以，我说她“豆腐心”。至今，我还记得在我的婚礼上她对我的嘱咐：“家不是讲理的地方，是讲爱的地方。”我们有了心事，她总是耐心劝导，无论是在学科教学上，还是在立德树人上，她都毫不吝啬地给予帮助。在我眼中她是一个有未来导向观、有教育情怀的师者。

人生有很多高度无法企及，但我感恩站在高处的人愿意引领你前行，向眼中的她不断靠近。

——杜良胤　哈尔滨市花园小学校教学主任

花园小学校有近百年的办学历史，是哈尔滨市最早的公办学校，也是久负盛名的品牌学校。如何高位发展？如何在传承中迈向创新？学校第 35 任“掌门人”曹永鸣校长用她的思想与睿智、躬行与努力、情怀与创变做了最好的诠释。

曹校长把自己几十年的工作经验凝练为“种子教育”的理念，把教育看作农业，把学生喻为种子，把教师视为农人。学校逐步形成了“生态花园幸福种子”的办学特色。在这个过程中，她组建学习型团队，引领教师以学习促发展。无论多忙，她都抽出时间听课，亲自指导教研，引领教师在学习与实践中不断成长，不仅培养出了多位享誉教坛的名师，还培养出了一大批在国家、省、市、区崭露头角的青年教师。

教育的终极目标指向育人。她以专业的敏锐，为学生成长提供了最好的课程资源。她积极推进课程建设，关注学生全面而个性的发展，践行五育并举、全课程育人的理念。通过国家课程的校本化实施，整合课程资源，让学生的学习效益最大化。在特色校本课程的开发中，学校开发了百余门特色课程，“花园种子”通过这些优质课程获得了滋养与成长。

作为教育者，她更关注学生的长远发展，极尽所能为学生创设学习活动场所，为学生提供最好的学习资源。小创客工作坊、幸福种子书吧、校史馆、图书馆、科技馆、体育馆、电视台、音乐大厅、宇宙大厅、梦想教室、智慧书法教室、开心农场、动物乐园……在这样的学习空间中，“花园种子”幸福成长。

所以，在我的眼中，她是智者也是学者；是引领者也是思想者；更是一个播撒种子教育的耕耘者、一个推动课程育人的创新者、一个坚守儿童立场的聚光者。

——洪君　哈尔滨市花园小学校课程主任

教师是学生成长的引路人，教师的成长也需要名师的引领。名师的引领就像是漫天乌云中的一道霞光、漆黑道路上的一盏明灯。曹永鸣校长就是我成长道路上一盏指引航向的明灯。

在教师职业生涯的逆境中，曹校长与我进行了一番推心置腹的长谈。她让我深深地体会到了教师的大爱是育人，是要会爱，是要学会把善良和正直传递给身边的每一个人。交谈中让我记忆犹新的一句话是“做永远比说重要”。每每遇到困难时，我更多的是去思考自己应该怎样做才能化解困难，走出逆境。正是这样的改变让我实现了个人成长的蜕变：转变自己的育人观念、转变自己的教学观念、转变自己的人生追求。改变自我，意味着要不断地超越自我。在一次次的教研交流中，我从最初的“害怕”曹校长来听课，到最后变成在内心期待曹校长的点评。聆听曹校长的听课点评、磨课交流令我的教学理念和教学思想得到了很大的转变。与此同时，曹校长不仅在校内给我提供教学实践的平台，更在省内、甚至国内搭建教研平台，让我的个人专业化成长轨迹更加清晰，目标更加明确。

回想自己的成长经历，曹永鸣校长就像教师成长的助推器，在教师成长的每一个阶段不断点燃教师自我成长的内动力，期待、点拨、提醒……为每一位教师的发展助力。

——王莹　哈尔滨市花园小学校教师

轻咛的话语如春天般的召唤，让万物复苏；专业的引领如夜晚的明灯，指明前行的方向；前瞻性的理念如万能的画笔，描绘出育人的蓝图；精细化的管理如万能的钥匙，准确地预见教育的未来。您是学校的灵魂、学校的核心，有您的校园充满着蓬勃的朝气，有您的校园总有不断的创新。您用先进的教育思想和教育价值去影响教师的成长，促进教师教育观念和教育教学行为的自觉转变。一次次的研讨、教研、磨课，是您带领我们不断进行学习和提高，不断用全新理念武装大脑，您用思想内涵来引领、来掌舵。目标的不断更新使我们总能看到希望的曙光；能力的不断提高使我们总能胜任更有难度的工作；思想的不断创新使我们总能轻松地迎接未来的挑战。是您让学校更富有内涵，是您让学校的发展成为一种文化的积淀，是您让花园成了一个教育的品牌。一所好的学校是一个好的教育场，是您让校园成为一座润物无声的温馨家园、生态公园、文化圣园和成长乐园，一个充满生机和文化韵味的校园，一个社会赞誉、学子们向往的精神家园。

——高蕾　哈尔滨市花园小学校教师

在我心中，曹校长是一个心中有爱的朋友、师者、领导。她，心中有爱。

爱生活。“腹有诗书气自华”，深厚的文化底蕴让她身上时刻散发着独特的气质。她总能关注到生活中的每一个细节，作为全国人大代表，她视角宽广、关注民生，将自己的爱洒向身边的每一个人，赤诚而执着。

爱教育。她是那么执着地深爱着学生，始终不舍得离开课堂。她把握教育发展的最新动态，一心为学生提供促进他们精神、生命成长的优质课程，指导教师为学生提供“精神营养餐”，让学生在花园课堂上幸福地成长。

爱事业。她提出“种子教育”理念，为一所百年名校创新发展找到了精神寄托。她对教育事业怀有一腔热情，并由热情生发出一种感动，这种感动又生发出一种不断超越自己的力量，她不仅是老师职业生涯规划的导师，还是老师精神成长的导师。

一个心中溢满爱的女人是个有魅力的女人!

——王静　哈尔滨市花园小学校教师

“有美一人，清扬婉兮。邂逅相遇，适我愿兮。”白皙的脸上绽放着如花一样美丽的微笑，镜片后面一双会说话的眼睛仿佛会看透一切，亲切有磁性的语音总能让人放下紧张的情绪——大气、智慧、知性、优雅，这是我初见的曹永鸣校长，更是我一直崇拜的曹校长。

语言不是蜜，却可滋润一切，语言不是阳光，却可以照亮心灵。走近曹校长，我深深地被她的语言艺术折服。每次聆听曹校长讲话，细细品来都是一次享受，让人一听就能感受到力量与魅力，一听就让自己充满努力前进的动力。

“火车跑得快，全靠车头带。”最让我佩服的是曹校长的管理能力。要知道花园小学校有三个校区，是一个接近 300 名教师、6000 多名学生的大学校。但无论是各校区的领导还是一线的教师，每个人都分工明确，井然有序地、高水准地迎接每天的工作。特别是新型冠状病毒肺炎疫情突袭时，曹校长在短时间内为师生搭建了居家学习的平台，精英荟萃的微课大餐、丰富多彩的学习活动……让花园的小种子们在居家期间也能健康、快乐、幸福地成长。这背后该是多少百转千回、彻夜不眠啊！

从曹校长身上，我读懂了“专家型校长”这个词的深刻内涵。半年来，学校大大小小的教研活动得有100多次，每次曹校长都会在百忙之中准时参加。每次，她都会根据教研内容的进展情况及时发现问题，并进行思考与调整。记得在三学年组的现场分子团备课现场，校长一语道破了问题的所在。面对“教师的习作要求目标是不是过高”的问题大家面面相觑，而曹校长则脱口而出各学年段学生应达到的要求，又深入浅出地讲解课堂上的细节，让大家对习作教学做到了心中有培养之线、胸中有教学之纲、课堂上有可用之法。我在心底直呼：“不愧为专家！”

居高声自远。有幸走近曹校长，有幸成为花园人。自此，我的人生有了榜样，有了方向。

——闫晶　哈尔滨市花园小学校教师

迄今为止，我已在教师这个岗位上工作了17年，但跟曹永鸣校长的初识还要从我儿时说起。1993年9月，还是小学生的我迎来了我的新班主任——曹老师。她认真负责，语文课讲得尤其吸引人，能在课堂上与曹老师对话交流那是全班同学最期盼的事情。转眼，师范学校毕业的我回到了我的母校——花园小学校。能与我儿时的班主任曹老师一起工作那是让我小学同学多么羡慕的一件事情。如果说儿时的我被曹老师的课堂教学深深地吸引着，那么踏上工作岗位的我一直被她的职业魅力影响着、促进着。

她总是全身焕发着充沛、感染人的力量，不刻意雕饰、不随波逐流，她经常与教师进行率真、坦诚的沟通，时刻关注着教师的身心健康。她潜心研究教育理论，引领教师的专业发展，挖掘教师教书育人的潜力，努力为教师专业素养的提升创造良好的氛围和平台。她理智分析学校发展现状，冷静思考学校的未来，制定切实可行的学校发展规划。她顺应学生的生长规律，她提出的“种子教育”理念把童年真正地还给了学生，让他们都成了最好的自己。

她在我眼中既是一位有主见的教育家，又是一位善良、果敢、心思缜密而灵活的实干家。她就是我眼中的魅力校长——曹永鸣。

——刘寻　哈尔滨市花园小学校教师

在美丽的花园小学校里，有这样一个人：她热爱教育事业、热爱语文教学，把自己全部的生命都奉献给了花园里每一颗小种子。她——就是我们最敬爱的曹校长。

曹校长喜欢读书，沉醉于语文教学的钻研中，用自己的行动感染着每一位教师。我很幸运能够成为“曹永鸣语文名师工作室”的成员，校长总是想方设法克服一切困难为我们创造更多的学习机会，在百忙中她还经常走进课堂对我们进行指导，组织我们研讨交流。那年，我代表工作室去无锡参加“全国名师工作室联盟说课大赛”。路上，曹校长不顾身体的不适细致地指导我该怎么挖掘教材、怎样说清楚教学活动和设计意图。在宾馆里，她逐字逐句地帮我改课件，一直忙碌到深夜……当我捧着特等奖的奖状站在台上时，她脸上洋溢着慈母般的笑容，那笑容背后流淌着对语文教学执着的热爱和对青年教师迫切成长的无限渴望。校长曾说，人怎么活都是一辈子，要把每一天都过得有意义，要有更高的精神追求。这句话深深地刻在了我的心里，时刻激励着我不断努力、不断进步。

校长，我想对您说：“谢谢您，我生命中的心灵导师。是您，带我走向了一个更美好、更丰盈的精神世界，让我享受了到教育的无限快乐和幸福。”

——李晶　哈尔滨市花园小学校教师

“大家都把教师比作园丁，我觉得不准确，因为园丁是按照自己的意愿修剪花草的。我们要做农人，细心地培育学生，让他们长成他们自己喜欢的样子。”我眼中的曹校长就是这样一位农人，无论是作为教师还是领导，她始终扎根于教育教学一线，关注教育生态，心系教育民生。

她是学校思想的引领者。曹校长曾说，一个好的学校，首先应该有一种好的文化。围绕“为学生一生幸福和发展打好基础”的教育理念，她倾力打造“生态花园幸福种子”这一文化特色，形成校园、课程、课堂、家校、教师五大文化于一身的教育生态系统。

她是教育教学的示范者。她始终把教师的教育以及学生的发展放在第一位。作为全国人大代表、名校校长，她肩负着太多的责任。但无论多忙，她依然会深入一线指导教学。她提出的分子团备课模式，将骨干教师与青年教师紧密结合，高效助力教师成长。

她是宁静致远的读书人。她把读书学习当生活，在她的影响下，花园小学校的教师和“小种子”们每天都沉浸在读书带来的快乐中，这份精神盛宴的主厨，就是我们的曹校长。

曹校长扮演的角色有很多，但万变不离其宗，她是我生命中的贵人，不断教导我去感受这缤纷世界，让我从懵懂向着更专业的方向不断前行。

——柴妍　哈尔滨市花园小学校教师

所谓敬畏，不是仰其位高，不是畏其律严，而是面对一个躬身入局且充满创新能力，善利下者且亦师亦友的前辈的尊敬与爱戴。曹永鸣校长在我心中就是这样的前辈。

一个躬身入局且充满创新能力的前辈。曹校长从来没有因为个人行政事务上的繁忙而放松过对教学团队的指导和引领。在每一个团队教研的日子里，曹校长都为大家坐镇把关。不仅如此，曹校长还带领大家不断地创新打磨备课方式，让我们刷新了对传统备课的认知，使我们的备课看得见、用得着、更高效。

善利下者且亦师亦友的前辈。都说“上善若水”，水善利万物，曹校长的性格也如水一般的至柔、能容。不论我们最初来到这个团队的时候是什么样子的，她总能发现我们每个人身上的闪光点，让我们在最短的时间内快速成长。曹校长在专业引导的同时也尽其最大努力为团队中的教师搭建各种各样的平台，创造一切有利于我们成长的机会。同时，曹校长也总是有亦师亦友般的温暖：暖心的笑容、进步的鼓励、不足处的点拨、循循善诱的指导，总是给我们力量和信心。

在花园成长的七年时光里，我对这个集体、对曹校长时时充满着敬畏，与此同时我也心生欢喜，好的团队总是让我们善于突破自己，跟着优秀的人一起变得更优秀！

——贺银峰　哈尔滨市花园小学校教师

作为一名教师，你的职业幸福感来源于什么？或许，有人认为是培养出一批批学子；有人认为是自身获得的诸多荣誉；有人属意于执教的成功课例；有人归功于日积月累的沉淀与繁忙……然而，我的幸福感来源于一位领路人——曹永鸣校长。曹校长睿智、精致、有魅力，她就是我心中幸福的存在。

她——高瞻远瞩，求真务实。校长创设的“种子教育”理念自实施以来，已经培养出了一大批优秀学子，他们在花园先进理念的指引下，不断增强内动力，提升内驱力，发展内定力，滋养内生力。

她——以身作则，业务精湛。作为语文特级教师和校长的她尽管日常事务繁忙，但她仍坚持每天读书，丰富自己的学识。不仅如此，她还时常留出时间参与学年学科备课，为大家答疑解惑、指引方向，让我们可以近水楼台，得到专家的指导与引领。

她——蕙质兰心，平易近人。作为花园领航人，校长经常与我们畅谈教育理念，交流内心想法，了解大家工作、生活等方面的情况和需求，及时地给予我们热情的关心和帮助。正是这份真切与温暖，使花园“农人们”形成了团结一致、互助共赢的和谐氛围。

“令公桃李满天下，何用堂前更种花。”曹校长的美誉，不胜枚举。正是有这份榜样的力量，我们才会爱满心田，始终向前。

——倪佳俊　哈尔滨市花园小学校教师

要问我对曹校长的印象，就要从我们一起“翻大门”说起。2018 年，我有幸跟随曹校长到无锡一所学校学习。在主办方组织的说课比赛中，曹校长担任评委。刚结束白天的工作，曹校长就带着我们几位老师在学校的阶梯教室里进行学习收获的研讨。不知不觉，天已经黑了，但是我们研讨的热情丝毫未减，曹校长细致入微的指导让我们如醍醐灌顶。当我们走出教室的时候，校园的大门已经被锁上了，我们面面相觑，曹校长说：“这点困难，难不倒我们，走！我带你们翻大门。”说罢，曹校长把裙子一撩，翻身过去了，我们几个也紧跟着翻过去。“看吧！任何困难，都不能阻止我们前进的脚步！”曹校长边笑边说，她的声音在黑夜里显得格外有力量，她的身影在我的眼里也变得格外可亲。这件事让我记忆犹新，一位从事教育事业 30 年的校长仍然能保持对教学的热忱、对学术的钻研和对教育的童心，这是多么难能可贵啊！对于曹校长来说，像这样废寝忘食的事还有很多，在她面前，任何事都要给教学研究让路。正是这种精神时刻教育着我：做教育工作者就要脚踏实地地付出，就要真情实意地投入。我要像曹校长一样，不仅要做严谨的教育工作者，还要做永葆童心的纯粹的人。

——曾辉　哈尔滨市花园小学校教师

您英姿飒爽、干练利落、事事为人先；您追求完美，对工作细节要求严格。有您的地方总是充满了正能量，您就是我心中的“女神”——曹永鸣校长。

2005 年，我初踏花园讲台时正值花园小学校 80 年校庆。校庆那天，工大体育场回荡着您演讲的声音，您还记得吗？当时我一度以为学校为了效果邀请了电视台的主持人，后来才知道是您的声音，于是我对您充满了敬佩和好奇。

2010 年，您在五（七）班与我和孩子们一同上了一节音乐课，您还记得吗？课后，您提出的观点给我的教学带来了起色，后来您的观点还成了音乐学科的发展趋势。当时我就感慨，您何止是语文专家呀，真是全能专家！

2015 年，我参加全国音乐教师基本功大赛。在我思想负担重的时候，您的话似一剂良药治好了我的心病，您还记得吗？您语重心长地开导我：“有压力是正常的，但不能因为患得患失而错过这次学习的机会……”听了您的话，我卸下了思想包袱，取得了不错的成绩。

2018 年，我终于成为一名光荣的共产党员。在您办公室里，我激动得拥抱您——多年来我心中的偶像，您还记得吗？那一抱打破了上级与下级的界限，是老党员对新党员的鼓励，是老大姐对小妹的肯定。我的眼眶湿润了，您的眼眶也红了。

太多往事历历在目，多年来您在我的心里不只是领导，还是我的人生导师和知音大姐。我喜欢向您倾诉我的苦恼，您让我无限信任。这就是花园的好校长曹永鸣！

——杨楚瑄　哈尔滨市花园小学校教师

教育不仅是文明与文化的传承，还是一种朴实的艺术。我是花园小学校的一名体育老师，是曹校长“种子教育、农人思想”教育理念下成长起来的“农人”。曹校长就如同我的老师，时时刻刻引领着我前行。花园小学校不仅培养学生还培养老师，我和我的体育课程以及我的学生始终都在成长！

曹校长重视课程育人，同时也重视学校的体育课程。她经常关注每个学生的体质健康，嘱咐我们体育老师：“体育教育要回到学生立场！课堂上要引导学生有兴趣地动、有秩序地动、有规则地动、有创意地动。”每次听完曹校长的指导，我都受益匪浅。

在新型冠状病毒肺炎疫情之初，曹校长设计了“花园云课堂”的课程体系，其中尤为重视体育课程，并时刻关注学生居家体育锻炼情况，促使我们早于其他学校积极行动起来，研究居家体育课程的在线教学以及体育微课的设计与录制。正是我们提前做了充分的准备，才使我校体育云课程得到了市、区体育教研员和广大家长的高度认可。在区教研中，我担任主讲与全区教师分享居家体育锻炼经验。

因为跟着曹校长的思路，我们才会有提前于他人的准备与学习，也才会成长得更快。感谢您的引领与指导！

——佟雁鹏　哈尔滨市花园小学校教师

十、家长眼中的种子教育

（一）教育如农桑

2013级（2）班　王屿仑家长

提起花园的“种子教育”，让我想起了叶圣陶的一篇童话——《一粒种子》。它讲的是国王、富翁、商人、士兵细心照顾一粒种子。他们用白玉、黄金材质的盆子盛细土，用净水浇灌，在暖房中让它烤着火炉，精心培育。一两年过去了，种子没有任何变化。可农夫只是把种子种在了土里，该耕就耕、该锄就锄、该浇水就浇水，没过多久，种子长成了一棵参天大树。

这是为什么呢？这个问题使我想了很久，其实只是因为国王、富翁、商人、士兵他们为了显得更尊贵、更高雅、更富裕、更有地位，才过度用心照顾这粒种子，而农夫怀着一颗平常心来种这粒种子，不急不缓，顺应规律，在该做什么的时候就做什么，于是种子就在该发芽的时候发芽了。

教育如农桑，精心耕种的作物未必长得最旺，收成最好，过度教育的学生未必学得更多，成长得更快。相反，给他们足够的、自由发展的空间，反而可以获得意想不到的成功。这样的例子相信大家都应该听过不少，那些疲于奔波于各大补习班，那些点灯熬油苦刷练习册到后半夜的被过度教育的学生要么只是短期领先，中途掉队，要么就是亲子、师生之间出现各种不可调和的矛盾与问题。而那些顺应规律被教育的孩子，阳光而积极，学习的热情没有被消耗掉，是主动学习、是内心真正地热爱学习，后期冲劲十足，这是教育累积、能力提升产生的必然结果。

花园小学校的“种子教育”就是这样的教育，即不进行过度的教育，不追求短期效果，深得教育的精髓。就像曹校长所描述的那样：“种子的幸福是大地的陪伴，因为种子在大地的怀抱里。不用刻意施肥打理，只需携一抹阳光、抚些许雨露、施万般宽容，笑靥以对，静待花开。”在这里，没有枯燥繁重的课业，没有填鸭式的教学，取而代之的是冬趣节、摄影展、职业研学体验、古诗文晋级、美文朗诵、少先队知识宣讲等丰富多彩的校园活动。

花园的“种子教育”一直致力于学生核心素养的提升，学校在传统教育环节增设富有现代教育特色的“花园种子课程”，即针对学生特质研发的课程，如油画课、编程课、脸谱课、足球课、3D 打印课等课程都深受学生欢迎，激发了学生的潜能与潜质。学生在课程选择中发现自己，在课程学习中觉醒内力，努力成为最好的自己。

“种子”课堂关注的顺序是兴趣第一、习惯第二、能力第三、知识第四。课堂中学生充分、有效地表述自我思想，进行自我思维完善，体验追求知识的过程，充分彰显自主学习之真、合作探究之善、生命成长之美。“种子”课堂每学期由学生根据兴趣通过网络自主选课，之后以走班选读的形式进行学习，是充分尊重学生兴趣的教育。掌握好的方法，是学业有成的前提；养成好的习惯，是终身受益的伟业。学校习惯养成序列做得比较到位，每月都设定不同的习惯养成任务，并将任务粘贴于黑板上方。愚蠢的教育只会传授知识，聪明的教育教学生发现知识。“种子”课堂是探索的课堂、是引导的课堂。通过发现，学生的能力得以提升，思维得以开阔。当能力提升、习惯养成、兴趣浓厚之时，内动力爆发，知识也迅猛增长。

学校这样描述“种子教育”：“每一个孩子，都是一粒饱满的种子。种子，天然具备种种适于传播或抵抗不良条件的结构，为植物的种族延续创造了良好的条件。既然种子有着特殊的结构和功能，我们就应该相信它的力量。”作为家长，我在家园共育中体会到了学校的“种子教育”对学生能力的培养和竞争力的提升是卓有成效的。花园的学生在各方面都取得了优异的成绩，在校内外体现了花园学子的素养，这些都是“种子教育”的成果。

种子既然根植于大地，给它自由生长的时间和空间，它一定会根深蒂固，枝叶婆娑。“种子教育”是唤醒、激发和鼓舞，是适度的付出之后，静候花开的声音。注重能力的提升是学习之本，注重品行习惯的养成是教育之基。“小种子”不需要家长的陪同，自主完成预习、复习，合作完成小组的一次次课题。在志愿服务中体验到社会服务的意义。

学校、教师的教育理念是旗帜，家长、学生如影随形般地追随；学校、教师是路标，家长、学生毫不迟疑地顺着标记前行。“种子教育”教会了学生善良、信心、担当、奉献，教会了家长耐心、睿智、宽容、理解。

我庆幸选择了花园，使孩子得以接受“种子教育”。作为家长，我也一如既往地愿意做“种子教育”的参与者与融入者。相信小“种子”们在花园这片沃土上必将厚积而薄发，相继发芽、开花直至长成参天大树。

（二）幸福花园，培养健康种子

2014级（8）班　边楚乔家长

孩子在花园小学校读书四年了，看着孩子身上的变化，别提我有多欣慰了！学习上的进步就不用多说了，四年的时间让孩子变得更宽容、更自信，也更阳光了，这是我最关注的也是最开心的。成绩固然重要，但是拥有完整的人格、健康的体魄、持之以恒的毅力、乐观向上的心态，以及创造幸福的能力，是妈妈最想要的。

花园小学校的种子教育经，蕴含着一套非常全面而又完善的教育理念。它既指导教师怎样做一个优秀的“花园农人”，又告诉我们这些家长应该如何和孩子相处、如何陪伴孩子成长。我还记得花园“种子教育经”里面说：“早期教育花一公斤的力气，等于后期教育花一吨的力气！让孩子从小养成好的生活习惯和学习习惯，无论是孩子还是家长，在未来都将受益无穷。”

孩子的教育，不仅是学校的事儿，还是我们每一位家长的责任。家长是教育上的合伙人，是孩子的第一任教师，言传身教对孩子的影响是无穷的。“幸福种子教育经”，让我们这些家长懂得了教育的真谛和教育的方法。只有家长做好了本分，才能让孩子幸福地成长，才能让孩子长大之后有自主学习的能力和创造幸福的能力。

每一个孩子都是一颗蕴含着无穷潜力的种子，在未来会成为最好的自己，但是每一颗种子品类不同、花期不同。所以，如果你的种子总是不开花，也别着急，那是因为它要长成一棵参天大树。花园小学校的“种子教育经”，让家长不再焦虑，陪伴孩子静待花开，并且“家长大学”一次次教育心得的分享，舒缓了我的压力。

花园的“种子教育”还有一段话让我特别感慨：“先要破土，才能发芽，经过雨打，才会开花。种子，从不抱怨出身，从不挑剔环境。无论顺境、逆境，都在积攒能量，只为破土，向阳而生。”花园小学校的孩子们家境普遍都很优越，外界总在传说孩子们之间攀比成风。我也有点忧虑：孩子们能正确看待家庭的不同吗，能正确认识物质财富的意义吗？

这学期的一天，我和女儿偶然间谈到班里同学的家庭环境。孩子和我说：“妈妈，咱们家的家庭环境在我们班就是中等偏下的水平，我们班同学家里都很有钱。”我说：“哦，咱们家这么穷，那你怎么看呢？”孩子和我说：“不怎么看啊，那也改变不了啊！拼不了家庭，我就拼自己呗！比学习，他们比不过我！而且，我们班的家长，好多都是做服装生意发家致富的。看来卖服装很挣钱，我以后要做个服装设计师！”

孩子的回答让我哈哈大笑。我说：“你更幸运，虽然你不是富二代，不是官二代，但你有机会成为富一代，靠自己创造未来。”孩子不攀比、不自卑、不抱怨，我欣慰之余，是庆幸！学习，是为解决实际问题的。我们的孩子不是温室里没见过世面的小花，她们从小不光会学习，还通过学校、同学认识社会、了解社会并反观自己，分析问题。无论自己手里的牌怎么样，他们都会竭尽全力打出最好的战术。孩子正确的人生观、价值观，来自学校、老师、家长和社会的共同影响。孩子的成长与进步，都和花园小学校健康向上的环境与教育理念密不可分，好种子向阳而生，迎风微笑！

孩子们从小有学识、有见识，这些本领都得益于花园小学校的教学体系。他们设计的班本课程丰富多彩，不仅与外请嘉宾如“冰城好人”谢尚威、冬奥冠军张慧这些各界的名人近距离接触，有义工给我们讲励志故事，还有本班的家长来露一手：巧手妈妈讲烘焙、巧嘴妈妈做演讲。一个班里有50多个孩子，100多位爸爸妈妈。每位家长，带来不同的职业体验，为孩子们打开了一扇窗，让他们从小就见识到世界的浩瀚与多元。

学校的走班课也特别精彩，四年级的学生到一、二年级去给小弟弟、小妹妹们读书、讲故事。在讲故事前，他们像小老师一样，自己认真地备课、准备教具、准备奖品、准备问题。在这个过程中考验了孩子们的团队配合能力，一个宣讲团队有组织维持秩序的、有主讲故事的、有负责提问和发放奖品的，他们像哥哥姐姐一样照顾低年级的小朋友，又像老师一样辛苦地协调、安抚和平衡小朋友的情绪。每一堂课，他们都是花了一番心思的。教学相长，走班课让他们懂得了老师的辛苦和不易，更明白了应该如何更好地与老师配合，高效学习。

精品课程、阅读课程是对孩子们的学习生活进行的有意义的补充。花园的孩子，不是只会数学、语文和英语的，他们画油画、担当小主持人、制作3D打印模型、设计电脑编程、跳舞、合唱样样都行。每学期开学，孩子们在抢精品课的时候，都让我找到了大学时抢选修课时的紧张。孩子们之前会仔细打听每门课的教学内容，然后分级排序，制订一个抢课的备选方案，严阵以待。这些丰富多彩的课程让孩子们不是“两耳不闻窗外事”的书呆子，他们从小兴趣广泛、特长多多，学校教育塑造了他们完整的人格。

书籍是人类向上的阶梯，孩子们阅读大量的课外书籍开阔了视野。这学期，四年级的小朋友分享了《三国演义》这套大部头。有一天，孩子和我探讨“三国”里面最喜欢谁。我问她最喜欢谁，她说曹操，这个答案出乎我的意料。在我小时候，学习“三国”的时候，统一的标准答案都是刘备啊！汉室宗亲，正统皇叔嘛！作者的倾向也是这样的。可孩子却告诉我：“曹操不仅会打仗，还写了很多好诗，我很喜欢他的《短歌行》，而且人家的儿子个个都很厉害啊，曹丕、曹植、曹冲。刘备的儿子们都不行，还有个扶不起的阿斗。”

多读书，读好书，孩子们在读过之后，会有自己的独立思考和价值判断。对比当时同龄的我，我自愧不如。在今年开家长会的时候，李秀娟老师给我们举例子：在学习《长城》这篇课文的时候，孩子们探讨为什么要说长城是龙的形状？因为龙是中华民族的图腾。李老师说：“你看四年级的孩子，会说这是中华民族的图腾！”

我也觉得这一届的孩子很了不起。他们已经学会了独立思考、举一反三、融会贯通，课内和课外阅读相互补充、相互拓展。他们的世界很大，眼界很宽，未来很美好！孩子们一点一滴的进步都是老师和学校的默默付出和精心筹划换来的。希望我们的“小种子”们在花园小学校这片沃土上成长得更茁壮，绽放得更耀眼！

（三）我眼中的种子教育

哈尔滨市第十七中学教师　陈赜

我既是家长，又是教师，这样的双重身份让我更加关注学生的身心发展。从学校多元化教学模式的开展到班主任认真负责的教育方式，都让我们深受感动！孩子们在接受文化知识的同时，也养成了良好的学习习惯和阅读习惯。

时光匆匆掠过，斗转星移，花开花落，五年的小学生活看似漫长却又是那么的短暂。五年里，我们欣喜地看到孩子们一步步的成长。作为一名学生家长，我衷心感谢领导和老师的辛勤付出和精心培育。同时，我也深深感受到我们老师要重视的不仅仅是知识的授予，更应关注的是学生品质、道德的培育，以及生存和发展能力的提升。将孩子交给这样的老师，我们很放心。花园的老师在孩子们失败时给予安慰；在孩子们成功时，教给他们不要骄傲。并且，他们能了解孩子们的生活和思维方式，能用平常心看待孩子们的言行举止，认真地倾听孩子们的心声。在课堂上，老师引经据典、学识渊博，赢得孩子们的赞叹；在课后，他们与孩子们说说笑笑，深得孩子和家长的喜爱……就是这样的优秀教师培养了这么多出类拔萃的学生！

在这五年里，孩子们告别了天真，走向了沉稳；脱去了稚气，获得了自信；抛弃了依赖，学会了选择，懂得了自尊、自立、自强。他们从少不更事的孩子，成为有理想、有志向的小小少年。孩子们羽翼日益丰满，即将翱翔在广阔的蓝天。这都得益于我们花园的种子教育！

班本课程的丰富多彩、校本课程的与众不同、走班课程的独具特色，都是从学生的需要出发的，精选对学生终身学习有益的、必备的知识与技能，从而促进学生多领域发展。

其中精品课程更是引人入胜。在教学理念方面，教师坚持以学生为本的教学理念，让学生真正成为课堂的主人，无论是小学、初中还是高中，孩子们都能清楚地表达自己的想法，都有勇于发言的好习惯。在教学内容方面，花园不仅重视定理、概念的教学，还重视学科的教学思想和方法，从而让孩子们轻松、愉快地掌握了所学内容。在教学方法方面，通过互动性的课堂教学激发了学生的学习兴趣，通过探索性的专题讨论调动了学生的主动性，通过总结性的专题报告培养了学生的学习能力，通过攻关性的难题求解让学生享受了理解和应用数学思想与方法的乐趣，在此过程中提高了学生的创新能力。在教学团队方面，教师坚持教学与科研互相结合，让作为家长的我们特别放心，同时也特别感激。

每学期的“悦读手册”不仅补充了学生的课外知识，还大大提高了学生的写作能力，更重要的是让学生养成了阅读的好习惯。课外阅读可以让学生不出门，便知天下事。阅读是一种巩固学习成果、丰富知识的有效手段。学生阅读课外书的过程便是巩固、积累知识的过程。通过课外阅读，增加了学生对自然科学、社会科学以及世界各地风土人情的认识和了解；增强了学生语言表达能力，加强了学生思维的广阔性、深刻性、逻辑性、灵活性；陶冶了学生情操。

花园种子教育全方位地培养了学生的思想素养，为学生进入中学奠定了良好的基础。感谢花园的培养，感谢校长、主任和各位老师的辛勤培育！

（四）从小初衔接看成长

哈尔滨市第十七中学教师　刘森

“没有枯燥繁重的课业，没有填鸭式的学习，取而代之的是丰富多彩的校园活动、有教无类的教学方式。一次次古诗朗诵会、一次次团体活动、联欢活动的一首首歌谣……”这是我的女儿在花园小学校度过的学习生活，这是花园小种子描述的哈尔滨市花园小学校的样子。作为花园小学校学生的家长，我庆幸自己的孩子可以在这里享受小学五年的美好时光；作为教育工作者，我为有这样敬业、有智慧、有爱的同行而感到骄傲。

《种子的信仰》是美国学者梭罗写的一本书。梭罗诗意而写实地写下了对土地无限的赞美，他将土地比作谷仓和学校，他相信种子有强烈的信仰，相信每一粒种子都会发生奇迹。在花园小学校里，每个学生都有一个诗意的名字——幸福种子，这里的教育者主张“为幸福而教”，他们相信种子的力量，相信每一粒种子都是奇迹，倡导教育以种子为中心，教育只是为种子的生长提供支持，而非以爱的名义进行干预。花园小学校相信教育是农业、教师是农人、学生是种子。种子，从不抱怨出身，从不挑剔环境，无论顺境、逆境，它们都在积攒能量，只为破土，向阳而生。我想这就是“种子的信仰”。

我眼中的花园小学校不大，但有两个面积较大的开放阅读区——“种子书吧”。在这里，学生可以静静地自由阅读。学生也把自己家的书都捐到了“种子书吧”里，让所有的同学都能够读到。“种子书吧”培养了小种子爱读书的良好习惯。

我眼中的花园小学校是一个幸福的花园。每一个孩子都是一粒种子，花园就是为其提供充足的阳光、水分和适宜的土壤的地方。“孩子来学校是为了成长，而不仅仅是来学习的。”这句话被写入了花园小学校的教育词典。曹永鸣校长提出了放养和精养的理念。放养，意味着教育是一片丰厚肥美的牧场，教师只需要把羊群带到牧场，羊群置身其中，自己就会寻找可供生命延续的绿草。放养不是不养，而是对教育本质和规律的遵循与把握。放养的灵魂是将儿童作为生命体，充分地相信儿童、解放儿童、依靠儿童、发展儿童。教师也是尽量保护学生的向善之心，慎用批评这把双刃剑。正是在这样的成长环境里，成就了一批又一批的好孩子：“花园孝亲好孩子”“花园善行好孩子”“花园礼仪好孩子”“花园节俭好孩子”“花园读书好孩子”“花园勤奋好孩子”“花园创意好孩子”“花园自律好孩子”“花园环保好孩子”。为了让每个学生都能找到成为“好孩子”的感觉，学校里每个学生都有获奖的机会，从而让小种子们在小学阶段养成了良好的习惯和积极向上的品格。到了初中，我们会发现从花园小学校毕业的学生善良、懂礼貌、富有同情心，同时拥有良好的读书、学习习惯。

我眼中的花园小学校将一年级学会倾听、二年级学会表达、三年级学会思考、四年级学会表现、五年级学会自主，形成交集，从而确立“幸福种子”的能力培养序列；遵循儿童的身心发展规律，确立养成系列、美心系列、育德系列、健体系列。学生在课程化的实践中完成知、情、意、行的自主建构。不仅如此，在花园学子的成长序列中，课堂关注的顺序是兴趣第一、习惯第二、能力第三、知识第四。小种子们能够充分、有效地表述自我思想，并进行自我思维的完善。同时，花园小学校注重解放学生的大脑、心灵、双手和思维，为学生营造安全的心理氛围。

我眼中的花园小学校，可以让家长参与学校决策、参与学校课程开发、参与许多活动的实施。花园小学校的家长是花园“教育理想的合伙人”。所有的教师已经形成一个共识：家长是重要的教育资源。比如，班本课程的开发，就是依托家长资源研发生成的。家长有讲医学常识的、有讲糕点制作的、有讲科技知识的，还有讲安全防范措施的……学校每年选出优秀的班本课程，以走班的方式在全校共享，受到了学生的热捧和喜爱。我有幸成为其中一员，为女儿班级的孩子们上了一节英语课，并且感触颇深。于我而言，教初中生得心应手，可当我走进小学生的课堂时，我内心惶恐，手忙脚乱，感慨小学教师的厉害。她们付出了更多的爱心、耐心、细心、关心和恒心。敬佩之余，我也收获颇多，学到了很多科学有效的教育理念。不仅小种子在这所大花园里享受阳光雨露，种子的母亲也学到了很多培育种子的好方法。

作为十七中一名一线教师、班主任和花园小种子的家长，我拥有双重身份。如果一定要对花园种子教育的质量进行验收和评估的话，我想我应该是最有发言权的。五年的辛勤培育，花园的小种子来到十七中继续学习、生活，他们已经长成了自信、友善、乐观，具备良好学习习惯和阅读习惯的小苗。同时，我的女儿在花园小学校这所大花园里也正在茁壮、健康、自由地生长。感谢花园，感恩花园！

（五）幸福种子滋养未来

哈尔滨市第三中学教师　闫士金

任何一个来到花园小学校的人，都会因整洁有序的校园和孩子们明亮欢快的笑脸而留下深刻的印象。这座百年名校培养了一代代优秀的学子。作为家长，我为自己的孩子能成为这里的一员而感到幸运。身为教育工作者，孩子的成长过程让我感受到了花园小学校的魅力。在校长曹咏鸣的带领下，花园教职团队以儿童身心发展规律为本，秉承独具特色的幸福种子教育思想，开设幸福种子课堂，实践“教育就是一个灵魂唤醒另一个灵魂”的培养理念，将学校变成了真正培育种子的温暖花园。幸福种子理念，没有把智育的任务简单阐释为传授知识。花园小学校的教育指向教学过程中更重要的目标：思维能力、创造性才能和对智力活动的好奇心。苏霍姆林斯基说，教育首先是活生生的、寻根究底的、探索性的思维，是全面和谐个性发展的核心要素。幸福种子教育形成了以校园文化、课程文化、教师文化、课堂文化、家校文化五大板块为支撑的学校文化生态系统。确定了影响学生后续发展的核心能力，将读、写、算、思、合、创六项确定为关乎学生后续发展的核心竞争力，并利用丰富多样的载体来培养。花园小学校用真实的教学活动践行多元智能理论，相信每个学生都有巨大的智慧潜能，只是潜能领域不同。学校教育的主要责任就是设法发现属于每个学生的保障，提升学生自主力，并将其开发出来，使之成为一个在某领域的有用之人，进而成就自己的幸福人生。没有枯燥繁重的课业、没有填鸭式的学习，取而代之的是丰富多彩的校园活动、有教无类的教学方式。

孩子们在这里获得的身心滋养和精神力量，会让他们终身受益。可以说，花园小学校幸福种子的教育理念，与当下中等教育的培养理念高度契合，是让学生进入更高学习阶段的重要保证，是培养全面发展人才的路径之源。孩子们在花园小学校形成的良好的学习习惯、扎实的基础知识、美好的品行以及全面丰富的人文素养，会让他们具有永不枯竭的好奇心，幸福种子的教育会成为他们在中学阶段宝贵的精神力量源泉。

以哈尔滨市第三中学为例，我们立足于立德树人的根本任务，遵循全面教育、和谐培养、激发主动、个性发展的教育原则，努力培育志向高远、素质全面、个性鲜明、主动发展、勇于担当的人才，从而促进学生的全面发展。哈尔滨市第三中学把培养核心素养、立足激发兴趣、厚植育人情怀、促进全面发展和培养创新型拔尖人才作为教育理念，搭建多样性、选择性、创新性的丰富多彩的校园文化活动平台。高中阶段是学生个性形成、自主发展的关键时期，要给学生更多、更好的选择，搭建多样性、选择性、创新性的校园文化活动平台，是实现学校教育充分、均衡发展的保证。加强活动建设，坚持文化育人、活动育人、环境育人，建设全方位、立体式的德育管理模式和体验教育、自我教育和环境陶冶等德育活动模式，强调活动的全体性、全面性、层次性、自主性和可持续性。开展生涯教育年活动，探索高中生涯教育路径；深入开展家校合作，共育英才，来实现“普育立德，合力树人”。从上述可看出，花园小学校的幸福种子教育为孩子们适应高中教育奠定了基础。

从课程设置上看，高中阶段“打造主动课堂、发展关键能力”，以先进的教学设计激发活跃、活泼的教学形态，促使学生思维动、情感动、心灵动，使学生在主动学习、主动参与中实现学科关键能力的发展。观照花园小学校的教育，她回归教育本真，遵循教育教学规律和学生成长规律，面向时代需要，为社会主义建设培养德、智、体、美全面发展的建设者和接班人，努力实现教育为人民服务。种子课程就是发展特质的课程，它的目的是激发每个学生的潜能、潜质，让每个学生都能成为最好的自己。

在曹永鸣校长提出的“让教师在课程中发现儿童，让儿童在课程中寻找自己”的课程理念指引下，花园小学校在基础课程中，融入了提高学生核心素养的素养训练。例如，花园小学校的“悦读手册”和自主研发的“优能手册”等，每一门课程的科学、有效的作业设计不仅是学生核心素养有效落实的途径，还是学习质量的重要保障。此次“种子课程优秀成果展”，是教师对作业的全新认识，也是学生综合素养的全面展示。“种子课程优秀成果展”给师生带来了更多的思考，整洁规范的书写、认真细致的批改、精美丰富的展示种类，充分说明了花园教师对作业的认识更加全面、多元，并能根据课堂教学和学生的实际情况进行高度融合，设计科学有效，形式丰富多样。更可贵的是五个学年学校都将体质健康检测与家务劳动记录纳入成果展示中，全面关注花园小种子们的身心健康，彰显课程即生活、课程即成长的全新育人理念。可以说，花园小学校的幸福种子教育理念滋养了学生的可持续发展，是实现初等教育和中等教育衔接的典范。

（六）现实中的成长 记忆中的花园

东北林业大学讲师　舒展

哈尔滨市花园小学校始建于 1925 年，在近百年的办学历程中始终秉承着建校初期立下的校训——诚敬勤朴、志同道合。2002 年，学校确立了“为学生一生幸福与发展打好基础”的办学理念，十余年花园人通过不懈努力，逐步形成了“生态花园，幸福种子”的办学特色。

作为一位花园学子的家长、一位教龄 12 年的高校教师和一位花园小学校的毕业生，我很荣幸同时拥有这三重身份。从 2014 年孩子入学伊始，家长们就开始了解并学习“生态花园，幸福种子”的理念。

在哈尔滨市花园小学校，“生态花园，幸福种子”的理念是花园小学校曹永鸣校长率领教职团队以儿童身心发展规律为本，开创的一种独具特色的“幸福种子教育”理念。学校将“种子”视为确保学生受教育主体地位的隐喻。这里的学生都有一个诗意的名字——“幸福种子”，这里的教育者主张“为幸福而教”，他们相信“种子”的力量，相信每一粒“种子”都是奇迹，倡导教育以“种子”为中心，教育只是为“种子”的生长提供支持，而非以爱的名义进行干预。学校教育的主要任务就是设法发现属于每个学生的宝藏，提升其自主力，使之成为一个在某领域的有用之人，进而成就自己的幸福人生。

同时，为了保卫学生的童年，在曹永鸣校长和花园小学校教学团队的策划下，花园小学校的“幸福课程”也应运而生。花园小学校的教学精英们盘点了影响小学生后续发展的核心能力，将读、写、算、思、合、创六项确定为关乎学生后续发展的核心竞争力，并利用丰富多样的载体培养，即一年级学会倾听、二年级学会表达、三年级学会思考、四年级学会表现、五年级学会自主，确立“幸福种子”的能力培养序列。孩子们就像一颗颗小种子，在每天语文幸福种子、数学幸福种子的学习中，源源不断地汲取知识的营养。

不仅如此，在花园学子的成长序列中，课堂关注的顺序是兴趣第一、习惯第二、能力第三、知识第四。多年以来，花园小学校都在探索“对话型课堂”。“对话型课堂”追求的是在经历知识形成过程中，学生充分、有效地表述自我思想，并进行自我思维的完善。它充分彰显自主备学之真、合作探究之善、生命成长之美。

作为一名高校一线教师，我原以为大学的教学形式与小学的教学形式是截然不同的。但花园小学校的“生态花园，幸福种子”理念，却恰恰与各高校近几年提倡的教学方式、方法和改革内容不谋而合。最典型的例子就是近几年各高校提倡的“成果导向教育”，它和“生态花园幸福种子”一样，都是以学生为本的教育哲学，在给予学生充分信任和鼓励的前提下，充分发挥学生的主观能动性，增进学生的参

与学生共享读书的快乐时光

与感。在实践上，它是一种聚焦于学生受教育后获得什么能力和能够做什么的培养模式，即一切教育活动、教育过程和课程设计都围绕着实现预期的学习结果以达到最佳的教学效果。

时光荏苒，花园小学校的建校历史已接近百年，一代代花园人在这里茁壮成长、厚积薄发。“生态花园，幸福种子”理念也在不断地发挥着它的作用，为社会培养了越来越多的“幸福种子”。

（七）高等教育眼中的花园小学校的种子教育

哈尔滨工业大学教师　吴红林

我是哈尔滨工业大学的一名教师。五年前，我怀着让孩子接受良好教育的渴望与期盼，将女儿送到哈尔滨花园小学校读书。带女儿到花园小学校报到的第一天，学校整洁的校貌、宽敞明亮的教室，特别是老师的精神风貌，使我深深感受到了这所小学的与众不同。

转眼间，宝贵的五年小学时光就要结束了。五年间，我见证了女儿成长的历程，看到女儿逐渐成长为一个热爱祖国、尊敬师长、有良好品德、学业优异的合格小学生，我感到无比高兴。作为一名大学教师，我也指导了很多大学生和研究生，深知与大学教育不同的是，女儿小学教育的成功，小部分属于家长，大部分属于学校。每所小学虽有极大共性，但是每所小学都有其独特的教育理念及教学方法，或者说每所小学都有其独立的灵魂与气质，正是这份独特才使每所小学培养出的学生在社会发展中展现出与众不同的特质。梳理五年来留在记忆中的点滴感触，我才深知花园小学校种子教育的这份独特是多么宝贵！

五年来，让我印象最深的不是花园小学校的课程体系教育，而是花园小学校对学生的爱与公平。五年来，我曾多次问我女儿：“你害怕过老师吗？”我女儿每次都说：“不怕老师，我们老师很好。”我很好奇，小学生怎么能不怕老师？后来我慢慢了解到，女儿的老师对学生很爱护，从内心真正爱她的学生。这份真挚、持久、耐心的爱护似和风细雨，使刚接受小学教育的调皮孩子感到了快乐与愉悦，他们感觉学校就像另一个家一样，只不过这个家大了一点，更有趣了，多了好多兄弟姊妹，爸爸妈妈换成了老师，从而使他们愿意天天到这样的大家庭里。这份持之以恒、润物细无声的爱换来了孩子乐意上学，将上学当成一件快乐的事情，这是多么重要的事！从教学的本质上来讲，还有比这更重要的事情吗？没有，这是教育的成功。大道至简，这份博爱是最成功的教育。

公正对于小学生而言，似乎涉及不多。但经过我的细心观察，花园小学校教育中体现的公正与公平潜移默化地影响了他们，从而保证他们有一个正确的未来观。女儿在三年级的时候，我对班中各个学生的家庭情况做了比较详细的了解，知道了学生家长之间的贫富差距较大。有一次，我故意问女儿："你们隔周换座位都换吗?有没有同学不换座位的?"我女儿很认真地回答我："我们换座位的时候，所有同学都必须换。"女儿看似随意的回答，却让我陷入了思考并感到羞愧。女儿今年五年级了，我也大致知道她同学的学习情况，他们班每周举行一次"小讲师"活动，班级微信群里定期更新每周"小讲师"学生的讲课情况，我留意到班级微信群里从没有漏掉过任何一个成绩较差的学生，老师对成绩优秀或者较差学生的点评差距极小。这种细微之处体现出来的公平与公正说明在花园小学校教师心里，这份公正是理所当然的。孩子在老师眼里，只要进入这个校园，就只有一个纯净标签——学生，更确切地说是"我的学生"，其他的附属标签一概隐去。身正为范，这份公正的教育对孩子内心成长的影响是长期而巨大的，在她幼小的心灵里没有留下一丝不公平的阴影，从而确保孩子能在未来的奋斗中有一种正确的人生观。

爱与公平，从灵魂与思想上保证了孩子的健康成长。花园小学校的实践能力教育也给我留下了很深的印象。与其他小学相比，花园小学校的实践能力教育活动要多出很多，这正说明了花园种子教育抓住了小学教育的特点。小学生是感性的，他们对具体活动感兴趣，对抽象活动不太感兴趣。抽象思维在高中、大学阶段是非常重要的，但是在小学阶段过多强调就不合适了。事实上，小学阶段具体形象思维的种子都可以长成抽象思维的大树。小学阶段播下形象思维的种子少了，将来抽象思维的大树也不会枝繁叶茂，这是教育的规律。花园小学校有一个很有特色的活动："冰雕展"。"冰雕展"每年冬天都会举办，规模比较大，女儿很喜欢这项活动。在这项活动中，女儿能模模糊糊地体会到我给她讲授的一些名词：物理变化、体积膨胀、密度、体积比、空间、造型、视觉美学。有一次，我进校园接值日的女儿，看到墙边摆满了各种造型的冰雕作品，很震撼，女儿也对这些作品很好奇，觉得很好玩。参加了多次"冰雕展"活动后，女儿渐渐对建筑造型有了浓厚兴趣，跟我说将来想当一名建筑师。为了女儿的这个想法与愿望，我还特意带女儿到哈尔滨工业大学建筑设计院参观，女儿逐渐明白了建筑师需要众多的素质：文化、美学、力学、数学、艺术。我能明显感觉到参观完建筑设计院后，女儿画画认真了、学习传统文化也积极了、对数学也不抵触了。在这里，我也更进一步理解了花园小学校举办这类活动的良苦用心：现在的小学生离现实生活越来越远了，从书本中建立的理想是虚无缥缈的，从具体生活中建立的理想才是具体的、有生命的，会永远留在孩子的记忆中。我有时候也观看中央电视台的《开讲了》节目，通过节目明白了很多杰出人士的惊人成就都源于儿时的实际生活感受。从这一点讲，花园小学校的实践能力教育是具有前瞻性的，看似微不足道的一件小事，实际可能影响孩子的一生。不同特质的孩子可能在不同的实践活动中找到与自己内心相应的小种子，找到了，人生就成功了一半！

学高为师，花园小学校的课程教学质量是优异的。我在大学讲数学力学在桥梁中的运用，从我女儿老师布置的数学作业与平时的要求看，花园小学校显然抓住了小学数学的特征：建立基本数学概念并强调基本数学运算。花园小学校的语文教学较数学教育而言，更有特色，它运用各种方式激发学生对文字、诗词、文章的热爱，包括举办各种诗词晋级比赛、请名家与学生面对面交流等。

女儿的学校处于哈尔滨市最繁华的商业区，有时我提前去接女儿放学，等她放学，远远地看着她的小学，我更深刻地体会到了花园小学校这份种子教育的纯洁与宝贵，在最繁华的市区中筑起一道屏障，老师用深沉的爱保护着他们的学生……

五年前，都是听别人说花园小学校的好。五年后，我从自己的视角感受到了花园小学校这份独特的好。这份好可能与一般意义上的好不一样，但我认为这份好是给孩子小学五年最好的教育，因为它给孩子心灵播下了一颗完美无瑕的种子，这颗种子里包含着深沉的爱、可贵的公平、热情的期盼、知识、希望……两颗种子，一片森林，花园小学校这么多的幸福种子定会青山碧林，无限风光……

（八）从小学到大学种子教育影响一生

哈尔滨工程大学教授　陈玉金

花园小学校是一个具有悠久历史和深厚文化底蕴的名校，教学环境优越，各项教学设备齐全。步入名校学习，成为一名幸福的花园“小种子”，在花园阳光沐浴下健康、快乐地成长是多么美好的一件事！

花园小学校在进行基础教育的同时，也更加关注素质教育，为学生在今后的成长道路上添砖加瓦。我从事大学教育已经有十几年的时间了，在此过程中，我深刻体会到了小学素质教育的重要性。不同的大学对人才培养目标的阐述方式不尽相同，但是可以大致概括为以下几个方面。第一，国家情怀。主要指爱国以及民族精神等方面的培养。第二，理想信念。主要包括坚定理想信念、树立远大志向等方面。第三，身心健康。包括身体和心理两个方面的培养与引导。第四，专业知识。主要包括扎实的专业基础知识和深厚的理论功底等方面的培养。第五，创新能力。主要包括实践能力、知识运用能力、创新思维与潜质等方面的培养。第六，思想素质。主要包括人文素质、社会公德等方面的培养。以上人才培养目标，都不是一朝一夕就可以实现的，而是学生在学习和成长过程中逐渐积累形成的。小学作为人才成长过程中最重要的一个环节，对高素质人才的培养起着非常重要的决定作用。

哈尔滨市花园小学校开设了“花园种子课程”“班本课”“校本课”“走班课”“精品课”“德育课程”“阅读课程”等创新性课程。这些创新性课程为他们在大学期间全面、健康的发展奠定了坚实的基础。以下举几个事例，简单谈一下我在这方面的感想。

在以“我是公益小使者”为主题的德育大课堂中，学生深入社会，亲力亲为从事一些力所能及的公益活动。这些活动，不仅弘扬了中华民族的传承美德，传递了爱心，还使学生认识到了帮助别人是快乐的，今天是受帮者，明天就是帮扶者，让爱在互动中照亮世界的每一个角落。在以“一分钟在飞翔”为主题的德育大课堂中，同学们手挽手组成了一个非常温暖的大家庭，使团结、和睦、互帮互助、勤奋、奋勇争先的优良品格在学生内心扎根成长。在一些德育课程中，通过体验活动培养了学生良好的生活习惯、学习习惯和生活素养，形成了自约、自助、自律的管理氛围。学生在自我管理的过程中积极参与，增强了责任担当意识。

一个人有良好的阅读习惯会受益终身，在小学阶段这点显得尤为重要。花园小学校从阅读的视角出发，努力营造快乐轻松的读书氛围，让学生在阅读中快乐成长，同时，采用多种行之有效的方法来帮助学生更好地走进文本。学生通过广泛阅读和积累，培养了良好的学识修养和人格修养。有的年级还以“书香致远悦读生慧”为主题，开展了诵读比赛。在比赛过程中通过必备篇、提高篇、自由展示、朗读篇和悦读手册五个方面，充分展示了“花园种子”经典诵读的成果积累以及“合”和“创”的核心技能。这些活动为他们今后优良的思想素质和人文情怀的形成奠定了良好基础。

在班本课程中，以“精忠报国、孝老敬亲”为主题，讲述刘勰求学、木兰从军、岳母刺字等故事，不仅教会了学生尊敬师长、孝敬长辈，还教育了学生要做一个对国家、对社会有用的人。自编、自导、自演的一些历史剧如《杯酒释兵权》《黄袍加身》《王安石变法》等，使学生感同身受地了解了历史，增强了民族自豪感；有的班级，学生齐颂《长征》，轮唱《保卫黄河》，这些活动使学生铭记了历史，激发了他们奋发图强、为祖国强大而努力学习的决心；有的班级结合班本课程学习的快板表演，增进了学生爱党、爱国、爱社会主义的情感，增强了他们爱校、爱班的集体荣誉感，培育和践行了社会主义核心价值观，传播了校园正能量，营造了良好的成长环境。

2017 年花园小学校创意周，学生用废旧物品进行了创意作品比赛，涌现出了《天安门》《美丽家园》《嘉峪关》以及《老北京四合院》等优秀作品。学生将废旧物品再利用、再创意，不仅提高了自己的环保意识，还培养了自己勇于创新、乐于实践的精神。除此之外，学校还定期聘请专业人员向学生展示一些比较前沿的科学技术和成果，使学生认识到创新的重要意义。同时，学校还组织学生进行一些课外创新实践活动，学生与家长共商创意、共同动手，如制作水果电池，激发了学生对科学创新的兴趣，为今后更高层次的专业学习奠定了基础。

花园小学校开展的如上述的创新课程和实践活动还有很多，这些创新性教育模式改变了以教师为主体地位的被动教育模式，变成了使学生成为主体、教师围绕学生的教育方式。在这些教育改革的引领下，学生主动参与，教师辅助指导，增强了学生的爱国主义精神和社会责任感，使他们具备了良好的人文素质基础、学习能力和创新思想。这些逐渐积累的优异品格让他们受益终身。

（九）学习原来还可以这样

2014 级（6）班　吴松霖妈妈

2020 年，对我们所有人来说都是终生难忘的一年。原本当积雪消融、春风拂面时，就该是孩子们背上书包走进校园的时候，但是新型冠状病毒让我们不得不被困在家中。2020 年 3 月，国家号召学生线上居家开学，这让一个家有即将毕业的学生的家长感到十分焦虑：居家学习与传统意义的在校学习有什么不同，效果会一样吗？在家学习，孩子的自主管理能力能保证吗？我们家长又需要做些什么来更好地配合学校、配合孩子呢？带着这样的疑虑，3 月 2 日，孩子如期开始了新学期的学习，同时也开启了学生和我们家长新的视野和思路，原来学习还可以这样。

花园的老师在曹永鸣校长的引领下与时间赛跑，夜以继日地用智慧和汗水打造了“生态花园云学校”和“幸福种子云课堂”，为我们准备了一份特别的课程盛宴。集自主性、实践性、开放性、整合性于一体的新的课程模式，让我们家长都耳目一新，更何况孩子们了。每天师生面对面地开启一日居家课程，“丰富知识学起来”“各门才艺练起来”“亲子活动做起来”等各式各样的学习项目，丰富了孩子们的视野。在“生态花园云学校”里学习，孩子们不用齐步走，每个人有每个人的学习节奏，用舒缓的课程推进节奏，从容开展自己的居家学习生活，更好地提高了孩子们的学习效率。为了不让孩子盲目地选择课程，开学初高老师带领孩子们一遍又一遍制订、修改适合自己居家学习的生活计划书，科学规划、合理安排每个孩子的学习和生活。这些举动让我原本躁动的心平缓了下来，并开始充满信心。一开始，我们家长还在疑惑居家生活对于复课后的常规习惯会不会有影响，教育局的“空中课堂”和花园小学校“幸福种子云课堂”会不会有重复？高老师针对我们家长的顾虑，在班级群里做了细致、周到的解答，让我们家长都能轻松应对新的教育形式。每天的课程流程都是按照正常上学设定的，上、下午两次的眼保健操，更好地保护了孩子们的眼睛；每天适当的体育锻炼，保证了孩子们居家的身体健康；花园的“幸福种子云课堂”中对知识的穿线整合，让孩子们更加系统、全面地掌握了学习方法，从而获取知识，也增强了孩子们的自主探究能力和自主创新意识。比如，“科学小实验”中通过动手操作，让孩子们更加直观地把晦涩难懂的科学原理展现了出来，从而让孩子们掌握了很多物理和化学方面的知识，既轻松又有趣，孩子们也非常喜欢，并且通过实验让我们家长和孩子的互动沟通也更加紧密、和谐。“项目式学习”结合疫情，引导孩子们通过小团队合作去探索新型冠状病毒，并自主创新防护方法，一个一个脑洞大开的新奇想法让我们家长惊奇不已。

特殊时期，改变的可能是教育教学的形式，但是不变的却是花园老师共育“幸福种子”的教育初心。再次感谢花园的“匠人们”带给孩子们的宝贵的精神财富，这种精神财富在孩子们的学习生涯中留下了浓墨重彩的一笔。

（十）云课堂——一朵与学生近在咫尺的“七彩祥云”

2018级（6）班　付译阳家长

2020年3月伊始，面对新型冠状病毒肺炎疫情导致的延期开学，家长们慌了，孩子们也手足无措。学习进度耽误了怎么办，孩子无法养成良好的学习习惯、生活习惯怎么办？这一系列的问题，在花园“云课堂”中找到了答案。在冷冰冰的网络面前，花园“云课堂”老师用心的沟通为家长和孩子们送来了定心丸。

每天花园“云课堂”的线上“铃铃铃”是孩子们最期待的时刻。每当班主任曹老师的那句“各位同学早上好，欢迎大家来到幸福种子云课堂”响起时，孩子们仿佛已经置身班级，这些俨然已成了一天学习生活中必不可少的内容。

花园“云课堂”的课程制作精美，贴近孩子的内心，由此能看出曹老师及其他老师的辛勤付出。“师生面对面”“悦读语文”“数学好玩儿”“科学小实验”等课程通过视频教学，使冰冷的屏幕变为了热情洋溢的窗口，展示的内容，孩子们看在眼里，印在心里。

每天，当陪在孩子身边，看着她兴致勃勃地看着屏幕，积极主动地回答曹老师提出的各种问题，踊跃地参与班级的各种互动，并且还有很多独特的见解时，我惊讶了：在我眼里的那个内向的小女孩儿不见了。这些都给了我惊喜。

学习疫情期间的“逆行者”，孩子们收获了病毒传播方面的知识，在那些“逆行者”身上，我们体会到了生命和奉献的意义；“居家生活小妙招”让平时在家养尊处优的“小皇帝”“小公主”们也懂得了生活的艰辛，体会到了家长的不易；“悦读语文”“数学好玩儿”“科学小实验”等创意趣味课程，围绕课本学知识、围绕问题学思考、围绕想象学动手，用独特的方式锻炼了孩子们的创造力；为了使孩子们在疫情期间还能保持身体健康，“宅家体育微课”成了孩子们锻炼的引领者，高抬腿、平板支撑，这些在室内就能做的运动，都让孩子们产生了浓厚的兴趣。

班主任曹老师的“每日答疑时间”是孩子们最为期待的环节，所有线上教学的疑惑与不解，都能在与老师的交流中找到答案；很多家长平时未发现的问题，曹老师也都给予正确的建议。这些正是花园“云课堂”的精髓所在。

学习累了，“云课堂”还有贴心的眼保健操和广播体操，即便在家，也能让孩子们继续保持锻炼身体的好习惯。

特殊时期内的线上教学，开始之初是一种无奈的代替，但运行了几天后，家长发现，孩子们并没有因为在家独自学习而有丝毫的懈怠、厌倦，反而通过花园“云课堂”，对知识更加充满了渴望和喜欢，家长也学到了很多教育孩子、与孩子保持良好沟通的新方式。这些正是“云课堂”带给我们的惊喜。

疫情总会过去，但花园“云课堂”带给每个孩子心里的东西会伴随他们的一生，化为成长过程中最好的养分。

附　录

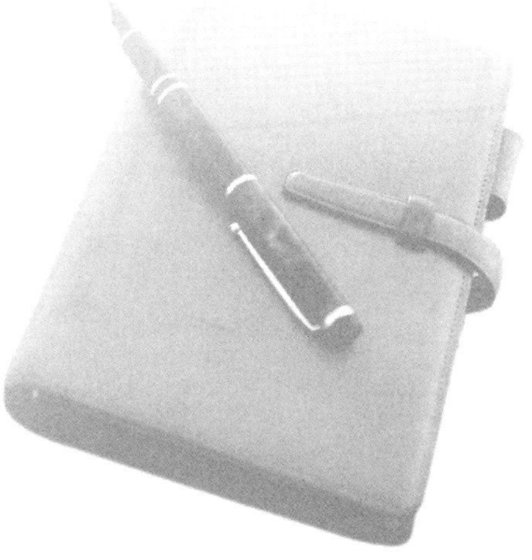

主要论文、论著

1.《小学语文对话式板块教学》(黑龙江人民出版社，2003 年)

2.“新世纪中小学教师继续教育工程”书系《为思维而教——小学语文教学技能训练》(文苑出版社，2004 年)

3.《小学语文同步阅读与提优训练》(吉林教育出版社，2006 年)

4.《故事里有你的梦想——18 位名师的精神档案》(华东师范大学出版社，2007 年)

5.《小学语文第八册教师教学用书》(人民教育出版社，2008 年)

6.《小学语文——新课程常规教学指导》(哈尔滨出版社，2009 年)

7. 部编版小学语文教材教学用书《文本教学解读与教学活动设计》(上海教育出版社，2016 年)

8.《为儿童完整生命奠基——种子教育理论与实践》(黑龙江教育出版社，2018 年)

9.《构建生态课堂　实现生命对话》发表于《人民教育》(2003 年第 21 期)

10.《情境因网络而精彩》发表于《人民教育》(2005 年第 13、第 14 期)

11.《生态课堂　生命的绿洲》发表于《语文教学通讯》(2006 年第 5 期)

12.《一节好课的评价标准》发表于《语文教学通讯》(2004 年第 10 期)

13.《写好作文的 N 个理由》发表于《语文教学通讯》(2007 年第 7、第 8 期)

14.《黑龙江教育》31 个版面以“素质教育新曲”为题发表整组文章 (2005 年第 5、第 6 期)

15.《将相和》教学设计发表于《小学语文教学》(2001 年第 3 期)

16.《马踏飞燕》教学设计发表于《小学语文教学》(1999 年第 2 期)

17.《重构课堂生活　飞扬学生个性》发表于《小学语文教学》(2003 年第 2 期)

18.《圆明园的毁灭》教学实录发表于《中小学教材教学》(2000 年第 1 期)

19.《圆明园的毁灭》教案发表于《小学语文教学》(2000 年第 1 期)

20.《代人购物》教学纪实发表于《小学语文教学》(2001 年第 11 期)

21.《爷爷与小树》教学设计发表于《语文教学通讯》(2008 年第 7、第 8 合期)

22.《积淀　思辨　砥砺　笃行——从江苏教育考察看苏派教育家成长》发表于《哈尔滨教育》(2014 年第 3 期)

23.《突围与无为》发表于《黑龙江教育》(2014 年第 7、第 8 期)

24.《种子的力量》发表于《中国教育报》(2018 年 4 月 25 日)

25.《种子的信仰》发表于《中国教师报》(2015 年 8 月 5 日)

26.《从优质学校迈向理想学校》发表于《教育家》(2016 年第 10 期)

27.《聚焦核心素养实现课程整合》发表于《黑龙江教育》(2016 年第 10 期)

28.《种子教育——育幸福完整的人》发表于《人民教育》(2020 年第 3 期)